历史深处的滋味

LISHI SHENCHU DE ZIWEI

范军 —— 著

重庆出版集团
重庆出版社

图书在版编目(CIP)数据

历史深处的滋味/范军著.—重庆:重庆出版社,2020.12
ISBN 978-7-229-15658-9

Ⅰ.①历… Ⅱ.①范… Ⅲ.①中国历史—明清时代—文集 Ⅳ.①K248.07-53

中国版本图书馆CIP数据核字(2020)第255816号

历史深处的滋味
LISHI SHENCHU DE ZIWEI
范　军　著

责任编辑:陶志宏　何　晶
责任校对:刘小燕
装帧设计:刘沂鑫

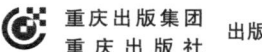
重庆出版集团
重庆出版社　出版

重庆市南岸区南滨路162号1幢　邮政编码:400061　http://www.cqph.com
重庆出版社艺术设计有限公司制版
重庆市国丰印务有限责任公司印刷
重庆出版集团图书发行有限公司发行
E-MAIL:fxchu@cqph.com　邮购电话:023-61520646
全国新华书店经销

开本:720mm×1000mm　1/16　印张:17.5　字数:220千
2020年12月第1版　2020年12月第1次印刷
ISBN 978-7-229-15658-9
定价:56.00元

如有印装质量问题,请向本集团图书发行有限公司调换:023-61520678

版权所有　侵权必究

目录 contents

·001 序

那些历史中国的格局与视野　转折与惆怅　　001

·008　第一章　人事

最初：文治武功的具象容器　　009
紫禁城中官与吏的百年博弈　　017

·030　　第二章　人物

| 甲 |　君主

　　　错位者："木匠皇帝"朱由校　　　　　　031
　　　收官者：崇祯帝　　　　　　　　　　　　042
　　　中衰者：嘉庆帝　　　　　　　　　　　　059
　　　惆怅者：光绪帝　　　　　　　　　　　　084

| 乙 |　人臣

　　　善变者：严嵩　　　　　　　　　　　　　107
　　　权斗者：高拱　　　　　　　　　　　　　127
　　　中庸者：张廷玉　　　　　　　　　　　　145
　　　错位者：奕䜣　　　　　　　　　　　　　160

| 丙 |　外来者

　　　利玛窦　　　　　　　　　　　　　　　　175
　　　马戛尔尼　　　　　　　　　　　　　　　180

| 丁 |　零余者

　　　宦官魏忠贤　　　　　　　　　　　　　　185
　　　宫女何荣儿　　　　　　　　　　　　　　198
　　　德龄公主　　　　　　　　　　　　　　　211

·214　　第三章　关键词

　　清王朝关于"文明"的关键词　　215

　　起承转合背景下的紫禁城视野　　231

·254　　附录

最后三年：紫禁城的黄昏　　255
宣统元年　　258
宣统二年　　262
宣统三年　　265
最后　　269

序

那些历史中国的
格局与视野，转折与惆怅

紫禁城，不仅是政治中心，更是中国式国民性格的生存缩影。等级与尊严、集体与个体、理想与阴谋，都在此间完成了微妙的流转过程。

它是帝制中国权力枢纽之所在，最终碾压的却是活生生的人性。国运与城运如影相随，那些城中人曾经的青春、良知、城府与自负，最终都完败给了岁月。

它却依旧苍凉无言，仿佛"白头宫女在，闲坐说玄宗"般的淡定。

如果说历史有起承转合内在路径的话，紫禁城事实上也有起承转合的生命线。作为这座城池最初的主人，朱棣规定了它的气质、能量与情感，紫禁城注定要在闭环结构中完成自我循环过程。

而永乐年间与朱棣有关的大大小小政治事件，事实上都与紫禁城一样，缺乏突破性的视野与格局。

紫禁城政治首先塑造了朱棣五次北征的文治武功

冲动。有天下最宏伟的帝都，必得有天下最宏伟的文治武功。城的气质与城中人的气质互相媾和，共同构成中国式政治哲学与视野的重要元素。

紫禁城中，官与吏的生存方式构成了他们日常生活的图景。紫禁城内存在两套并行不悖的行政系统。一个是官员系统，另一个是吏员系统。两套系统封闭循环，互不流通。既斗争又相互依存，斗而不破，显示了对立统一的存在。虽然在以"权力"为关键词的庙堂之上，官与吏共享社会管理职能，起点与立场看上去并无差异，但其实，内部的博弈和统合关系始终存在。

紫禁城中，作为大明王朝的收官者，崇祯是个颇值得说道的皇帝。

从崇祯元年（1628）开始，在接下来十七年的时间长度里，崇祯悲欣交集地完成了大明王朝最后的收官动作。他承担了一切不该他承担的，却又在历史的大颓势中，添加了来自其性格缺陷的助推力。毫无疑问这是一个标本——王朝唱晚时代，紫禁城里那个孤独的勤政者将他落寞而行的背影定格成天头地脚，以注脚的形式悲怆地写在历史边上，任人品读，也任人评说……

紫禁城的故事无非"起承转合"。"起承"没什么看点，"合"也没什么悬念，关键是"转"。

帝国在嘉庆皇帝手中没有中兴而是走向中衰，原因是遭遇了难题。嘉庆难题是世纪难题，也是中国难题。在这个王朝里，离经叛道是可耻的，老成持重则是值得称道的，而老成持重的一个重要指征则是满朝上皆是白发苍苍的官员。帝国鲜见年轻官员，特别是有独立思想的年轻官员。嘉庆王朝最后只有这样一批白发苍苍的官员在朝堂上暮气沉沉地行走，和嘉庆皇帝共同构成了保守型的文化人格，从而让帝国往万劫不复的境地里沉沦。这是保守型文化人格所产生的破坏力，它宣布了帝国自我救赎从根子上的不可能。

1900年是光绪二十六年，这一年大清帝国364岁了，梁启超在《清议报》第三十五册上发表了《少年中国说》："……一朝廷之老且死，犹一人之老且死也，于吾所谓中国者何与焉。然则，吾中国者，前此尚未出现于世界，而今乃始萌芽云尔。天地大矣，前途辽矣。美哉我少年中国乎！壮哉，我少年中国……"梁启超发表此文的时间是1900年2月10日，正是春寒料峭时刻，也是有历史深意存焉的时刻。同样在这一年，梁启超致书孙中山，商谈两党合作事宜。陈少白则受孙中山之命在香港筹办《中国日报》。此后不久，清政府下令停止武科科举考试。而在遥远的俄国，一个名叫高尔基的人完成了《春天的旋律》这组文章，其中包括后人广为传诵的《海燕之歌》——新时代、新气息扑面而来，而在中国西安，清廷在许诺向列强赔款四亿五千万两白银之后，准备启程回京了。

清纯、柔媚、阴狠、沮丧，这是善变者严嵩的四张面孔。紫禁城内外，一个书生被城池或者说权力场改变的故事，留下了帝制中国关于生存术的一大范本。

《中庸》，原是《小戴礼记》中的一篇，意思是"执两用中"。"中庸"之本意是指处理问题时不走极端，而找到处理问题最适合的方法。但作为中国式生存哲学之一种，"中庸"在国人数千年的演绎或者说实践下显然有了另外的意味。韬光养晦、谨小慎微、不做出头鸟的处世哲学往往有大回报，而张扬高烈、有所作为的开放式人格最后多以悲剧收场。《中庸》的作者是孔子的后裔子嗣子思，他或许没想到，自己本无心机的人生领悟竟被世世代代的中国人功利性地心领神会并参照执行，中国人的集体人格逐渐走向实用主义和犬儒主义——紫禁城中，张廷玉式的人物走红，多少命运与国运在悄然间发生了改变。

1601年，当晚明国情观察者利玛窦沿着大运河从南京来到北京之时，一个叫徐光启的人与利玛窦达成了心灵互通。利玛窦在北京期间，徐光启正供职于翰林院。当徐光启第一次见到世界地图，明白在中国之外，还有那么大的一个世界，明白地球是圆的，有个叫麦哲伦的西洋人乘船绕地球环行了一周，还有意大利科学家伽利略制造了天文望远镜，能清楚地观测天上星体的运行，徐光启对这一切深信不疑。这或许是紫禁城缝隙里发出的微弱文明之光吧，虽然不能从根本上改变这座城池闭合循环的态势，却也给了它一点点别样的光芒。

最重要的是，利玛窦的到来让紫禁城内外的一小部分士大夫阶层开始明白世界非常大，而中国只居亚细亚十分之一，亚细亚又居世界五分之一，国人应该接受各种国家和文明并存于一个星球上的现实。利玛窦在这个意义上说是紫禁城的启蒙者或者说敲钟人，尽管被惊醒的人寥寥可数，但他们却正是"睁眼看世界"最早的那批中国人。

紫禁城内外，关于中西方文明的冲突或者说碰撞除了利玛窦之外，另外一个重要当事人是马戛尔尼。

作为盛世之君的乾隆，不相信这个世界存在比大清国更先进的文明，所以他对当时欧洲最先进的自然科学包括军事科学方面的成果漠视了。但很遗憾，这是致命的漠视——六十多年后，英法联军攻入圆明园，他们惊奇地发现，当年马戛尔尼奉送的礼物无人问津地躺在里面，满是尘土。而那张"狮子号"军舰模型的说明书，虽然字迹泛黄，却还清晰可辨，只是没人将它翻译成汉字。

紫禁城，最终还是关闭了外来文明渗透进来的那一丝光亮，倔强地成为铁幕，并甘愿为此付出代价。

说到底，紫禁城和罗马的区别是东方封闭的内陆文明、农业文明和西方开放的海洋文明、商业文明的路径之别。

紫禁城中，宦官算得上是零余者的角色。零余者的生存规则，必然迥异于其他人等。而作为著名零余者的魏忠贤，其人生起落，将这一群体的生存状态和梦想野心全方位立体化地呈现出来了。这是紫禁城生活之一种，值得记录。

宫女，构成了紫禁城底层生活情状之一种。如果说太监还有飞黄腾达的可能性，宫女基本上就是被侮辱与被损害的对象。她们在宫中生活的处境，从一个侧面折射了紫禁城的政治文明与生活文明的层次或者说水平。

何荣儿，一个地地道道的赫舍里氏满族旗人，慈禧贴身侍女。18岁嫁太监，后被日本人赶出家门。这个宫女作为紫禁城没落年代的典型或者说切片，仿佛落日余晖，构成了紫禁城从光明到阴影的渐近过程。

《宫女谈往录》，紫禁城最后时光的散淡描述，记录了一个宫女眼中的权贵生活。甚至何荣儿的麻木不仁、感恩戴德以及对命运的无奈承受，也都构成了紫禁城众多生活情态之一种。入宫与出宫，入城与出城，这是紫禁城内外中国的斑驳光影，而无数道斑驳光影，成就了那时中国的色彩以及人间烟火气。

德龄——一个生长在西方，受过西方教育的清朝宗室格格，当她遭遇紫禁城时，中西方文化的碰撞与融合让暮气沉沉的城池泛起了一丝涟漪。但仅此而已，德龄在某种程度上也是紫禁城的零余者，是有着异域视角的宫女何荣儿。她不可能改变紫禁城，当然紫禁城也不能够改变她。两者擦肩而过，成为晚清骊歌中的一首插曲。

2020年9月

第 一 章

人事

第一章

人事

最初：文治武功的具象容器

一座城与一个人，冥冥中是有相互对应关系的。历史选择了朱棣，让他成为这座城池的缔造者，虽然存在很多偶然的元素，但是帝制中国，无论是在南京还是在北京，都需要一个巨大的容器来承载天子的欲望与冲动。

这欲望与冲动，换一个说法，就是文治武功。

紫禁城，这座位于北京中轴线中心的建筑物，从它营建那天开始，就是承载明成祖朱棣文治武功的具象容器。用天上的星辰与都城规划相对应，以突出政权的合法性和皇权的至高性，这是紫禁城"天人合一"规划理念的内涵所在。

而《明实录》上说："癸亥，初营建北京，凡庙社、宫殿、门阙，规制悉如南京，而高敞壮丽过之，至是成。"这个说的是北京紫禁城与帝都南京的比较。"高敞壮丽过之"，把明成祖朱棣渴盼文治武功的心理隐秘地表达出来了。

而大臣们对于迁都北京，营建紫禁城给出的理由同样是充满政治正确——"北京北枕居庸关，西靠太行山，东连山海关，南俯中原，沃野千里，山川壮丽，足以控制四方，统治天下，确实是可以绵延万世的帝王之都"。

城与人的关系有时就像人与自身影子的关系一样，总是有着内在的联系，或者说情感。当燕王朱棣战胜建文帝朱允炆，成为龙椅中人时，继续待在帝都南京或许让他对自己权力的合法性产生了一丝忧虑。迁都之举不仅从一个侧面曲折地表达了朱棣对权力合法性的追求，同时也表达了他对世界的强烈占有欲。从南京到北京，帝国的都城虽然只是在地理方位上产生了变动，但落到疆域上，却是无与伦比的廓大。因为朱棣的战略视野发生了改变。他不愿像父亲朱元璋那样，以蜗居南京、打造小农社会为人生快事，也不仅仅是以亲率大军五征漠北为能事。北京曾经作为朱棣的藩王府，在永乐朝构成了他重新观察和占有世界的新视点。而北京此前又是元朝的首都，是忽必烈经营天下的一个基点。只有从这里而不是南京辐射出去，才能拥有或者说凝聚一种横跨欧亚的大国情怀与动力。

所以从永乐四年（1406）开始，朱棣就诏建北京宫殿，开始其经营天下的准备和努力，直到十五年后的永乐十九年（1421）正月初一，朱棣正式迁都北京，为其永乐王朝的版图定下雄心勃勃的中心点。而永乐王朝的版图，据《地理志》记载，"东起朝鲜，西据吐蕃，南包安南，北距大碛，东西一万一千七百五十里，南北一万零九百四里"。南海的"千里长沙，万里石溏，尽入版图"。不可谓不廓大。但其实在朱棣看来，一个固定而没有弹性的国度还不是他理想中的帝国。他的理想一直是天下——"北穷沙漠，南极溟海，东西抵日出日没之处，凡舟车可至者，无所不届。殊方异域，鸟言侏离

第一章 人事

之使，辐辏阙廷，盖兼汉、唐之盛而有之，百王所莫并也。"这个"东西抵日出日没之处，凡舟车可至者，无所不届"的描述还真有纳全球于怀中的气概，难怪《成祖本纪》后来对朱棣拍马屁说："（朱棣）雄武之略，同符高祖。六师屡出，漠北尘清。至其季年，威德遐被，四方宾服，受朝命入贡者殆三十国。幅员之广，远迈汉唐。成功骏烈，卓乎盛矣。"

客观地说，紫禁城不是一座宫殿，而是由八十六座殿、四十八座宫、二十三座楼阁、二十二座馆组成，另外还有斋、室、堂、轩等建筑。为了这些数目庞大的宫殿群得以落成，超过十万的技术工匠和上百万的劳工付出了十四年的艰辛劳作。但是再艰辛的劳作，都改变不了紫禁城是一座闭环结构、有主有从、等级森严的建筑群的事实。如果说历史有起承转合内在路径的话，紫禁城事实上也有起承转合的生命线。作为这座城池最初的主人，朱棣规定了它的气质、能量与情感，紫禁城注定要在闭环结构中完成自我循环的过程。而永乐年间与朱棣有关的大大小小政治事件，事实上都与紫禁城一样，缺乏突破性的视野与格局。

紫禁城政治首先塑造了朱棣五次北征的文治武功冲动。有天下最宏伟的帝都，必得有天下最宏伟的文治武功。朱棣想象自己是忽必烈或者成吉思汗，一次次地带领他的军队朝着北方的敌人攻击。这样的攻击在朱棣的想象中应该算建功立业，虽然最后收效甚微甚至毫无必要，但对朱皇帝来说，建立一个伟大的帝国，做一个伟大的君王，必须时刻在路上。不过，与其说朱棣是跟敌人在战斗，倒不如说他跟自己心中的欲念战斗。朱棣不是一个人在战斗，但又的的确确是一个人在战斗。我们接下来就来梳理一下，看看朱棣五次北征的军功究竟有多大。

朱棣的第一次北征是在永乐八年进行的。此前一年，淇国公丘福奉命征剿蒙古大汗本雅失里，结果在胪朐河全军覆没，很失帝国颜面。朱棣一怒之下便率领五十万大军浩浩荡荡北征，结果如何呢？史书上记载："遇虏骑进击，得箭一枚，马四匹而还。"而本雅失里也溜得比兔子还快，"明军追击不及而还"。所以朱棣第一次北征的情状只能用"虎头蛇尾"四个字来形容。

朱棣的第二次北征也是"发马步军五十余万"。在经过惊天动地的大阅兵仪式后，这位帝王在永乐十二年（1414）正月初六下诏亲征瓦剌。好在这一次的结果不错：大败瓦剌三部，斩其王子十余人，部众数千级。这也是朱棣五次北征中成绩最好的一次，八月，他凯旋回京，在奉天殿接受群臣朝贺。不过五十万人的大部队只杀敌数千人，怎么说也不是大收获。

朱棣的第三次和第四次北征都没有找到敌人，因为对手阿鲁台不见了，朱棣和他的大军只得无功而返。第五次的情形同样如此，毫无成效，只是朱棣这一次没有回来。永乐二十二年（1424）七月十八日，这个多次率领几十万大军却找不到敌人的人在最后一次过了一把"征战瘾"后在榆木川（今内蒙古乌珠穆沁东南）突然去世，享年六十五岁。他的五次北征至此画上一个不太圆满的句号。

朱棣的另一重大文治武功冲动是"下西洋"。永乐三年

第一章　人事

（1405）六月十五日，郑和奉命第一次出使西洋。毫无疑问这是一次恩威之旅，这支有着二万七千八百多名船员的船队总共由二百零八艘船组成，浩浩荡荡地在大洋上漂荡，第一次在中国历史上荡漾出帝国的野心与自信，也荡漾出朱棣"威德远被"的治世企图。因为每到一地，郑和都会宣读一封敕书。这封敕书的宣读对象是"四方海外诸番王及头目"，主要内容是永乐大帝朱棣良好的自我感觉："朕奉天命，君主天下，一体上帝之心施恩布德。凡覆载之内，日月所照、霜露所濡之处，其人民老少，皆欲使之遂其生业，不至失所。今特遣郑和赍敕，普谕朕意：尔等祗顺天道，恪遵朕言，循礼安分，毋得违越，不可欺寡，不可凌弱，庶几共享太平之福。若有撼诚来朝，咸锡皆赏。故此敕谕，悉使闻知。"应该说朱棣在这封敕书里恩威并施，既体现了"威"也体现了"恩"。在"威"的方面朱棣使用了警告性或者威胁性的语言——"毋得违越，不可欺寡，不可凌弱"，并且只有这样做了才能"共享太平之福"。在"恩"的方面朱棣表示"四方海外诸番王及头目"如果带着一颗诚心来朝拜永乐帝国，则全都有赏。事实上朱棣的恩赏不是随口说说的，他是真给。永乐二十二年（1424）三月，来华访问的满剌加国王就亲身感受到了朱棣的大恩大德，他总共得到了"金百两、银五百两、钞三万多锭、锦六段、彩缎五十八表里、纱罗各二十二匹、绫四十六匹、锦五百多匹、绵布三百多匹、织金罗衣一袭、素罗衣十三袭"；还在玄武门与明成祖朱棣共同出席国宴，亲身体验到大明帝国的富足和慷慨。

当然"威德远被"重要的是一个"远"字。关于这一点，郑和做得很到位。因为他每到一地，就立碑以作纪念。郑和第一次出使西洋到达左里（今印度科泽科德）时就曾在该地立碑，上书："其国离中国十万余里，民物咸若，熙皞同风，刻石于兹，永示万世。"永乐五年（1407）冬，郑和奉命第二次出使西洋，又在锡兰立一石碑，史称"郑和锡兰碑"。朱棣的"威德远被"就这样被郑和以立碑的方式具化在天涯海角，成为朱棣试图变身"古今一人"的努力标签——如此作为，他的秉性不可谓不鲜明矣。

与此相反，在15世纪的海面上，哥伦布们也在出游，只是他们发现的东西与朱棣所渴望的东西大相径庭。这实在是视野之别，事实上也是东西方价值观的不同——哥伦布意外"发现"美洲大陆，欧洲文明第一次碰撞了美洲文明，从而世界历史的走向和洲际文明间融合与洗礼的进程大大提速；麦哲伦环行地球为西方人提供了视野学上的贡献，使得资本主义这一人类历史上全新的制度在全球开始传播和发展，他在地理空间和市场空间的拓展上居功至伟；达·伽马的贡献则突出在市场意义上，由于他发现了绕过好望角到达印度的航路，所以葡萄牙开始控制印度洋，为这个国家在新世纪的上位抢占先机，并且达·伽马在航行中运回的香料等货物在欧洲的获利经折算竟然达到他整个远征费用的六十倍！这样的远航实在是具有可持续发展性的，同时也开拓了全球海洋贸易的市场空间。尽管郑和下西洋也带回了世界各地各种各样的土特产，比如他第六次出使西洋时，船队所采购的物品有：重二钱左右的大块猫眼石，各色雅姑等异宝，大颗珍珠，高二尺的珊瑚树数株，珊瑚枝五柜，金珀、蔷薇露、麒麟、狮

第一章 人事

子、花福鹿（即斑马）、金钱豹、驼鸡、白鸠等，但这些物品的价值只在于满足朱棣臣服万邦的虚荣心而已，一如非洲东岸的那只长颈鹿，象征意义多于经济价值。

因此在这个意义上说，郑和下西洋只是一趟趟虚幻之旅，投入大于产出，政治大于经济。它是保守和自闭的，虽然行至天涯海角，一路风景看遍，却并未看透世界大势。表面上浩浩荡荡，呈现的却只是皇恩浩荡而已。郑和的船队与其说是一支大型船队，倒不如说是永乐帝国的微观世界，近三万人的小社会在几十年的时间里以移动的方式免费向沿途各国表演一出出活报剧，以输出永乐王朝的价值观和世界观为己任。这样的浩浩荡荡貌似不朽，可以传之后世，却很快偃旗息鼓，悄无声息，说起来真是朱棣的悲剧了——历史曾经如此意味深长地给他提供了一个可能，让他睁眼看世界，让他有足够的时间适应正在变化的世界，以便突破墨守成规的帝国和他自己，但朱棣却只从政治和权谋出发，对世界做了一次自上而下的俯瞰，而后匆匆归去——东西方文明的发展路径终于走向完全不同的两极——由此，断层的出现变得不可避免。不妨这么说：朱棣的盛世之毁，不仅仅是由于帝国经济基础的坍塌，更是因为其视野的狭窄与萎缩。一切咎由自取。

就这样，一度扬帆远行的华夏海洋文明在朱棣的狭窄视野里悄然搁浅了。西方各国在地理大发现后很快走向工业革命，他们的远洋船上开始使用蒸汽动力，但是明帝国在海禁国策的限制下，舰船的制式越来越小，并限制使用双桅，载重不得超过五百石。"只能就地巡查，不能放洋远出。"毫无疑问，这是华夏海洋文明在遗传基因上的一种萎缩和自戕，帝国海洋意识上的自我封闭以永乐朝为起点，在郑和之后再无远行。一百五十年后，明帝国已经想不起来"地球是圆的"了，想不起来曾经远航时的那份勇气与激情，而此时欧洲传教士利玛窦来到中国，他带来的一张世界地图含义鲜明地拉开了东西方在海洋文明和观世视野上的巨大区别。这样的时刻，曾经威德远播的永乐帝朱棣又在哪里呢？

　　他被供奉在庙堂之上，仪态威严地成为一个牌位，和传说。而紫禁城就是供奉朱棣的庙堂，也仿佛要永远威严地存在下去。城的气质与城中人的气质互相媾和，共同构成中国式政治哲学与视野的重要元素。

第一章 人事

紫禁城中官与吏的百年博弈

一

紫禁城里,官与官的博弈、官与吏的博弈,其背后呈现的是中国式官场的人际关系。这种关系,与儒家思想有关,与法家思想有关,当然也与道家思想有关。多种思想的杂糅,孕育了复杂难言、混沌不清的官场思维。

深宫二十年,叹息万千声。之所以有万千叹息,是因为柔软自由活泼的人性遭遇了坚硬残酷的规则与潜规则。

虽然城还是那座城,但一切都走向了变异。

紫禁城中,官与吏的生存方式构成了他们日常生活的图景。既斗争又相互依存,斗而不破,显示了对立统一的存在。虽然在以"权力"为关键词的庙堂之上,官与吏共享社会管理职能,起点与立场看上去并无差异,但其实,内部的博弈和统合关系始终存在。

官的身份特权其实涵盖诸多方面。首先是出身。官与吏关系里的官员大多科举出身，在知识储备和观念结构上处于形而上的地位，不仅出政策，还带解释政策，也就是同时拥有决策权和解释权。这是出身带来的一种地位优势，相对于吏员来说，官员的视角是俯瞰的，具压迫意味；其次是行政权力。官员有一定范围的决断权，可以灵活处理政务。而吏只能做些具体的整理、辅助工作，无行政权；再其次是物质待遇。官员的物质待遇是计划内的，全额划拨。清代的官员在正俸之外还有"养廉银"，外官总督、巡抚多到每年一二万两，相当于原俸银的一百倍——这是一种经济特权。这样我们从中就可以看到，相对于吏员来说，官员无论在政治、经济还是思想观念上，其视角都是俯瞰的，具压迫意味。

紫禁城中，吏的行政权力是未被授权的。至于物质待遇，吏员也是少得可怜。明清时代的吏员只有一点可怜的"饭食银"，多者每月米二石五斗，少者六斗，刚够填饱肚子。最主要的是其社会评价偏低。在官与吏格局内，处于上层地位的官员被视若父母，所谓父母官。处于下层地位的吏员则被看作恶势力的代表，所谓"皂隶"。清人笔记记载了建昌地方有一种鸟，嘴长寸余，尖锐如锥，称之为"鸟中皂隶"。这其实是对吏员的人格轻视。"嘴长寸余，尖锐如锥"被等同于"皂隶"的形象，一切已是不言自明。

由此我们看到，紫禁城内存在两套并行不悖的行政系统。一个是官员系统，另一个是吏员系统。两套系统封闭循环，互不流通。官员在处理政务中握有决断权，物质待遇优厚，社会地位崇高，具有可持续的上升空间；吏员是"庶人在

第一章

人　事

官",没有官品,身份卑微,合法收入微薄,政治上升空间基本上被堵死。不仅如此,官和吏在犯法后所享受的政治待遇也不同。官员犯法有荫身的特权,可以免除杖责等皮肉之苦,而吏员犯法则从重处罚。可以说无论是政治、经济还是身份层面上,官和吏虽然同处官场内,却是两种人,官贵吏贱。

但是,历史总是出人意料,很多场合下,紫禁城内外会发生世人们无法理解的一些情况。一桩行政事务,"州县官曰可,吏曰不可",结果还真行不通了;部院衙门中,司官要称品级比他低得多的书吏为先生,语多尊敬,根本就不敢得罪他们;在地方督抚一级的衙门中,吏员可以左右督抚大员的决策,更有甚者在中央朝廷,有吏员之权"出于宰相大臣之上",而那些吏员其实是没有资格上朝觐见皇帝的,为什么权力会比宰相大臣还大,并且主宰国家大计方针的制定?!

紫禁城出现了新问题。

二

顺治十二年(1655),紫禁城下发红头文件,规定"督抚以下,杂职以上,均各回避本省"。康熙四十二年(1703),类似的红头文件又下发了,这次是对官员任职的回避距离作了明确规定,要求必须有五百里以上的回避距离——官员须到出生地五百里外去做官,以防止其利用地缘、血缘关系将势力坐大,出现威胁中央集权的局面。当然这不仅仅是清朝一个朝代的规定,而是历朝历代官僚组织的集体冲动,是其集体做出的理性行为。官员任用中存在的回避本籍制度其实是"防官"的举措之一,因为在古代交通不发达的情况下,一个官员到数百里外的地方去做官,必定要产生经济成本,很可能要举债方得上任。就像顾炎武说的:"自南北互选之后,赴任之人动数千里,必须举债方得到官。而士风不谙,语言难晓,政权所寄多在猾胥。"举债之后到了地方怎么还债?这个就要解决经济成本的问题,所以要靠当地吏员想办法动用潜规则尽快捞钱还债,此其一;其二,顾炎武说得很明白,官员到数百里外的地方去做官,两眼一抹黑,风土人情不熟,语言不通,最重要的是对当地政情不熟,所谓强龙不压地头蛇,"政权所寄多在猾胥","官贵吏贱"的局面至此大打折扣,开始靠近"吏强官弱"的格局了。

怎么解决这个问题?办法其实还是有的,叫做轮调制度。到出生地五百里外去做官就行了吗?不行,不能叫你一劳永逸地做下去,必须三、五年一换,甚至更短的时间就要动一动,宋代"郡县之臣,率二岁而易,甚者数月或仅暖席而去",这是轮调制度下官员实际的代谢生态,"暖席而去"一语可谓形象了,揭示了轮调制度的本质就是不使官员在地方上做强做大,"贵官"的背后是"防官",而"防官"在客观上起到了"弱官"的作用——本来官员到数百里外的地方去做官,尽管风土人情不熟,语言不通,但假以时日还是可以慢慢熟悉起来,使属吏在这方面的优势不复存在,如此"吏强官弱"的格局未必可以形成,可轮调制度和回避制度联袂推出,官员"或未能尽识吏人之面,知职业之所主,已舍去矣",进一步导致了吏强官弱格局的形成。

在这两条之外,影响官、吏实际地位或者说权力的因素

第一章
人　事

还有一条，那便是科举制的实施。科举制的推行原本是为了"贵官贱吏"的，吏员不得参加科举堵塞了其在官场中的上升通道——但凡事利弊相间，谁都没想到，表面上给官员加分、成为其身份认证品牌的科举制无意间也成了影响官员权威的工具，以致于吏员们有机可乘，拿捏住了官员们的七寸，在回避及轮调的制度背景下，官员的实际影响力其实进一步下降了。

首先是科举制推行带来的官员出身问题。魏晋南北朝实行九品中正制，根正苗红才能做官，换句话说官员都有家世背景，枝繁叶茂，根深蒂固，官员再无能，由于出身高贵，属吏不敢惹也惹不起。但科举制后，很多官员昨天还是一介草民，今天却在异地做了官，领导那些在当地或许是豪强出身的属吏。官员出身的优势被消解后，再也无法对属吏构成身份威胁，所谓没有家世背景，空有一张进士文凭，其影响力或者说掌控力自然是大不如昔。

科举制带来的第二个问题是专业问题。科举考试测试的是考生对经典文句是否熟记，诗赋文章是否写得好，不考法令、经济以及行政制度等。这样考出来的官员适合做文人而不是行政人——专业不对口，分配到地方上勉强为官，当然要依赖熟悉法律、社情和行政实务的胥吏来管理社会了。嘉庆皇帝说："百官听命于书吏。上自宰相，下至县令，都只会签字画押，不能实际处理政务、公务，都委权于胥吏，因而一日离不开胥吏。"这是专业优势带来的行政优势，也是对官场权力的重新切割和再分配，而胥吏们自己说得更形象一些。清人朱克敬在《晦庵杂识》卷一中记载清末一胥吏说的话是这样的:"来办事的人就像乘客,政府各部门就像车子,我们这些人就像是车把式,各部门当官的就像是骡子,我们用鞭子抽着他们往哪儿走就行了。"诚哉斯言。

"吏强官弱"的格局之所以形成,是因为吏可以离得了官,官却离不开吏。顾炎武感叹:"百官者虚名,而柄国者吏胥也!"这句话刨去情感因素,倒是道出了实情,那便是吏员系统可以独立运作而官员系统却不能做到自主循环,政务离开胥吏就会瘫痪。就像嘉庆皇帝说的那样,"上自宰相,下至县令,都只会签字画押,不能实际处理政务、公务"。在六部,熟悉法律和规章制度的胥吏可以将个人意志转化为朝廷意志,而这个有时候是宰相也做不到的,因为宰相起草文书还需假以吏手,吏部的胥吏甚至可以在事实上决定州、县长官以下官吏的选任。乾隆朝的户部书吏史恩涛权力就很大,《职役考二》记载"该吏势焰熏灼,不肖士大夫多与交接",甚至供其驱使。权力的倒挂生动地演绎了什么叫"吏强官弱"——

一切都有待于回到正轨。

三

清末民初时人徐珂在其著述《清稗类钞》中披露,乾隆朝的宠臣福康安自幼被乾隆皇帝带到内廷亲自教养,待其如亲生儿子一般。他成年后战功卓著,历任云贵、四川、闽浙、两广总督,武英殿大学士兼军机大臣,封贝子。这样的一个重量级人物,在征战回京报销军费时竟然受到户部书吏的敲

第一章 人事

诈——后者向其索要万金,如此才能顺利过关。福康安当然是大怒,他不明白不入流的户部书吏怎么可以向其索贿。为此,书吏的回答是:"非敢索贿,为中堂计耳。中堂大功告成,圣衷悦豫,奏章速上,立邀谕旨。部书才十数人,帐牍云缛,二年不办,彼时交部核议,则事未可知矣,诚不如速上。欲速上,必多佣写人;多佣写人,需款必甚巨。职是之故,惟中堂图之。"

这个回答看起来很有意思。因为它强调了户部书吏的工作效率和福康安报销军费快慢的关系。户部书吏只有十几个人,手头工作又很多,按轻重缓急来讲,报销福康安的军费还排不上位,两年不办都是有可能的。所以要想快,需交加急费。这位书吏还设身处地地为福康安设计:报销军费快,"奏章速上",皇上高兴,恩赏也就来得快;要等上两年的话,黄花菜都凉了——个中利弊,您自个权衡。

但这只是面上的理由,实际上反映的还是吏员对灰色收益的诉求。因为在当时,户部书吏利用审核报销之权索贿,已是惯例。作为高级吏员的一种广泛变异行为模式,在官与吏的格局中,索贿与行贿行为得到了彼此间心照不宣的默许。那么福康安最后是怎么做的呢?他"立予万金,越旬日,奏闻依议"。本来两年才能办的事,在交了加急费后,十天时间就办好了。其实若要深度透视,在福康安案例中,我们还可以看到吏员激励机制缺位中除物质激励缺位外的另外两种缺位:精神激励缺位和前途激励缺位。吏员社会评价偏低,对自己的工作无认同感,精神激励不足,就会走向自轻自贱。

而在当时,精神激励缺位的朝廷六部吏员寻求向地方州县官甚至于封疆大吏进行敲诈勒索的案例屡见不鲜，已成为一种普遍模式。州县等外官上任时，吏部、兵部的吏员向其寻求"陋规"。因为"文武补官必先请命于部，书吏因之肥瘠以索贿"。钱不拿来，红头文件先放一放再说，看是你急还是我急。最后的结果当然是补官先急了，"故有外官之缺，必先到部打点。质言之，即行贿也"。不认命不行，不认潜规则当然也不行。而且这样的索贿不是一次性的。据《皇朝经世文统编·卷三六》记载，"州县莅任，先索到位陋规。其后交代有费，盘查有费，经征有费，奏销有费，滋生烟户有费，赋役全书有费，蠲除有费，工程有费，恩赏有费，领有领费，解有解费，划扣有划扣费，举州县毫毛之事，莫不有费。"总之六部吏员需要时不时敲打州县官员们一下，为其卑微的地位正名和鸣不屈，而这样的方式是以贿金或者说孝敬费的形式曲折地表达出来的。

前途激励缺位也导致了吏员的行为变得怪异起来。由于吏员前途激励不足，官场缺乏上下流通的管道，吏员长期拥塞在权力场底层不能出职为官，只能以求利为目的，对官场生态的破坏或者说耗损是可以预见的。

四

制度有的时候也在有意无意间充当推手，使官员的苟且有了新动因。比如清代的国策是轻徭薄赋，"永不加赋"，由此导致了官员工资偏低。如此财政制度的存在，必然使得官员往灰色地带寻求收益。而这个恰恰是属吏的强项，因为数

第一章

人　事

千年来，属吏们就是在灰色地带觅食的。政府不高薪养廉了，官员制约属吏的积极性自然大减，从另一个层面来说，前者还要靠后者为其创收呢。于是"火耗""羡余"等种种"陋规"应运而生，此等收入可达正薪的几十到百余倍。"火耗""羡余"从哪里来，得靠属吏去多征钱粮。征得越多，官员的盈余也就越多。在利益驱动面前，官场里的制约者和被制约者站在一起，结成牢不可破的利益共同体。如此，官员的管理职能缺位，苟且行状不一而足，这或许正是制度惹的祸吧。

顺治十一年（1654），礼科给事中季开生忧心忡忡地上疏，称官长失职中存在"庇胥吏"现象，不可不引起高度重视。"庇胥吏"是指官员包庇纵容属吏，导致地方吏治失控。季开生担心，此类现象蔓延开来，局面将难以收拾。其实季开生的忧心忡忡非其独有，早在三年前，顺治皇帝就发现了官员疏于管理的问题。他在顺治八年（1651）的一道谕旨中指出当前地方官员存在三种类型值得警惕：不肖者、稍知自爱爱民者和不识文义之人。此三种类型的表现虽各有不同，但共同点都是放弃手中的行政权力，任由属吏胡作非为。其中不乏共同假公济私者。这说明在官与吏的关系互动中，官员的苟且行状不是个别现象，差不多是一种普遍选择了。

当然解决的办法也不是没有。乾隆时期湖南永州府宁远县的知县汪辉祖针对官员苟且、属吏揽权的现象，提出"官须自做"的观点，他说："事无巨细，权操在手，则人为我用。若胸无成见，听人主张，将用亲而亲官，用友而友官，用长随吏役而长随吏役无一非官。人人有权，即人人做官，势必尾大不掉。官如傀儡，稍加约束，人转难堪，甚有挟其短长者矣。"（见汪辉祖《学治臆说》）只是汪辉祖的解决之道着眼于道德而非制度层面，过于理想化了些，到底推广的意义或者说作用不大，所以不管在当时还是后世，官员的苟且行状始终未见减弱，官场风气、活力的损毁及异化依然是一个大问题、老问题。

五

光绪《钦定大清会典事例》卷九八《处分例》中讲道："外省有一事到部，必遣人与书吏讲求，能饱其欲，则引例准行。不遂其欲，则借端驳诘。"这说明官场的工作效率是与吏员进账的银子紧密关联的。满足了其私欲，一路绿灯，工作效率就高，否则就寸步难行。从这个案例可以看出，官场中受伤害的效率与公平是有连带关系的。吏员的私欲夹杂其中，效率出问题后，公平也同时出问题了。行不行贿效果就是不一样。

而且这样的事情是深入权力场肌体，不是浮在表层的。光绪《钦定大清会典事例》卷一四六《书吏》中透露，即便是像押解京饷这样重大而涉及国家安危的事情，吏员也要孜孜以求之（银两），"稍不满欲，多方勒掯，任意需索，动至累百盈千"。总之就是要公事私办，将公事化为自己的私事，雁过拔毛。

另一种情形是权威伤害。在"吏强官弱"格局下，吏员以其技术和行政优势占据了某种程度的主导权，这与其被制约的身份形成极大的落差。如何面对这个问题？徐珂《清稗

第一章

人　事

类钞》中说："书吏检阅成案，比照律，呈之司官，司官略加润色，呈之堂官，堂官若不驳斥，则此案定矣。"这大约可以视作对官场权威的隐性伤害，堂官真要驳斥，也说不出个所以然来——事实上是吏员说了算。这其实还算轻的，更严重的情形是吏员直接说"不"，甚至面对宰相和皇帝也无所畏惧。"（胥吏）权力之盛莫过于今日。州县曰可，吏曰不可，斯不可矣。……抑或督抚曰可，吏曰不可，斯不可矣。天子曰可，部吏曰不可，其不可亦半矣"（见《清朝经世文续编》卷二二）。官场权威的伤害直达皇帝，谁给了胥吏如此大的胆子？原因其实很简单，因为天下条文都出于吏之手，论专业熟悉程度，皇帝也不如胥吏啊。所以皇帝说可以的事情，胥吏引经据典加以推翻，皇帝也就无可奈何了。如此看来，权威伤害表面上看是面子问题，实际上要严重得多。因为它涣散了权力场的凝聚力，使行政主导权悄然易手，加大了官场生态制衡格局失控的可能性和危险性。

　　官员对官场生态的伤害则呈现出另一种情境——不作为，于朝廷上下在名誉、公平、效率受到损害时无动于衷，甚至自己也参与其中。清代官员陈宏谋在福建巡抚任上时，发现府州县官对上面发下来的文件从来不看。即使看了也是匆匆浏览一遍而已，并不落在实处，凡事听任胥吏而行。有鉴于此，陈宏谋在他的《申饬闽属不阅文稿陋习檄》中措辞严厉地批评道："近于属员来见，就现行之事，一加咨询，竟多茫然不知……细揣其故，皆由奉到一切批檄，官多未尽寓目，即或寓目，判日发房，不求甚解……"

　　陈宏谋所批评的不作为官员之情状，清人昭梿著述的

《啸亭杂录》里也有记载，他称某些封疆大吏，"目不识丁，凡有文稿，皆请书吏讲解"。这是官员能力缺失、无法作为导致对集体组织的损害或者说不负责任。

晚清有"睁眼看世界"之称的郭嵩焘在评述清朝政治时有如下妙语："汉、唐以来，虽号为君主，然权力实不足，不能不有所分寄，故西汉与宰相、外戚共天下，东汉与太监、名士共天下，唐与后妃、藩镇共天下，北宋与奸臣共天下，南宋与外国共天下，元与奸臣、番僧共天下，明与宰相、太监共天下，本朝与胥吏共天下。"只是郭嵩焘看得明白，却无法解决问题。因为紫禁城内外——官与吏的制度困局无人可以破解。

第 二 章

人物

甲 君主

错位者:"木匠皇帝"朱由校

一

人生而自由。

但生得自由不等于活得自由。即便贵为天子,也不是每个人都欢喜坐上那龙椅。龙椅中人的困惑、无奈与反抗,在某种层面上构成了紫禁城的隐秘风景。

比如"木匠皇帝"朱由校,比如他的1620年。

公元1620年发生了多少事啊……

这一年是17世纪20年代的第一年,是中国农历庚申猴年,明万历四十八年。是一个混乱的年头,也是新旧世界交替的拐点时刻,有无数的欲望和情感在其间流淌。一些人出生了,比如普鲁士国奠基人弗里德里希·威廉,还比如英国经济学家、人口统计学的创始人之一格兰特。一些人去世了,比如日本战国后期的名将直江兼续，还比如明神宗皇帝朱翊钧以及明光宗皇帝朱常洛。在1620这个年头，明帝国的年号显得有些混乱和急切。它既是万历四十八年，也是泰昌元年。准确地说，1620年8月份以前是万历四十八年，8月份以后为泰昌元年。在世界范围之内，当一艘叫"五月花号"的商船，载着一百零二名破产者、流浪者等在旧世界的游戏规则中郁郁不得志的人儿从英国的普利茅斯港出发，横渡大西洋，驶向遥远陌生的新大陆——北美洲去寻找美国梦时，明帝国开始显得波谲云诡，疑案频发。"红丸案""移宫案"接踵而至，权力背后的阴谋或者说阴谋背后的权力强暴了这个外强中干的帝国，秩序的崩溃在1620年初露端倪。

站在朱由校的立场上看1620年，这个万历三十三年（1605）十一月十四日出生的15岁少年感觉颇为无助。七月二十一日，祖父死。九月初一日，年仅39岁的父亲明光宗朱常洛在乾清宫去世，在位时间才一个月。父亲的去世是与一大堆泻药以及成分不明的"红丸"联系在一起的，先是卧床不起，司礼监秉笔兼掌御药房太监崔文升进泻药，父亲吃了，一昼夜腹泻三四十次，然后是鸿胪寺丞李可灼进"红丸"，两天后父亲就猝然离世了。随后，御史王安舜、郑宗周、郭如楚、冯三元、焦原溥，给事中魏应嘉、惠世扬，太常卿曹珖，光禄少卿高攀龙，主事吕维祺等人先后上疏请求处理崔、李二人。在帝国一度发生过的争国本背景下，真是每一个人都可疑，每一剂药丸都可能是毒药。朱由校如履薄冰地上台，在父亲尸骨未寒的时刻即皇帝位，成为只有七年执政生涯的过渡皇帝——毫无疑问，1620年绝对是一个疑窦丛生却又含

第二章 人物

义丰富的年头。

这一年接下来的时间，朱由校开始为自己和母亲的关系处理问题而纠结。由于光宗突然病逝，朱由校上位，选侍李氏也就是朱由校的母亲按祖制必须搬出乾清宫，以为居住在慈庆宫的新皇帝朱由校腾位。但李氏拒绝这样做，她的身后，晃动着宦官魏忠贤的身影。在最高权力的取舍上，此二人似乎结成了战略同盟，为一个共同的目标而隐秘奋斗。九月初二日，明光宗朱常洛死后第二天，都给事中杨涟上疏反对李氏继续居于乾清宫；同时这位声名显赫的官员还弹劾李选侍对皇长子朱由校无礼，声称不可将皇长子托付给她。御史左光斗同时上疏，表明了李选侍不能继续住在乾清宫的理由。他说："内廷的乾清宫，如同外廷皇极殿，只有皇帝和皇后才能居住于此，其余嫔妃都不可于此居住。请李选侍移居宫妃养老的地方仁寿宫内的哕鸾宫……"1620年由此变得剑拔弩张，紫禁城权力的基点在乾清宫内外游离，杨涟、左光斗等士大夫阶层开始为一种秩序的重新归位与李选侍还有魏忠贤进行着较量。三天之后，形势明朗，李选侍移居哕鸾宫，朱由校搬进乾清宫。1620年的秩序得到了维护。但是没有人知道，这只是开始，不是结束。因为在接下来的时间段，魏忠贤继续发力，让杨涟、左光斗等士大夫付出沉重代价。当然，这是后话了。

1620年，巡按直隶御史易应昌上疏发表"盛世"危言，说：今日国势，最危险的有以下三件：一、天下之兵未可恃。征兵征不上来，应征的却又逃走；调兵调不到位，勉强到位却又逃走。"兵饷甚缺。"二、天下之食未足恃。帝国之大，没一年不发生旱涝，没一地不发生旱涝。淮南有粮三十万石苦于无船可运；山东需要征粮六十万石，却既无粮也无船。三、天下民心不可恃。各地士兵逃亡、哗变事件接连不断；饥民蜂起，百姓起义，此伏彼起……易应昌感叹——帝国国势，真正堪忧了。

1620年，杭州城突发大火，有六千一百余家房屋着火，大火燃烧了整整一昼夜。这是三月初五日的事情。过了五个月杭州城再发大火，这次竟有一万余家房屋着火，居民死伤惨重，似乎是老天爷为一个王朝的危局在发布预警……

从1620年出发，在接下来的七年时间里，帝国且战且退，天启年代没有亮起启明星。天启元年（1621），后金攻克沈阳和辽阳，明经略袁应泰自杀身亡；天启二年（1622），广宁失守。与此同时，河套蒙古入侵延安、黄花峪等处，深入帝国境内六百里地，杀掳数万人；天启三年（1623），黄河决口。睢阳、徐州、邳州一带方圆一百五十里以内悉成平地；同年七月三日，工科给事中方有度向皇帝报告：辽东战事起来后，每年加派新饷四百八十五万余两，今已五年，共达二千余万两。"百姓敲骨剔髓，鬻子卖妻，以供诛求"。方有度警告：兵饷问题不解决，帝国将有倾覆之忧。十一月二十一日，吏科都给事中程注奏陈天下急务称："天下最急，莫如辽左，而蓟门为其咽喉。"熹宗一筹莫展。天启四年（1624），黄河在徐州决口，城中水深达一丈三尺；刑科给事中解学龙疏陈边将贪腐情状："两辽东三帅各领银一万二千两为治宅第之资令人骇愕。营房每间领造价钱六两，而镇将睹自侵克，每间实际用银不过五六钱。马料刍豆，十扣其半。"天启五年

（1625）正月，后金军攻取旅顺。六月，各地饥荒严重。延安持续三月时间出现大风雪。济南飞蝗铺天盖地，庄稼绝收。这一年帝国出现"人相食"的情形。天启六年（1626），京师王恭厂大爆炸，城内东自顺城门（今宣武门）大街，北至刑部街，"长三四里，周十三里，尽为齑粉"。皇宫里的龙椅在大爆炸中倒塌，熹宗大惊失色，急逃交泰殿躲避。据统计，在王恭厂大爆炸中共有一万九百三十一间房屋倒塌，而爆炸后四个月，后金皇太极即汗位，对明帝国的攻势更加凌厉。天启七年（1627）五月十一日，后金兵围锦州。二十八日，分兵再攻宁远城。熹宗皇帝在历史的大困局中首鼠两端，茫茫然不知所之。这一年，距离明帝国的覆灭还有17年时间，但这17年不属于朱由校，而是属于他的兄弟朱由检——崇祯皇帝。因为差不多三个月后，23岁的朱由校就在懋德殿与世长辞了。

二

万历十七年（1589），当河间府肃宁县的一个市井无赖李进忠被选入宫中，成为司礼秉笔太监孙暹手下一个打杂的小伙计时，他不知道，在此后的岁月里，自己竟然有能力深刻地影响帝国朝局。熹宗皇帝成为他的铁杆玩伴。这个后来更名为魏忠贤的人引导皇帝极尽声色犬马之好，自己却包揽政事，成为帝国的一个符号人物——他们两人的关系，那才叫纠结和缠绵啊。

从万历十七年（1589）算起，差不多三十年之后，熹宗赐魏忠贤世荫的荣耀，荫封他的兄弟魏钊为锦衣卫千户。这是魏忠贤发达的开始。不过很多人看不透这一点，比如周宗建。天启三年（1623）二月二十八日，御史周宗建上疏弹劾魏忠贤结党营私，准备将其一网打尽，没想到皇帝站在魏忠贤一边，诏夺周宗建俸禄三月——扣发了他三个月的薪水，以示惩戒。

看不透魏忠贤分量的人除了周宗建还有杨涟。天启四年（1624）六月初一日，左副都御史杨涟向皇帝揭发魏忠贤二十四大罪，称"大小臣工，皆知有忠贤，不知有皇上，乞正法以快神人之愤"；皇帝当然不可能将魏忠贤正法，他严厉批评杨涟的"虚妄"之语，以为对魏忠贤的慰藉和支持。杨涟受批评后，帝国官场掀起了反魏风。有七十多名高级官员上疏弹劾魏忠贤不法。但是很遗憾，这些上疏弹劾的人统统受到熹宗的严词切责。魏忠贤在皇帝心目中的分量，那叫一个沉甸甸。

天启六年（1626），魏忠贤在帝国的威望到达顶点。这一年，他的生祠遍天下。这一发端于浙江杭州的兴建魏忠贤生祠运动得到皇帝的支持。熹宗皇帝赐名建于西湖的魏忠贤生祠为"普德"，还令杭州卫百户守祠。由此，花费数万到数十万的生祠在全国各地出现。都城内外，祠宇一时相望。监生陆万龄甚至提议在国子监建造魏忠贤生祠，给出的理由是："孔子作《春秋》，忠贤作《要典》，孔子诛少正卯，忠贤诛东林，宜建祠国学西，与先圣并尊。"这是把魏忠贤抬到孔子的地位上了，而楚王包括袁崇焕在内也先后为魏忠贤建生祠，成为帝国信仰迷失时代的新鲜注脚。由此可见，熹宗皇帝对

第二章 人物

魏忠贤的关爱到了何种程度!

我们再来看看魏忠贤的职位。魏是司礼太监和提督东厂太监,但显然皇帝认为还不够,不仅进其上公,加恩三等,还赐魏忠贤"顾命元臣"的印鉴,准其享有九千岁的称呼,并默许百官对魏忠贤的雕像行五拜三稽首之礼。这是皇帝在礼仪层面上的突破——在帝国的秩序体系中,此前从未有过这样的突破;甚至皇帝还放弃他的最高权力,在忙于木匠活的时候让魏忠贤自由裁量政务。由此,在万历年间神宗怠政的基础上,天启年代熹宗皇帝又有意无意地加了乱政的方子。杨涟等重臣纷纷去职,东林党人惨遭杀戮——紫禁城里朝局的正邪之争全面失衡,帝国的崩溃呈现了不可遏止的姿态。这其中,熹宗皇帝未能处理好他与魏忠贤的关系是重要原因,在某种意义上说,也是他作为问题皇帝的一个报应。

甚至在去世之前,熹宗还交待继任者崇祯皇帝要善待魏忠贤。虽然崇祯杀伐决断,未让魏忠贤继续苟活人间,但一切为时已晚。魏忠贤遗留下的所有破坏性效应在帝国最后十七年一览无遗并得以总爆发,究其原因,实在是天启年间熹宗皇帝犯下的错。这是两个男人破坏性关系所导致的延后反应,熹宗漠视权力与秩序的后果在他与魏忠贤的关系处理上清晰而全面地显现出来,这是他呈现给世人的第一张脸谱。

问题皇帝熹宗留给世人的第二张脸则是温情或者说仁慈。天启二年(1622)五月,熹宗复张居正原官。他赞同户部左侍郎陈大道等为原任大学士张居正所列的二十项功绩,认为张居正在治理帝国方面的确"功不可泯",所以为其平反昭雪,官复原职,并给予祭葬——这是熹宗对祖父万历皇帝的一次反动，也是对历史真相的一次探究与致敬。甚至他的脚步不止于此，还走得更远，走到了建文时代。同样是在天启二年（1622），六月二日，皇帝下旨，称："方孝孺忠节持著，既有遗胤，准与练子宁一体恤录。"此前方孝孺的十世孙方忠奕来京为延续一线血脉"伏阙上书"，熹宗一切从实际出发，抚恤方孝孺遗嗣，为历史留下一个温情的注脚，也从一个侧面反映了他漠视权力与秩序的独特个性。在他与魏忠贤的关系处理上，这样的个性为帝国带来了灾难性的后果，但是在处理历史遗留问题上，熹宗这样的个性则为其带来生前身后的美誉——皇帝的形象开始变得丰满起来。

问题皇帝熹宗留给世人的第三张脸是寂寞。他是著名的"木匠皇帝"，在斧头与木头之间，竭尽所能地寻找自己的精神寄托。这实际上也从另一个侧面反映了他漠视权力与秩序的个性。从正德到万历再到熹宗，游历皇帝、练丹皇帝、木匠皇帝的身份转变似乎说明了帝国最后几个皇帝都是蛮有个性的，但最寂寞的主儿无疑是熹宗。国事不可为，不是他不愿意为，而是历史的因果关系重重叠叠，留给他操作或者说突围的空间几乎等于零了。后金在辽东攻势凌厉，帝国为辽饷问题饮鸩止渴，种种作为可以说是自掘坟墓。王恭厂的大爆炸像极了王朝唱晚时的警钟，而龙椅在大爆炸中倒塌，作为皇帝的他急逃交泰殿躲避，这份狼狈，不是末世的征兆是什么？或许这一切，熹宗早已经心知肚明。所以让争权的人去争权，让魏忠贤和杨涟们在困局中去有所作为吧，他是明知不可为而不为之，或者说在另一个领域有所作为，比如干木匠活。这份聪明似乎是皇帝难得糊涂的真切写照，却是无

第二章 人物

人懂他。若干年后，当他的弟弟崇祯皇帝在最后的历史困局中明知不可为而为之，最终徒呼奈何时，或许熹宗那张寂寞的脸才反衬得格外清晰，令人印象深刻吧。

问题皇帝熹宗留给世人的第四张脸是天真。这位年轻的皇帝相信风水学，相信一切都是因果轮回，而人定可以胜天。天启二年（1622），皇帝干了一件事，把位于北京西南大房山系九龙山附近的努尔哈赤祖坟给挖了，金国帝王陵寝毁于一旦。熹宗这么做目的只有一个，泄"王气"，断龙脉，阻止后金上位。天真的皇帝在堪舆师引导下，将革命进行到底，不仅挖了努尔哈赤祖坟，还将其太祖完颜阿骨打的睿陵也给破坏了，取而代之的是一座"皋塔"，"皋塔"是纪念南宋抗金名将牛皋的，它之所以建在睿陵原址是取"气死金兀术，笑死牛皋"之意——皇帝天真到了迷信的程度，迷信到了意淫的程度，也算是千古奇观了。

熹宗留给世人的这几张脸展示了他不同的性格层面，也展示了其对这个世道的应对态度与能力。很显然，这不是一条正确的道路，因为一切都在如火如荼，帝国漏洞多多，补丁打不胜打。要不是天启六年（1626）袁崇焕在宁远之战中阻击了努尔哈赤的十三万精兵，熹宗的天启年代很可能守不住原本就不固若金汤的山海关——那是帝国最具象征性的篱笆了，熹宗实在是很幸运，未将最后的决战留给自己，而是留给了他的继任者。

时也？命也？人间再无天启帝。

三

帝国的崩溃说到底是人事的崩溃、人才的崩溃。天启年代和万历年代一样，配角比主角更有戏，杨涟们的倒下也比皇帝的倒下更加动人心魄。那才是一场悲剧，真正的悲剧。当士大夫精神的缺失成为时代的主旋律时，说实话，皇帝的作用便显得可有可无了——他退化成一个符号，风干在末世王朝的晚风中，于事无补也于世无补。

事实上东林党人在天启年间的集体凋零不是一个偶然现象。它是正邪之争的必然结果。皇帝既然是非典型皇帝，以避世、不争为人生趣味，朝局自然邪气盛行，正气不存。魏忠贤的追随者有"五虎五彪十狗十孩儿四十孙"之说。其中"五虎"为文职，包括工部尚书兼左都御史崔呈秀等五人；"五彪"为武职，包括左都督田尔耕等五人。而"十狗十孩儿四十孙"也是各有其人。他们反映了一个王朝的阿附气味和彷徨品质。天启五年（1625）十二月，御史卢承钦为了取悦魏忠贤，仿《点将录》构制东林党人关系图，称"东林自顾宪成、李三才、赵南星而外，如王图、高攀龙等，谓之副帅，曹于汴、汤兆京、史记事、魏大中、袁化中谓之先锋，丁元荐、沈正宗、李朴、贺烺，谓之敢死军人，孙丕扬、邹元标谓之土木魔神。请以党人姓名罪状，榜示海内"。由此一轮新的打击呼之欲出。

这样的打击不仅仅体现在器物层面，也体现在精神层面上。左都御史邹元标与左副都御史冯从吾在京创建的首善书院被毁,紧接着东林、关中、江右、徽州等地书院俱毁。邹元标、冯从吾、孙慎行、余懋衡、周宗建、张慎言、黄尊素、邹维琏、卢化鳌、熊明遇等东林党人被先后削籍——帝国在精神层面上集体走向沉沦,终致万劫不复。

天启六年(1626)正月,书生袁崇焕在宁远之战中发炮击伤努尔哈赤,此举意外改变了帝国垂直向下的走向,病入膏肓的帝国这才获得一次场外休息的苟且机会。紧接着是第二年夏天,皇帝在西苑乘船游玩时意外落水,虽然没有马上致命,却仿佛证明帝国底气到底虚弱得可以,随时可能自己打败自己——死亡只是时间问题罢了。而熹宗也果然不争气,竟挺不过天启七年的夏天。八月二十二日,熹宗辞世。死前,他对三个人做出评价。评价弟弟朱由检为"尧舜",暗示其可以继位。评价太监王体乾"勤练",评价魏忠贤"忠诚",这样的评价,可谓出人意料。而《明史》在若干年后则对当事人熹宗做出评价,称他"在位七年,妇寺窃权,滥赏淫刑,忠良惨祸,亿兆离心,虽欲不亡,何可得哉?"(见《明史卷二十二·天启帝本纪》)

如此,在相互评价当中,历史不动声色地完成了它的演绎。

收官者：崇祯帝

一

紫禁城中，作为大明王朝的收官者，崇祯是个颇值得说道的皇帝。

从崇祯元年（1628）开始，在接下来十七年的时间长度里，崇祯悲欣交集地完成了大明王朝最后的收官动作。这实际上是没有多少悬念的旅途。因为作为两百多年来，朱元璋制度设计的实践者和破坏者，朱的子孙们演绎了种种可能性和不可能性，当所有风景看遍、激情耗尽之时，崇祯的宿命也就呼之欲出了——他再也变不出什么花样来，历史也不会给他更多表演或者突围的空间。1628年，所有含义丰富或暧昧的历史事件纠结在一起，共同完成一个王朝崩溃前所必须有的那些伏笔与铺垫。它们势能饱满，姿态鲜明，令人不容置疑。

这一年，帝国有三个地方发生了兵变，分别在蓟镇、宁

第二章 人物

远和固原。兵变原因大体相同，都是朝廷欠发军饷，兵士们因饥饿索饷，不得不干出一些出格事来。比如抢夺、焚烧武器弹药，绑架驻地军官等。说起来这些驻地军官也是牺牲品——军饷不是他们克扣的，实在是朝廷没饷可发，但兵士们却把矛头对准他们——谁让他们是具体的执行者呢？七月二十五日，辽宁宁远兵变中，巡抚毕自肃、总兵官朱梅、通判张世荣、推官苏涵淳就成了这样的牺牲品。他们被绑在谯楼（系古代城门上建造的用以瞭望的楼）上，成为帝国无力时代的可怜人质。毕自肃因为官阶最高，更是受到严刑拷打，八月初八，四十九岁的毕因不堪忍受自杀殉国了。但人死了，账还在。至崇祯元年止，辽东所欠军饷达五十三万余两，这也是宁远兵变深层次的原因之所在。在蓟门，这个问题同样存在。蓟镇兵变平息后，为了安抚人心，顺天巡抚立马向户部及兵部打报告请求先发三个月的欠饷，总之一切都是让局面得以维持下去，以防发生更大的突变。但是在固原发生的兵变却是预后不良，哗变士兵和农民起义军合流，抢夺固原州库，攻击泾阳、富平等地，还抓走了游击将军李英。这里头的原因深究起来也是当地巡抚胡廷宴与延绥巡抚岳和声对哗变士兵提出来的缺饷问题无法应答，终致士兵们铤而走险，走到帝国的对立面上，向这个王朝要说法了。

当然，紫禁城里，作为当事人的崇祯皇帝那是相当的焦头烂额，应接不暇。崇祯元年（1628），帝国除了发生此起彼伏的兵变外，其他麻烦而棘手的问题也是层出不穷。该年后金兵进犯黄泥洼，准备攻打山海、石门。在陕西，安塞高迎祥、汉南王大梁聚众造反，一个自称闯王，一个自称大梁王，准备为这个帝国制造不和谐音。老天也不长眼，时事艰难之时还兴风作浪，在浙江嘉兴、绍兴一带刮起强台风，"海水直入郡城，街市可行舟"。"滨海及城郊居民被溺死者不可胜计。"仿佛为王朝唱晚，添加若干伤感的背景音乐。

崇祯二年（1629），形势进一步恶化。十月二十七日，后金兵入关。他们包围了蓟州。十一月，京师不得不宣布戒严。这一年皇帝在政治上颇有作为，裁撤了驿站的兵卒，以为帝国节省财政开支。这其实是户科给事中刘懋的一个动议，他在二月初八日上疏提"请裁驿站冗卒"，认为"岁可省金钱数十万"——每年可以节省财政支出数十万。但是世事因果相连，那些失业驿卒因失了饭碗，纷纷加入农民起义军，成为闯王的一分子。这其中有一个叫李自成的23岁年轻人也从银川驿站"下岗"，走上造反的道路。他是两年前到此应征当一名驿卒的。崇祯二年（1629）皇帝在政治上的有所作为，无意间竟启动了江山易主的最后程序——此二人谁都没想到，他们的命运交集在这一年就悄悄发生了，而不必等到十五年后，李自成率兵打进北京城那一刻。

帝国崩溃之旅在接下来的时间段显得更加触目惊心。崇祯八年（1635），高迎祥、李自成、张献忠等率领农民军攻陷明中都凤阳，烧了龙兴寺，捣了皇帝的祖坟。崇祯九年（1636）四月十一日，后金国汗皇太极称帝，改元崇德——作为帝国的异数，它鲜明而强悍地存在，时刻威胁明帝国的国家安全。同年，清兵入喜峰口，入昌平，攻顺义，京师再次宣布戒严。崇祯十年（1637），明帝国的属国朝鲜降清，标志着天下权力秩序发生严重变动，帝国权威受到强力挑战，这

第二章

人物

是明建国两百多年来从未发生过的事。崇祯十一年（1638），京城西直门内安民厂发生火药爆炸。方圆十数里内房屋尽皆震塌，居民死伤万余人。这一酷似天启六年（1626）发生的王恭厂大爆炸事件仿佛末世预警，很有震撼人心的意味。安民厂大爆炸后一百天，清兵入塞，开始了对明帝国长达半年时间的大扫荡。而这又是比火药爆炸更加震撼人心的政治事件，帝国的脆弱在这个年头一览无遗。九月二十四日，京师戒严。随后清军分八路南下，深入中原腹地二千里，俘获人口近五十万、黄金四千余两、白银近百万两。清军这场持续到崇祯十二年三月的军事行动是五年后他们入关的总预演，昭示帝国的覆亡已无任何悬念。崇祯十二年（1639）正月，目睹国事艰难，翰林院修撰吴伟业忍不住感时伤怀，他上奏崇祯说："今日阽危至极，皇上当下哀痛之诏，悯人罪己，思咎惧灾……"吴伟业如是用语，仿佛从帝国内部发出预警——王朝大去之期不远矣。崇祯十五年（1642），两个人的降清加剧了局势的恶化。一个是祖大寿，另一个是洪承畴。这两个帝国抗清的标志性人物在这一年做出的令世人震惊的政治抉择，说明世道人心的改变已是不可遏止的潮流——人人裹挟其中，不进则退，不生则死。这一年，清兵再次入塞，连下八十八城。帝国几无抵抗能力，鲁王朱以派自杀殉国。崇祯十六年（1643）五月初七日，崇祯帝在召巡抚保定右佥都御史徐标入京奏对时潸然泪下。因为徐标向他描述的一幅世纪末情景实在是不忍耳闻："臣自江淮来数千里，见城陷处固荡然一空，即有完城，亦仅余四壁城隍。物力已尽，蹂躏无余，蓬蒿满路，鸡犬无音，曾未遇一耕者，成何世界！皇上无几人民，无几土地，如何致治？"崇祯听了，那叫一个泪如雨下、情何以堪啊。此时，离大明王朝的最后覆灭只剩下短短不到一年时间。而李自成和张献忠在这一年分别建立政权，对即将到来的新世界充满渴望或者说野心。他们与辽东的后金遥相呼应，准备完成对明帝国的最后一击。这一年，崇祯皇帝做的一件令人印象深刻的事是向李自成、张献忠二人发出悬赏令，所谓立"赏格"，规定："购李自成万金，爵通侯；购张献忠五千金，官极品。"这道悬赏令是皇帝六月十五日对外发布的，这个夏天，帝国闷热异常，是崇祯即位以来最热的一个夏天，但也是他生命中最后一个夏天。

因为他再也看不到崇祯十七年（1644）夏天的太阳了。

二

但是一开始，皇帝是心有不甘的。

他既未看透自己的宿命，更未看清历史的宿命。以为我能我可以，意气风发，要挽狂澜于既倒。事实上崇祯也的确出手了，并且出手不凡。

紫禁城。天启七年（1627）十月二十七日，贡生钱嘉征上疏揭露魏忠贤十罪，其中最重要的有三条：一、并帝。魏忠贤与先帝相提并论，"奉谕旨，必云朕与厂臣"，钱嘉征质问历史上"从来有此奏体乎？"二、蔑后。魏忠贤蔑视皇后，并试图置其于死地。三、弄兵。魏操刀于禁苑之中，玩的就是武力威胁。崇祯皇帝接到这封奏疏时，年仅十七岁，即位才两个月，而魏忠贤把持权柄多年，有文臣崔呈秀、田吉

第二章 人物

（兵部尚书）、吴淳夫（工部尚书）、李夔龙（副都御史）、倪文焕（太常寺卿）等"五虎"；武臣田尔耕、许显纯、孙云鹤（东厂理刑官）、杨寰（镇抚司理刑官）、崔应元（锦衣卫指挥）等"五彪"伺其左右，可谓位高权重、无人能敌。所以崇祯不得不面临一个生死攸关的挑战：要不要与魏忠贤较量一番？

此前，魏忠贤在熹宗刚刚去世、朱由检尚未上位之时就曾蠢蠢欲动，试图问鼎最高权力。都督田尔耕已经被他说服，准备起事，只是兵部尚书崔呈秀首鼠两端，"恐有义兵"，不敢轻举妄动，魏忠贤这才悻悻然作罢。但是很显然，他和朱由检的实力悬殊。在天启七年（1627），新帝朱由检不过是一个符号，听凭魏忠贤摆布才是正途——起码在魏忠贤看来是这样。

但是朱由检在这个时刻显示了他的谋略。他召来魏忠贤，令内侍读钱嘉征疏。一条一条读得慢条斯理却又暗藏杀机，由此历史进入拐点时刻——魏忠贤害怕了。他以重金贿赂太监徐应元，请他在崇祯面前为自己求情。魏忠贤本不必这么做，如果他有和崇祯殊死较量一番的勇气的话。事实上魏忠贤在这件事上示之以弱，给了年轻的小皇帝一鼓作气、扭转乾坤的豪情或者说动力。崇祯帝斥责徐应元多管闲事，并且在十一月初一日下令将魏忠贤安置在凤阳，三天后，皇帝发出逮捕令，要将已经上路的魏忠贤逮治。已经走到阜城的魏忠贤畏罪自杀，崇祯"诏磔其尸，悬首河间"，在政治学和生物学上彻底完结魏忠贤这个人或者说社会符号。另外魏忠贤的侄子魏良卿也被处死。崇祯在这件事上显示了与其兄弟熹宗不一样的人生态度和处世哲学。此前，熹宗临死前曾评价魏忠贤"忠诚"，并嘱托朱由检要善待之，但朱由检却杀伐决断，不愿在旧秩序里苟且偷生——一个王朝命运突围者的形象可以说呼之欲出了。

应该承认，崇祯帝朱由检最初的突围形象堪称完美。他在逮治魏忠贤的手段和策略上从容不迫、游刃有余，显示了与其年龄极不相称的老到成熟；并且在后续动作上，崇祯也有成熟设计——这是一个为意欲重生的帝国开山辟路的设计，里面包含了皇帝的雄心与渴望。天启七年（1627）十二月二十三日，崇祯开始打击魏忠贤团伙。崇祯帝下诏："天下所建魏忠贤逆祠，悉行拆毁变价。"包括"五虎""五彪"在内的魏忠贤集团骨干分子受到惩处。这个历时一年多的打击行动由崇祯亲任总指挥，并最后裁定。处罚结果毫无疑问是严厉的或者说毁灭性的：魏忠贤团伙中魏忠贤、客氏二人磔死（凌迟处死）；崔呈秀等以"首逆同谋"罪立斩；刘志选等以"交结近侍"罪问斩，判秋后处决；魏广微等十一人与魏志德等三十五人，全都充军，罪名是"诏附拥戴"；太监李实等以"交结近侍又次等"罪，判充军；顾秉谦等一百二十九人以"交结近侍减等"罪，判处有期徒刑三年；黄立极等四十四人被开除公职，永不叙用。这样在魏忠贤钦定逆案中，共有二百六十余人受到处置，与主审官、阁臣韩爌最初试图以四五十人结案的判决设计不可同日而语。崇祯大开大合的处事作风在"诏定逆案"中鲜明地体现了出来。与此同时，他又开展拨乱反正工作，将天启年间被魏忠贤压制的官员解放出来，让他们重新走上工作岗位，比如重新起用袁崇焕等；为遭受

第二章

人　物

魏忠贤陷害、含冤去世的老人们恢复名誉，比如赠予已故官员杨涟太子太保、兵部尚书；左光斗右都御史；魏大中、周顺昌太常卿等官衔。虽说这些恤赠都是些死后清誉，却也表达了皇帝与旧时代一刀两断的坚强决心。这个时候的崇祯，事实上是与时间赛跑——帝国沉疴遍身，他愿意做减负者和治疗师。崇祯相信，帝国应该还有救，因为他在发力，全身心地投入，以牺牲者的虔诚或者说奉献，来换取帝国触底反弹的机会和可能。

接下来无数的事实证明，崇祯皇帝是努力想成为一个有为之君的。在一份崇祯二年（1629）的京官考查记录上，我们分明可以窥测皇帝对政事孜孜以求、力求完美的心态："（该年）素行不谨冠带闲住者一百人，泄露降一级调外任者四十六人，才力不及降一级调外用者十七人，贪酷革职者八人，罢软无为冠带闲住者三人。"崇祯帝对百官分别对待、一丝不苟的心态与万历以来那些对官员采取无为而治政策的君主们形成鲜明差别。崇祯十二年（1639），清军入塞导致帝国失陷城镇达六十余处。崇祯震怒异常，一口气处死了包括蓟镇总监中官郑希诏，分监中官孙茂霖，顺天巡抚陈祖苞，保定巡抚张其平，山东巡抚颜继祖，蓟镇总兵吴国俊、陈国威，山东巡抚倪宠，援剿总兵祖宽、李重镇等在内的三十六名责任官员。皇帝孜孜以求治，为帝国安危辛勤操劳的心态在这一事件中展露无遗。

但是什么时候开始，崇祯的治国心态出现了若干诡异的色彩？"过犹不及"的悲剧性宿命在他生命中的最后十七年为何频频光临？在历史大崩溃的前夜，紫禁城中一个帝王的焦灼、悲悯、怨天尤人、我行我素以及无可奈何花落去的复杂心态,在诸多大事件的碰撞和覆盖下,是怎样浮出水面的呢?一切需要细细道来。

刘鸿训第一个感受到了来自崇祯皇帝的寒意。这位在天启六年(1626)因为触犯魏忠贤而被免职的官员在崇祯元年(1628)七月晋升为太子太保、文渊阁大学士,这是崇祯慧眼识人的结果。刘鸿训也知恩图报,准备为皇帝肝脑涂地在所不辞。特别是在扫荡魏忠贤余党上,刘鸿训公私之仇兼报,试图一网打尽。但崇祯出于朝局稳定的考虑,决定要分别对待。由此刘鸿训深感不满,他从朝堂退下来后说了这样一句话:"主上毕竟是冲主。"意思是说皇帝年轻,做事不够成熟老到。当然接下来的事实证明,崇祯皇帝是成熟老到的,他有勇有谋地解决了魏忠贤集团问题,不够成熟老到的人儿是刘鸿训,因为他在错误的时间、错误的地点说了那样一句错误的话,皇帝为此要置他于死地。崇祯元年(1628)十月二十一日,刘鸿训被开除公职,二年正月流放代州。崇祯五年正月十二,刘死于流放地——崇祯以绝不饶恕的态度向刘鸿训及世人展示他步步紧逼的寒意,其心胸之狭窄由此可见一斑。

崇祯八年(1635),汤显祖之子汤开远在刘鸿训之后也感受到了来自崇祯皇帝的寒意。这年十月,汤开远上疏指出崇祯对待文武官员的态度不一。对文臣示之以刻薄,对武将示之以宽纵。这位左良玉军中的监军希望皇帝对文武官员要待之以平,一视同仁。但汤开远很快遭到皇帝的打击报复,他差点和刘鸿训一样被开除公职,只因左良玉等人求情,才得

第二章

人　物

以留在军中戴罪立功。五年后，这位郁郁不得志的监军含冤去世，据说是"过劳死"——皇帝的心胸狭窄再次留下了证明。

陈新甲之死则反映了皇帝的冷酷无情或者说实用主义处世态度。崇祯十四年（1641），因为松、锦失守，兵部尚书陈新甲提出引咎辞职。崇祯皇帝不许，同时令他与清军暗中议和，前提条件是要保密。但世事无常，议和之事很快泄露，堂堂帝国要与清国媾和，这是言路无论如何不能接受的。一时间交章弹劾陈新甲蔚然成风。崇祯皇帝怕引火烧身，勒令陈新甲做出检讨，但是陈尚书不上路，自以为有皇帝罩着，拒不认错。崇祯十五年（1642）七月二十九日，陈新甲在崇祯皇帝复杂的眼神下入狱，两个月后被斩于市。他的死为世人揭开了皇帝性格的另一个侧面：爱面子，不爱里子。帝国的兵部尚书死在他的面子里，谁还会为这个王朝卖命呢？这一年祖大寿和洪承畴之所以降清，既和帝国的失败有关，或许也和皇帝的性格缺陷有关吧？一个抱持冷酷无情或者说实用主义处世态度的皇帝是没有多少追随者的。崇祯十七年（1644），皇帝在煤山脚下吊死时，身边的大臣无一追随，各自作鸟兽散——世事的恩怨相报，真是屡试不爽。

但是和袁崇焕相比，这些人的遭遇都是小巫见大巫了。崇祯皇帝多疑自信的复杂性格在他与袁崇焕的互动关系中充分暴露出来，这也导致了帝国无法走上自我拯救的道路。崇祯杀袁崇焕是自毁长城，帝国在他着力拯救的急迫过程中快速坍塌，如同其性格缺陷一般，是那样的触目惊心，充满了邪恶的堕落式的快感。

三

袁崇焕的悲剧应该说是他和崇祯皇帝二人性格缺陷碰撞的必然结果。一个轻言浪对，一个信以为真；一个我行我素，一个疑窦丛生。最后时刻，那个叫皇太极的人点燃火药桶边上的导火索，爆炸便不可避免了。

刚开场是花好月圆的，就像世事的"起承转合"，第一步"起"总是波澜不惊，充满和谐意味。崇祯元年（1628）四月，皇帝任命袁崇焕为兵部尚书兼右副都御史，督师蓟、辽，兼督登、莱、天津军务。两人的合作开始了。袁崇焕投桃报李，表示要为皇帝平辽。崇祯帝立即做出回应，称"朕不吝封侯之赏，卿其努力以解天下倒悬之苦！卿子孙亦受其福。"封侯之赏、荫及子孙对一个士大夫（袁崇焕是进士出身，以文官身份领军，也算是士大夫一族了）来说，当是人生的最高追求，皇帝如此犒赏，袁崇焕再次投桃报李，表示平辽五年可成。这其实是轻言浪对，虽然在此前袁曾经炮伤努尔哈赤，但皇太极即位后，后金的战斗力继续走强，而明军苦于机制、财经以及腐败等诸多问题的困扰，战斗力很成问题。关于这一点，袁崇焕自己也很清楚。他接下来在回应给事中许誉卿的疑问时表示，所谓五年平辽只是"聊慰圣心耳"。袁以这样的人生态度与处世哲学，遭遇崇祯帝的信以为真和锱铢必较，危机的降临便不可避免了。

当然危机不是一步达成的，历史为两个彀中人都提供了足够宽大的舞台，让他们的性格缺陷充分暴露，并一步步走

第二章

人 物

向碰撞。袁崇焕接下来做的令崇祯很不爽的事是要钱,准确地说是催讨拖欠的军饷。袁崇焕刚去辽东,宁远兵变就爆发了。明军的机制、财经以及腐败问题在袁崇焕面前一览无遗。宁远十多个兵营哗变,巡抚毕自肃、总兵官朱梅、通判张世荣、推官苏涵淳等人被绑架,现实问题如此触目惊心地表现出来,袁崇焕怎么办?他分两步走,一是强行镇压,和兵备副使郭广秘密谋划,诱捕了兵变主谋张正朝、张思顺,杀了十五个人,从而暂时平息了兵变。二是向皇帝请饷,请发宁远军所缺的四个月兵饷,袁崇焕以为,这才是解决问题的根本之道。但崇祯却不以为然,他在朝堂上透过现象看"本质"地说:"将兵者果能如家人父子,自不敢叛,不忍叛。不敢叛者畏其威,不忍叛者怀其德,如何有鼓噪之事?"崇祯对实实在在存在的军饷拖欠问题避而不谈,反而从道德层面苛求刚上任的袁崇焕必须一劳永逸地解决兵变问题——两人在观察和处理同一事务上出现了不同的角度和心态,崇祯甚至在礼部右侍郎周延儒的诱导下怀疑袁崇焕恃边逼饷,借此中饱私囊。他对袁的信任缺失已然呈现。

接下来,袁崇焕先斩后奏杀死皮岛守将毛文龙,进一步刺激了崇祯的疑心。对崇祯皇帝来说,毛文龙是有功的,他在濒临朝鲜的皮岛上多次袭击清军后方,从而牵制了清军南下的进程,这就是功劳。但对袁崇焕来说,毛拒绝其清理东江军饷的命令,有虚功冒饷之嫌。由此,清理军队腐败、树立在辽东的威信便成为袁崇焕随后必做的一件事情。崇祯二年(1629)六月初五日,毛文龙在皮岛死于袁崇焕的尚方宝剑之下,此前,崇祯对此事一无所知。在崇祯看来,毛文龙死于什么罪名并不重要，重要的是袁崇焕蔑视权威，先斩后奏杀死了毛，这个是他不能容忍的。

但他还是忍了下来。在两人的性格碰撞中，崇祯的性格事实上也是细腻、丰满、富有曲线的，或者说他的燃点还未达到。这里有两个原因。一个是尚方宝剑的确是自己亲赐，袁崇焕先斩后奏的举动在潜规则范围之内；另一个是"平辽"还指望袁崇焕去完成，和毛文龙的性命甚至是自己的权威相比，崇祯认为"平辽"更重要。由此，他由着袁崇焕往前走，还"传谕暴文龙罪，以安崇焕心"。其良苦用心，非局中人不能感受。

事后分析起来，指望袁崇焕"平辽"的确是崇祯最后的底线，这个底线一旦突破，袁崇焕就会死得很惨。但很遗憾，历史的残酷性就在这里，它不差分毫地向前演绎，每一个节点都在导向皇帝性格缺陷的最后总爆发。崇祯杀袁，真是每一个节点都可疑，每一个节点都在引领皇帝疑心的大发作。崇祯二年（1629）十一月，皇太极率领的清兵从蒙古绕道入关，遵化失守，袁崇焕率师回京救援。在广渠门外，袁的部队打败了清军的围攻。历史的第一个节点不期而至：未经崇祯帝许可，袁崇焕率师回京，目的可疑。

第二个节点很快如影随形——袁崇焕请求皇帝准许他的部队入城休整，以利再战。这个在崇祯看来，也是目的可疑，但袁崇焕不自知。在此之前，他的后背上累积了皇帝太多狐疑的目光，就像一层层炸药，只需一根火柴就能引爆。关键时刻，聪明的皇太极递上那根火柴——他施反间计，使皇帝相信袁崇焕和他有密约，袁回师也罢，请求准许他的部队入城休整也罢，都是这个阴谋计划的一个组成部分。被清军俘虏的杨太监适时放了回去，向皇帝报告袁崇焕的险恶用心——火柴熊熊燃烧，炸药即刻引爆。袁崇焕在崇祯愤怒和狐疑的心态下入狱，成为帝国悲情时代分量最重和最著名的牺牲品。崇祯三年（1630）八月十六日，袁以"谋叛罪"被凌迟处死，抄家，兄弟妻子流放三千里——帝国的防线至此不摧自毁了。

袁崇焕死后，崇祯失去最后一道防火墙，帝国的崩溃进入倒计时。帝国之毁随于性格之毁，诚哉斯言啊。

四

我们来看一看皇帝的罪己诏吧。在历史的大宿命和个人的小宿命之间，崇祯下过六道含义丰富的罪己诏。它们从各自不同的层面呈现出关于帝国宿命的忧伤主题。在担当和不堪担当之间，年轻的、孜孜以求治的皇帝从希望走向绝望、从宽容走向狭隘、从公允走向偏激、从悲欣交集走向心如死水。他承担了一切不该他承担的，却又在历史的大颓势中，添加了来自其性格缺陷的助推力。毫无疑问这是一个标本——王朝唱晚时代，紫禁城里那个孤独的勤政者将他落寞而行的背影定格成天头地脚，以注脚的形式悲怆地写在历史边上，任人品读，也任人评说……

崇祯八年（1635），皇帝的第一道罪己诏是在以下背景下出台的。这一年，农民军在荥阳会师，包括高迎祥、张献忠、老回回、罗汝才、革里眼、左金王、改世王、射塌天、横天王、混十万、过天星、九条龙、顺天王等十三家义军七十二营部队大会于荥阳,简称荥阳大会。随后不久,农民军陷凤阳,围桐城,攻颖州、潜山、罗田、麻城等地,后转入陕西,气焰一时大盛。而当凤阳祖坟被捣的消息传来,崇祯在紫禁城中惊慌失措。他"身着素服,声泪俱下",慌慌地遣官告庙,表示自己乃大明不肖子孙。二月十三日,皇陵失守,总督漕运尚书杨一鹤成了替罪羊,被逮捕下狱。这一年帝国党争正盛。礼部左侍郎兼东阁大学士文震孟因与首辅温体仁不和,告老还乡。皇帝给他的评价是"徇私挠乱",很有悻悻然之意,而文震孟从入阁参政到黯然下野,只有短短五个月时间。帝国人事之复杂,崇祯始乱终弃的用人观由此可见一斑。这一年郑鄤在党争中死去。这位文震孟的战略合作者曾经当面攻击温体仁,文震孟去后,郑鄤遭到温体仁的打击报复,先下狱,后被杀。而崇祯的烦恼不仅仅在于党争,还在某些官员的"拎不清"。监军汤开远十月上疏攻击他"待文武之臣不一,于抚臣则惩创之,于镇臣则优遇之。督抚失事多逮系,而大将率姑息。"这一点令崇祯恼羞成怒的同时又觉得很有些话要说——崇祯八年(1635)版《罪己诏》就这样出台了。

崇祯在他的《罪己诏》里先是表达自己的志向:"朕以凉德,缵承大统,意与天下更新,用还祖宗之旧。"紧接着说明因为"倚任非人,遂致虏狋寇起"。这里有对自己用人失误的检讨;而帝国内外交困的情状崇祯用八个字来概括——"虏乃三入,寇则七年"——后金三次入塞,农民军起事已达七年。这是个历史困局。在这样的困局消耗下,皇帝承认"国帑匮绌而征调不已,闾阎凋敝而加派难停"。而他"中夜思

第二章 人物

惟，业已不胜愧愤"。"愧愤"二字，可谓传神——既惭愧又愤怒，个中情绪，复杂难言。崇祯接下来提到了最敏感的事件："今年正月，复致上干皇陵。"凤阳祖坟被捣了，"祖恫民仇"，崇祯帝承认"责实在朕"。所以为了救国于危难之间，崇祯表示要"择十月三日避居武英殿，减膳撤乐"，以愆其过，以励其志。在这份感情充沛的《罪己诏》里，崇祯还承认"民罹锋镝，蹈水火，血流成壑，骸积成山者，皆朕之过也。使民输刍挽粟，居送行赍，加赋急无艺之征，预支有称贷之苦，又皆朕之过也。使民室如悬磬，田卒污莱，望烟火而无门，号冷风而绝命者，又皆朕之过也。使民日月告凶，旱潦洊至，师旅频仍，疫疠为殃，上干天地之和，下丛室家之怨者，又皆朕之过也"。很有"行了行了都是我的错""我不下地狱谁下地狱"的悲壮感。

在接下来几份《罪己诏》中，崇祯用语一次比一次悲壮，甚至从悲壮走向悲怆或者说凄凉。崇祯十五年（1642），崇祯在他的第三份《罪己诏》中承认"（帝国）灾害频仍，干戈扰攘，兴思祸变，宵旰靡宁，实皆朕不德之所致也！罪在朕躬，勿敢自宽"。他表示自己今后要"敬于宫中默告上帝，修省戴罪视事，务期歼胡平寇以赎罪戾……"崇祯十七年（1644）正月十八日，崇祯在他的第五份《罪己诏》中痛责自己"为民父母，不得而卵翼之，民为朕赤子，不得而襁褓之，坐令秦豫丘墟，江楚腥秽，贻羞宗社，致疚黔黎，罪非朕躬，谁任其责？"但此时帝国大势已去。兵部尚书冯元飙在陈新甲被处决后，吓得不敢再做兵部尚书，死活要离职而去。崇祯下《罪己诏》，除了自责，其他官员对此并不以为然。此时李自成拥百万之众在西安建立政权，准备对北京发起最后一击，帝国却无多少抵抗力量。这个正月，崇祯发出的令人印象深刻的话语是："朕非亡国之君，事事皆亡国之象。祖宗栉风沐雨之天下，一朝失之，何面目见于地下。"他这话是对阁臣们说的，但听者置若罔闻，人人明白国事不可为了。三月十六日，昌平失守。十七日，北京城被围。城破只在旦夕间。崇祯"仰天长号，绕殿环走，拊胸顿足，叹息通宵，大呼：'内外诸臣误我！误我！'"十八日，崇祯下第六份也是他生命中最后一份《罪己诏》："朕凉德藐躬，上干天咎，致逆贼直逼京师，皆诸臣误朕。朕死，无面目见祖宗，自去冠冕，以发覆面。任贼分裂，无伤百姓一人。"在此之前，太监王相尧开宣威门献降，兵部尚书张缙彦开正阳门，负责京师防务的成国公朱纯臣开朝阳门迎降，崇祯最后时刻亲自鸣钟上殿，却没有一位官员前来签到"上班"，众人都作鸟兽散了——他的时代或者说他的王朝就以这样尴尬的形式黯然结束。一切了犹未了不了了之。这一年崇祯33岁，大明王朝276岁。两个数字的对比含义实在丰富——是那样的年轻，又是那样的苍老。它们糅杂在一起，不由分说走向死亡……

第二章

人物

中衰者：嘉庆帝

一

紫禁城的故事无非"起承转合"。"起承"没什么看点，"合"也没什么悬念，关键是"转"。

其实，站在世界历史的背景上看，嘉庆王朝还是一个意味深长的王朝。

嘉庆四年，嘉庆亲政第一年，也就是公元1799年，大清国的国内生产总值占全世界GDP的44%，比今天的美国还要强大。这是美国著名中国问题专家费正清教授在20世纪30年代的研究成果。

公元1799年是18世纪的最后一年，18世纪毫无疑问是中国世纪。18世纪的第一年是康熙三十九年，在随后的整整一百年中，康熙、雍正、乾隆这三个清朝最具影响力的皇帝不仅影响了中国，也影响了世界。所以当嘉庆皇帝在世纪之交成为这个大国新的领导人时，人们有理由相信，19世纪也是中国世纪。

因为基础太好了。此时大清国的人口已达3亿，到19世纪中叶，大清人口据统计竟达4.3亿（见徐中约《1600—2000：中国的奋斗》）。无论是从GDP还是人口总量的增长上，大清都是当时世界上无可争议的大国。

但是，一些微妙的迹象开始显现。嘉庆十二年（1807），美国发明了世界上第一艘轮船。嘉庆十九年（1814），英国发明火车机车。此后不久，世界上新发明的蒸汽机功率达400万匹马力，相当于4000万人的能力。而在当时的大清国，人力还是最主要的动力源。嘉庆二十五年（1820），嘉庆皇帝猝死那一年，英国一台机器纺纱机的生产力相当于当时大清国内手动纺车的200倍！一种截然不同的趋势已是显而易见。

嘉庆却看不到这一切，或者说看到了也装作看不见。事实上他正被国内众多的政治问题和经济问题所纠结，也被他自身守成、懦弱、勤奋、自怨自艾等多重矛盾性格所纠结。在清朝入关后的十个皇帝中，嘉庆排名第五。这是中点，在某种意义上也是终点，如果不有所作为特别是有所突破的话。其时，帝国的危机开始显现，一切需要大手笔、大气魄、大突破。但是嘉庆却"自念微才薄，难承锡命优"，"一己愚哀频战栗"，"自愧凡材何以报"，他在《十全纪实颂》中追述自己被宣布为太子时的心情："闻命之下，五内战兢。"这既是自谦，其实也是自卑。一个统治三亿多人口大国的国君，毫无治国的信心，更无突破陈规的治国理念与放眼世界的视野和胸怀，帝国的中衰至此已是呼之欲出了。

帝国在嘉庆手中没有中兴而是走向中衰，原因是遭遇了

第二章

人　物

难题。嘉庆难题是世纪难题，也是中国难题。因为它不是寻常的中国式智慧可以突破的，特别是对嘉庆这样一个在乾隆的余荫下虽然有所作为却做不到有所突破的人君来说，更是如此。那些光荣的帝王已经随风而逝，他们似乎无所不能，开创一切，战胜一切，遇魔斩魔，遇佛弑佛，这是一种气质，也是一种能力。但是嘉庆不具备这样的气质和能力。他只是个平庸的守成之君，对付历朝沿袭、司空见惯的统治难题已是力不从心，更遑论世纪之变的世界难题了。嘉庆皇帝御国二十五年对他来说是且战且退的二十五年，当传说中那个宿命的惊雷（民间野史认为嘉庆皇帝是遭雷击而死）带走这个可怜的人君时，嘉庆帝的心情也许是释然的。

二

嘉庆四年（1799）正月初四日，乾隆太上皇与世长辞后的第二天，嘉庆皇帝召集在京军以上干部谈话。口气之严厉，前所未见。他说："带兵大臣及将领等，全不以军务为事，惟思玩兵养寇，藉以冒功升赏，寡廉鲜耻，营私肥橐。"还说在京的军官们"遇有军务，无不营求前往"。目的只在敛财。这些人从军营回京后，"家资顿增饶裕"。接下来的套路都是大同小异，那就是请假回老家，借口祭祖省亲省墓之事，"回籍置产"。嘉庆通过严厉的训话，将乾隆末年以来形成的军队腐败现象第一次公布于众，令人顿感政坛出现了异动。

大清政坛的确出现了新思维。嘉庆的正月初四谈话事实上传递了这样一条信息——他的时代到来了。这是有所作为的时代，也是与以往不同的时代。嘉庆甚至提到了他父亲："皇帝临御六十年，天威远震。凡出师征讨，即荒徼边外，无不立奏荡平。从来未有数年之久，糜饷数千万两之多，而尚蒇功者（指清军征剿白莲教一事）。"这是借乾隆之名敲山震虎，意有所指。

而接下来一句"近来皇考圣寿日高，诸事多从宽厚，凡军营奏报，小有战胜，即优加赏赐。其或贻误军务，亦不过革翎申饬。有一微劳，旋经赏复。虽屡次饬催，奉有革职治罪严旨，亦未审办一人"却似乎是对乾隆朝的政策或者说行政作风提出了批评。这种批评貌似委婉，却相当的振聋发聩。因为这是乾隆太上皇与世长辞后的第二天，这样的话出自谨小慎微、一贯唯唯诺诺的嘉庆帝之口，很是令人大跌眼镜。

也令人胆寒。

特别是和珅。

这一天，和珅有了两个发现。一个是关于军机处大臣福长安的。他被解职了。由于福长安与和珅是利益共同体，嘉庆在谈话之后一举拿下福长安的职位，意图很明显——冲着和珅来的；二是关于和珅自己的。和珅和福长安被分派昼夜守灵，不得擅离。嘉庆帝的这个举动相当的意味深长。从好里说，是他们受嘉庆皇帝的器重，为太上皇守灵；从坏里说，他们事实上被软禁了，在最关键的时刻失去了有所作为的时间和空间。联系到福长安的被解职，和珅只能做出悲观的猜测。

初五日。嘉庆耐人寻味地做了一个指示，规定从今以后"有奏事者……皆得封章密奏"。改明奏为密奏，个中意图有

第二章 人物

着强烈的暗示性。给事中王念孙等官员就收到暗示了。他们当日上疏弹劾和珅弄权舞弊，犯下大罪。毫无疑问，这样的弹劾是嘉庆皇帝所需要的。因为三天之后，和珅就被革职，逮捕入狱了。

十天之后，也就是正月十八，和珅发现自己的生命走到了尽头。受嘉庆的再一次暗示（事实上和珅被捕就是个强烈的暗示信号），在京文武大臣会议列出和珅二十大罪状，奏请将他凌迟处死，嘉庆谕示"和珅罪有应得"，赐自裁。

这是嘉庆四年（1799）嘉庆皇帝的正月行动，自正月初三日乾隆太上皇与世长辞，到正月十八和珅"赐自裁"，刚好是半个月时间。这是改变历史命运的半个月，也是展示嘉庆皇帝处世身段与执政手腕的半个月。他的霹雳手段令人耳目一新，甚至和康熙除鳌拜相比，嘉庆的行动也毫不逊色。鳌拜是权臣，和珅也是权臣。被革职前，和珅是首辅大学士、领班军机大臣、步军统领、九门提督，可谓位高权重，一呼百应；鳌拜党羽遍朝廷，和珅也是在乾隆朝受宠多年，谀附者众，但嘉庆帝还是出手了，并且一击成功。

接下来的收官其实比出击更重要：和珅死党，是一一收拾，除恶务尽，还是为稳定计，概不追究？事实上这是两难选择。取前者，人心是大快了，但是帝国也差不多要完蛋了。谁知道和珅死党的水有多深？这个时代人人一脸无辜，却个个心怀叵测。似乎没有谁是清白的。拔出萝卜带出泥，泥是什么？是大清国的国本啊，不能轻易动的；取后者，稳定的问题是解决了，可发展的问题没解决。后和珅时代，一群面目可疑、心怀叵测的人与龙共舞，这是龙的悲哀，也是帝国的悲哀——大家稀里糊涂往前走，走到哪儿是哪儿，直到走不下去，直到一脚踩空……

嘉庆最后选择的是后者。嘉庆四年（1799）正月十九日，也就是赐和珅自裁的第二天，嘉庆发布安官告示。指出和珅案"惟在儆戒将来，不复追咎过往，凡大小臣工，无庸心存疑惧"（《清实录》）。这等于是给该案定性：萝卜是萝卜，泥是泥。萝卜是有罪的，裹在萝卜身上的泥是无辜的。嘉庆以壮士不断臂的苟且态度了结和珅案，很遗憾地为帝国的发展留下重重隐患。

所以嘉庆毕竟只是嘉庆，而不是康熙。这是患得患失者与大刀阔斧者的区别，也是术与道的区别。不过嘉庆没有想到，求术得术，他的报应或者说帝国的报应很快就来了。因为没有对腐败现象斩草除根，腐败也就遍地开花了。这其中最典型的是从嘉庆元年（1796）开始至嘉庆十一年（1806）案发的直隶官员贪污窝案，涉及二十四州县，共贪库银三十一万六百余两。此案牵涉人员之广，发案时间之长，涉及州县之多，做案手段之猖狂，都是前所未有的，以至于嘉庆后来震惊地说："将国家正帑任意侵吞，明目张胆，毫不忌惮……为从来未有之案！"

此外还有湖北武昌五县任意侵吞库银案；山阳县知县王伸汉虚报户口贪污杀人案；湖北襄阳道员胡齐仑侵蚀军需案等等，都是当时轰动一时的大案要案。

更要命的是不仅地方官员大量涉案，连查案的"公安部"官员也陷进去了。嘉庆十一年（1806），总管内务府大臣、刑部侍郎广兴到山东查案，受贿白银数万两，后又到河南查案三次,共受贿白银两万三千两。在行贿人中,竟然包括河南巡抚马慧裕以及当地司道等。所以嘉庆帝国的官场腐败可以说是双重的,一方面查案人有问题,另一方面被查的当地官员也有问题——以帝国之大,要找一块净土确实不容易!

事实上问题的严重性还在于,能查出问题来的官员还是轻的,大量的是查不出责任人可问题又确确实实存在的。嘉庆十七年(1812),嘉庆皇帝下令调查各省积欠钱粮及耗羡杂税,结果出来的数字"惊动了紫禁城",竟然近两千万两之多!这些本该上缴国库的款银为什么会收不上来呢?没有人告诉嘉庆帝一个准确的答案,嘉庆也不可能知道这近两千万两款银有多少是确实收不上来,又有多少是进了地方官员个人腰包的。这是嘉庆难题——他想查却又不能查。因为除奉天等五省外,全国其他各省差不多都存在这样的问题。怎么查?查出来后又怎么惩处?这都是异常敏感的问题。所以嘉庆最后的选择是不查。为了稳定大局,不查比查好。

嘉庆当然不可能无为而治。他实在想当一个有所作为的帝王。当依法治国成为一件危险或者说玉石俱焚的事情之后,嘉庆选择了高瞻远瞩,从源头抓起,重塑帝国的官心与民心。他专门抽时间撰写了《义利辨》《勤政爱民论》等文章,下发全国县处级以上干部学习,试图以德治国。嘉庆语重心长地告诉官员们,搞腐败是官逼民反,民不得不反。最后没有一个人可以善终。为此他提出,"害民之官必宜去,爱民之言必宜用"。提拔了一批相对来说还比较干净的清官。与此同时,嘉庆皇帝"从我做起,从现在做起",加强自身的道德修养,以为广大官员的典范。他下令废除年节时大臣们进献如意的老规矩，并指出：地方官员们操办的各种贡物，都不是自己掏腰包买来的，而是从州县以下层层敲诈而来。这里面就涉嫌贪腐了。而且那些上呈的古玩珍宝，饥不可食，寒不可衣，真是粪土不如。嘉庆规定——今后凡是进呈违禁宝物的官员，都要予以惩处，决不轻饶。为了深入贯彻廉洁爱民的精神，嘉庆甚至做出了一个令人惊讶的举动：当他听说由叶尔羌解运进京的大块玉石正在运送途中时，便传下谕旨，不论这些玉石运到何处，都要弃在当地，无须继续前行。

嘉庆就这样以他的精神洁癖来对付帝国无所不在的洪水猛兽。这实在是一种悲壮的抵抗，嘉庆一人站在道德高地上振臂高挥，他以为应者云集，以为人心向善，但是腐败的洪水四处漫延并最终淹没了他。这可以说是一种悲剧，制度性悲剧。终嘉庆一朝，人口增加了七千多万，可土地的面积并没有增加，帝国的岁入也没有多大的增加。由于在财政收入上没有制度性的突破和改变，嘉庆只能万事"省"字当头，这其中也包括少发官员们的工资。在嘉庆朝，正从一品文官的年薪只有180两银子，正从二品文官是155两银子，正从三品文官130两银子，越到下面越低，到了正从七品文官也就是县处级干部那里只有少得可怜的45两银子！县官们一年辛辛苦苦干下来只能拿到45两银子，这样的制度性收入安排怎能不让帝国官员们去铤而走险，做出贪腐之事呢？所以基层腐败包括高层腐败便成了制度困境，贪腐官员前赴而后继了。

也许不能说嘉庆不明白这一层。因为他也设置了养廉费试图高薪养廉，但是帝国财政总的盘子就那么大，所谓的高薪养廉云云，实在是海市蜃楼，于事无补。再加上贪腐世风已成尾大不掉之势，嘉庆的抵抗注定要以失败告终。

自始至终，他只是一个人在战斗。而他的敌人，万万千。

三

除了贪腐，帝国最大的问题就是疲软了。

也许是乾隆朝实在漫长得可以，抽走了帝国所有的精气神，所以到了嘉庆朝，一切都变得疲软了。"疲软"成了这个帝国内在的精神气质。用嘉庆的话来说是四个字：因循怠玩。

嘉庆十年（1805）十一月二十四日。嘉庆皇帝因为有事到四公主家走了一趟，等他回宫后发现"本日文武大小衙门竟无一事陈奏"，官员们趁着皇帝有事给自己放了一天假。事实上这不是偶然现象。因为政事疲软已然深入到帝国的骨髓。官员们个个以因循怠玩为荣，以勤勉做事为耻。在日常奏事方面，能少奏就少奏，能不奏就不奏。御门听政的日子是不得不奏的，可这个日子过后，两三天不再奏事成了帝国官员的主流选择。官员们似乎抱定拿多少钱干多少事的理念，不急不躁地和皇帝磨洋工。"在家高卧，以避晓寒""日高未起者"比比皆是，只剩下嘉庆皇帝在那里干着急。虽然他站在道德高地上，"未明求衣，灯下办事"，可谓废寝忘食、呕心沥血了，但他自己也承认，"同此劳者惟军机内廷数人耳。"（《东华录》）

说政事疲软深入帝国骨髓还因为官员上班和不上班一个样。有时候人来了，也是出工不出力。嘉庆十年（1805）十二月，嘉庆皇帝召集大学士九卿会议讨论江南船事，结果一大帮帝国高官们讨论半天的结果竟是"造船需时，请交两江总督及河漕诸臣再行筹议"，会议开了等于没开。事实上参加这次会议的官员中有任过江西督抚的，也有办理过河务的，对河道船事多有见解，但大家都沉默是金，出工不出力，以至于嘉庆皇帝愤怒地指责他们"徒成具文，并无实际于国政"，都是些会议机器。

疲软的其实不仅是政事，还有兵事。嘉庆八年（1803）闰二月十二日，神武门见证了一起暴力事件。当时的嘉庆皇帝正从圆明园回紫禁城，在正对着神武门的顺贞门前换轿时，有一个人拿着一把刀宿命地冲向他，准备结束他的生命。

这个行刺人手中的刀并不长，只是一把小刀而已。人也不多，没有接应者，单独行刺，但是嘉庆却遭遇了很大的危险——虽然他身边有百余名侍卫，可他们在那一刻似乎忘记了自己的身份，只在现场呈现出两种表情：呆傻和惊慌失措。他们没有冲上去制服行刺者。最后充当起侍卫职责的还是随驾的嘉庆皇帝的侄子定亲王绵恩，他和皇帝的姐夫固伦额驸拉旺多尔济等人一起拿下了行刺者。

嘉庆皇帝震惊不已。他不是震惊自己的被刺，而是震惊帝国的门禁以及护卫力量如此软弱不堪。刺客是怎么潜入皇宫，并成功地冲到他面前的？百余名侍卫的忠心和勇气都到哪里去了？事实上这是一种兵事的疲软。这个帝国，连皇帝的安全护卫工作都已软弱涣散至斯，那还有什么是可以依靠和坚挺的呢？

为了治疗帝国疲软症，嘉庆皇帝强调了对门禁的管理，他说："大内门禁，关防实为紧要，是以朕谆谆降旨教导，原

第二章 人物

恐不法之人滋生事端。"又召集领侍卫内大臣、御前大臣、军机大臣、前锋营统领、护军营统领、内务府大臣等高官召开安全保卫工作会议，就皇宫安保问题商量出一个行之有效的办法或者说章程来。没想到这次会议竟开出了喜剧的效果，因为众大臣向嘉庆皇帝报告，说禁卫章程早已有之，就载在《大清会典》中，只不过没有严格执行罢了。嘉庆啼笑皆非。不过为了体现狠抓管理漏洞的精神，他还是要大臣们出台了安保工作补充条款二十九条，自己又加上三条，重新载入《大清会典》中，以为今后大内安保工作的典章。

但是，疲软症不是靠文件就可以治疗的，它已是深入帝国骨髓的一种气质了，是这个王朝挥之不去的阴影。两年后，同样的事情又发生了。嘉庆十年（1805）三月初一，一个名叫萨尔文的人也是持刀，试图强行闯入神武门。百余名侍卫在那一刻又忘记了自己的身份，同样在现场呈现出两种表情：呆傻和惊慌失措。这一次最糟糕的情形还在于，他们在慌乱中竟找不到自己的刀、剑，不知道该如何应对。最后还是仗着人多冲上去夺下萨尔文的刀，才将对方制服。

嘉庆皇帝又生气了，只是这一回的气生得无可奈何。大内安保工作的文件是早就制定并载入《大清会典》中的，为什么不能狠抓落实呢？"官兵怠玩成习，渐至旧章废弃。"尤其让嘉庆帝为之气塞的是，这些承担护卫皇帝安全任务的侍卫和护军，在值守时为了省事竟然连腰刀都不佩带，只有突遇检查时才装模作样地把腰刀佩上，敷衍了事。嘉庆事后下诏书，认为此事"显系彼时伊等未佩带腰刀"，是长期淡忘规章和责任的结果。

不过这一次，嘉庆皇帝没有再召开安全保卫工作会议。也许他已明白，该开的会都开过了，该制定的文件都已经制定，至于做得怎么样，实在不是他可以控制的。嘉庆可能不是个软骨皇帝，但帝国却实在是软骨帝国，嘉庆皇帝生逢其间，无以为计，只得承受加忍受，自求多福了。

只是福无双至，祸不单行。嘉庆十八年（1813）九月，尴尬的事件又发生了。这一次事件可以说是皇宫安保问题的总爆发，所呈现出来的漏洞之多、之大，令人瞠目结舌。

因为，有数百名信奉白莲教的农民打进了皇宫。他们在资深信徒林清的领导下，在宫内太监刘得财引领下，趁嘉庆皇帝木兰行围之机分两股从东华门和西华门入宫。按理说这是极低概率事件——发生率低，成功率更低，因为紫禁城守备森严，数百名信奉白莲教的农民不是职业军人，没有受过良好的军事训练，这也就意味着他们没有较强的军事攻击力。但是事情还是发生了。我们接下来看紫禁城守备人员的表现：

林清等人起事前言行狂傲，自认"神术"高超必能取胜，宫内大臣虽有耳闻，却都抱着多一事不如少一事的心态漠然处之。再加上嘉庆皇帝要去木兰行围，谁也不想在这个时候自找不痛快。

官方所得密报中有宫中太监牵连此事，为了避免惹火烧身，相关官员宁可信其无，不敢信其有，所以个个不敢追查此事。

掌管京师治安的步军统领吉伦出事前几天得到有人造反的报告后为了避祸，竟然借口迎銮带着侍从出京。巡捕左营参将以都城中情形异常劝他留下，吉伦却告知对方现在是一

第二章 人物

片太平景象，不用惊慌。

天理教徒攻到时，东华门守门官兵行事懈怠，连个大门都关不好，等到叛乱者亮出兵器扑过来时，这些护军校尉士卒们或手足无措，或仓皇逃遁，一点没有职业军人的风范。

王公大臣们闻变后，都惶惶然聚集在宫城西北角，不知如何是好，而站在他们身边的禁卫军官们也个个手足无措。

守卫午门的副都统策凌以为大势已去，竟然率兵逃遁了。

这场被称为"林清之变"的宫廷安全重特大事故到最后虽然被解决了，但是从中暴露出来的帝国疲软症可谓前所未有，或者说在以前的基础上更加变本加厉了。事后，嘉庆皇帝以懈弛门禁之罪，罢免了以下官员的职位：

步军统领吉伦；

左翼总兵玉麟；

署护军统领杨述曾；

护军统领明志。

这些人在事变当中因为举止慌张，进退失据，受到了革职甚至戍边的处罚。当然嘉庆皇帝还惩罚了一个人——他自己。他事变后写了一篇《遇变罪己诏》。在诏书中嘉庆皇帝这样写道："今日大弊，在'因循怠玩'四字，实中外之所同。朕虽再三告诫，舌蔽唇焦，奈诸臣未能领会，疏忽为政，以致酿成汉唐宋明未有之事！较之明季梃击一案，何啻倍蓰！思及此，实不忍再言矣。"嘉庆皇帝的自责看起来充满了委屈，名为自责，实为他责，以至于在诏书最后他竟写下这样八个字："笔随泪洒，通谕知之。"

毫无疑问，这是一个皇帝的心潮起伏，也是他的无可奈何。从嘉庆八年（1803）到嘉庆十八年（1813），帝国疲软症时有发作，且愈演愈烈，嘉庆皇帝也终于认识到"今日大弊，在'因循怠玩'四字"，可认识到了又怎么样呢？"诸臣未能领会，疏忽为政，以致酿成汉唐宋明未有之事！"这是诸臣们的悲哀，也是他的悲哀，更是帝国的悲哀，所以嘉庆帝不忍再言，只能是"笔随泪洒"……苍凉心境，竟至于此，紫禁城内外，大清帝国的中衰可谓痛彻心脾了。

四

一个帝国自有一个帝国的仪式感。对于康乾盛世来说，木兰秋狝与东巡谒陵是两项重大的仪式活动。它们如仪举行，浩浩荡荡，在国家层面上展示了盛世的精神体魄。事实上这也是一个王朝活力与自我激励的象征。木兰秋狝追怀一个彪悍民族笑傲世界的无畏精神，而东巡谒陵展示的则是满族的祖宗荣誉感和大清王朝的自我认同。作为盛世之君，康、乾是非常注重这两项活动的。

先说"木兰秋狝"。康熙二十年（1681），"木兰秋狝"作为一项政治制度被固定下来，形成代代相承的国之大典。康熙自然是身体力行，乾隆帝也对秋狝大典重视有加，自乾隆六年（1741）到乾隆五十六年（1791），乾隆秋狝次数竟达四十次之多！

毫无疑问，这是盛世之君的自我操练，也是帝国精气神旺盛的重要指征。但是盛世的荣耀往往是衰世的尴尬。嘉庆皇帝画虎类猫，气喘吁吁，在祖宗留下的国之大典上经常力

第二章

人　物

不从心,洋相尽出,无情地泄露了大清王朝盛世中衰的消息。

嘉庆在位二十五年,举行"木兰秋狝"十一次,即嘉庆七年(1802)、嘉庆十一年(1806)、嘉庆十二年(1807)、嘉庆十三年(1808)、嘉庆十五年(1810)、嘉庆十六年(1811)、嘉庆十七年(1812)、嘉庆十八年(1813)、嘉庆二十年(1815)、嘉庆二十一年(1816)、嘉庆二十二年(1817)。次数不可谓不多,但几乎每一次,他都走得泥泞艰难,就像这个王朝的沉重行走一样,跌跌撞撞,险象环生,令人唏嘘不已。

嘉庆七年(1802)是嘉庆帝第一次正式举行秋狝大典的年头。事先,他有很多美好的想象,可最终却只拥有一个伤感的结果。因为在永安莽喀行围过程中嘉庆皇帝发现,野兽稀少,特别是"鹿只甚少",以致于无法行围。事实上这不是生态问题而是管理问题。管理围场的大臣庆杰、阿尔塔锡等人由于长期玩忽职守,允许人马车辆随意出入,以致围内野兽稀少。第一次秋狝的流产似乎是嘉庆王朝不祥的开篇,嘉庆皇帝很难想象在康乾盛世会有此类事件发生。因为从表面上看,野兽稀少是个小问题,其实质却是王朝精气神的流失——这个王朝不谙武事久矣,等到重新抖擞精神时却再找不到可以擒获的猎物。没有了猎物的猎人还是猎人吗?嘉庆估计是不敢回答这个问题的。

嘉庆帝在第一次举行秋狝大典前曾经发表过激情洋溢的讲话。他说:"秋狝大典,为我朝家法相传,所以肄武习劳,怀柔藩部者,意至深远。"他还说:"朕披览奏函,瞻依居处,不觉声泪俱下。"但是最终,真正落到实处的却只有"声泪俱下"四个字。

嘉庆帝的第二次和第三次秋狝依旧受困于野兽稀少的问题。要分析其中的原因，有"该处兵民，潜入围场，私取茸角盗卖"造成的，"又有砍伐官木人等在彼聚集，以致惊窜远飙，而夫匠等从中偷打，亦所不免"，所以"鹿只日见其少"，但最终的原因只有一个，那就是"管理围场大臣平日不能实力稽查，咎无可宥"，嘉庆由此将管理大臣、副都统韦陀保等交部议处，并且把乾隆五十七年（1792）以来所有的管理大臣一一拿来查议，过关，还在制度层面上完善和强调了相关的管理章程。这差不多可以称之为一个王朝的亡羊补牢，也许效果不能立竿见影，但是聊胜于无。嘉庆为了早日恢复秋狝大典的尊严，甚至出台了这样一个有趣的规定——将鹿只的增多与管理官员的奖励联系在一起。他试图通过奖罚手段快速达到目的。

但是，目的还是没有达到。接下来，嘉庆惊骇地发现，他的每一次秋狝行动都能发现帝国的新问题。这其中不仅有管理问题，还有疲软问题，擅离职守问题以及制度弊端等等。嘉庆十一年（1806）木兰秋狝，竟然发生了管理围场大臣、侍郎、副都统明志、散秩大臣舒明阿等人擅离职守，扎堆看热闹的咄咄怪事。木兰秋狝，堪称一场军事行动，皇帝的安全是重中之重，这些管理大臣们却毫无安全意识，从一个侧面反映了帝国"疏懒不堪"的现状。同样是在这次秋狝过程中，嘉庆还发现了官兵倒卖官配马匹的现象，其目的只为中饱私囊，此举导致很多官兵围猎时无马可骑，只能跟在皇帝后面瞎跑。这个现象细究起来虽然是制度弊端，但实在有失

第二章 人物

皇家尊严，可嘉庆皇帝除了申斥了事外，也别无他法可想。

接下来的几次秋狝也是狼狈不堪，甚至称得上惨不忍睹。嘉庆十三年（1808），嘉庆帝木兰秋狝，围内竟只有十余头鹿只留存，行围时又只剩下三头，并且都跑至围外，令他徒呼奈何。

嘉庆十四年（1809），由于围内雨水较多，道路难行，嘉庆帝的木兰秋狝大典只得暂停。

嘉庆十五年（1810）八月，嘉庆再次举行木兰秋狝。可围内野兽稀少的老问题依旧没有解决。

嘉庆十七年（1812）的木兰秋狝更是滑天下之大稽，一边嘉庆帝在行围，另一边正红旗马甲恭纳春领着贼人在盗伐场木，完全无视天子的尊严。

而嘉庆十八年（1813）的木兰秋狝纯粹是败兴之举，嘉庆帝来到围内，野兽依旧稀少，问题依然如故。回銮过程中，京师又发生了天理教徒围攻皇宫的事件，嘉庆帝惊吓之余很是惆怅不已。

此后的木兰秋狝不是因故暂停，就是老问题迟迟得不到解决，一个王朝的磕磕绊绊已是显而易见了。嘉庆帝也不再激情满怀，而是沉默是金，默然地将这祖宗留下的仪式行仪如故。在这里，木兰秋狝的盛世意义被完全抽离，只剩下干枯的形式有一搭没一搭地进行着，聊以象征一个王朝的威严还在断续存在。

仅此而已。

嘉庆帝的最后一次秋狝是一个未完成式。嘉庆二十五年（1820），嘉庆又一次来到已经略显苍老的避暑山庄，准备举行第十二次秋狝大典。行前，他警告说："诸臣若存偷安之心，微言示意，经朕觉察，立置于法，决不轻恕。"很有将秋狝大典进行到底的意思。但事后证明，这是苍白的警告，也是空洞无力的警告。因为别说大臣们，即便是他自己，老天也不忍心再看其受折磨，不忍心看着这变了味的秋狝大典继续在人世间存在。嘉庆帝到达避暑山庄的第二天就突然去世了。木兰行围活动至此成了嘉庆王朝的绝响。

遥远的绝响。

说完木兰秋狝，再来说说嘉庆帝的东巡谒陵。清帝的东巡盛京谒陵祭祖，始于康熙。目的是告慰列祖列宗并表达对他们的崇敬。当然，做这件事的前提是谒陵皇帝必须要有拿得出手的丰功伟绩以资"告慰"。嘉庆十年（1805）七月，嘉庆帝上路了，这是他第一次东巡谒陵。因为在此之前，他平息了白莲教起义，让这个帝国重新变得云淡风轻。嘉庆帝或许会以为，这是他告慰列祖列宗的资本，列祖列宗会欢迎他到来的，但是一路上的景象还是让他心惊兼心凉了。因为很长时间没有东巡谒陵了，所行道路年久失修，泥泞难走。并且"跸路数十里内，道旁并无一二官员带领民夫伺候，且亦无修道器具"。这事实上是比道路失修更严重的问题，人心散了，人心失修了，老百姓都叫不动，最后竟然是盛京将军"富俊等亲自扫除平垫"，嘉庆从中看到了官民间的紧张关系已经到了不可修复的地步。

不仅是官民关系，官员之间的关系也不和谐，充满了漠视、隔阂甚至是对立。盛京将军富俊虽然早已布置了修路任务，可知县伊诚等人却并不执行，侍郎花尚阿时也没有及时加以督促，直到检查官宜兴前往检查时，才老大不情愿地进

第二章

人　物

行了补修。而宁远州知州克星额简直是拎不清。平日有外省州县官过境时，他还知道出迎，现在嘉庆皇帝来了，他却一个劲地到前面去查看道路去了。嘉庆帝认定他事先不做好道路维护工作，临时抱佛脚，是"昏庸玩误之员"，立即将他革职，发往热河当差去了。

在祭祀扬古利、费英东时，嘉庆还发现了腐败现象——他所行的道路并非直路，竟然多绕行四里多。这说明修路官员借修"御道"之机向朝廷多要银两，个中腐败情形不言而喻。可嘉庆生气的不仅在这一点上，因为"绕道开修新路，将旗民田亩平治除垫者，不知凡几"，他担心原本就紧张对立的官民关系在这件事上又雪上加霜了。

另外在东巡谒陵途中，嘉庆还遗憾地发现——为了修道派夫之事，酷吏横加催派，以致于发生了酿毙人命的事情。这样一桩恶性案件的发生为他的第一次东巡谒陵蒙上了重重阴影。这个帝国，真是没有一件事情是吉祥的。好事都能变成坏事，发生的一切事情都指向了帝国的宿命，那就是磕磕绊绊，几无善终。

十三年之后，也就是嘉庆二十三年（1818），在痛定思痛之后，嘉庆皇帝准备第二次东巡了。他原以为，时间过去了这么久，帝国的创伤应该都抚平了，起码道路不应再泥泞难行。但他想得还是太简单了，这一回的问题不是发生在道路上，而是发生在人心里。大学士松筠以"三辅亢旱"为由谏阻嘉庆东巡，这实在不是个好由头——帝国这么大，几乎每年都有某某地方亢旱的消息传来。如果因为这个理由不能成行，嘉庆皇帝简直要抓狂了。

由于到此时嘉庆执政帝国已经二十三个年头，大概很有"时不我待，来日无多"的感觉，所以这一次的东巡，他的欲望格外强烈，对谏阻者的处置也比较严厉。最终，大学士松筠因言获罪，被革去大学士、御前大臣、领侍卫内大臣等职，但仍革职留任，八年无过，才准开复原职。嘉庆就此事向大臣们辩护说："成汤遇旱，六事自责，六事中有谒祖陵一节乎？"意思是谒祖陵不受天灾的影响或干扰。

但是干扰却此起彼伏了。松筠因言获罪后，御史吴杰前赴后继，他针对谒陵派差一事，奏请嘉庆皇帝禁止差务派累。另外在嘉庆下令求言后，有三名御史对处理松筠一事提出不同的意见，请求仍将大学士松筠召还内用。御史李广滋还指出这样一个事实——盛京为准备谒陵大典，竟按亩向百姓摊派钱款，给民众造成了极大的负担。

所有这一切都让嘉庆皇帝恼羞成怒。东巡路上干扰多，不反击是不行了。嘉庆一方面指责三御史"莠言乱政"，另一方面严惩李广滋。嘉庆下令："李广滋不胜御史之任，著撤回原衙门，仍以编修用。"此后不久，李广滋被革职拿问，最后发乌鲁木齐效力赎罪。

这就是嘉庆二十三年（1818）的大清帝国，帝国至此已经脆弱到听不得一丝刺耳的声音。这一年，嘉庆五十九岁，年届花甲。当他历经万般阻挠，东巡成功，终于站在祖陵面前时，嘉庆皇帝便忍不住含泪说出了这样的一番话："子孙若稍存偷安耽逸之心，竟阙此典，则为大不孝，非大清国之福，天、祖必降灾于其身，百官士庶，若妄言阻止，则为大不忠，非大清国之人，必应遵圣训立置诸法，断不可恕，况乱臣贼子，岂可容乎？"

这应该说是他的辩解，也是呐喊，是嘉庆王朝最后时刻尖厉而苍白的抵抗。只是这样的抵抗意义并不大。因为两年之后，嘉庆和他的王朝在这个世上就不复存在了。此后，道光皇帝继位。道光九年（1829），道光皇帝以平定张格尔之乱成功进行了他生命中第一次也是最后一次的东巡——这其实是清王朝历史上的最后一次东巡谒陵。从此以后，大清再无东巡事，这个王朝的精气神至此已是萎靡不振。所以，在这个意义上说，嘉庆的东巡谒陵是帝国中衰的一曲离歌。忧伤、低回，充满了不和谐音。

充满了宿命感和警示意味。

五

一个人的悲剧与一个帝国的悲剧，究竟有多大的内在联系呢？

嘉庆五年（1800），翰林院编修洪亮吉在完成《高宗实录》第一卷的编修工作后顺手写了一篇近六千字的政论，托人转交到嘉庆帝手里。其时，嘉庆帝正"诏求直言，广开言路"，很有"有容乃大"的意思。

但是这一回，嘉庆帝没能容下来，因为洪亮吉指责他"视朝稍晏，恐有俳优近习，荧惑圣听"，意思是皇帝你上班老是迟到，恐怕是被狐狸精和近臣魅惑了吧！

洪亮吉为这句话付出的代价是充军伊犁。后虽然赦归故里，却仍遭终身软禁，直到63岁时死在家里。

对洪亮吉来说，他的遭遇当然是一个悲剧，可是对嘉庆王朝而言，同样是悲剧。自洪亮吉事件后，帝国再无言路，这个封闭的国家自此没有了来自民间的声音和智慧，也没有了发散性的思维和思辨质疑精神。这是帝国窒息时代的开始。毫无疑问，这样的窒息是致命的。

因为在洪亮吉身上，其实就有一服拯救帝国的良方。作为通才，洪亮吉不仅在史学、地理学、经学、音韵学等方面多有造诣，同时在人口理论学上他也有洞见。他在《意言》一书的《治平篇》与《生计篇》中指出了人口膨胀的隐患，这样的洞见比英国马尔萨斯的《人口论》所提出的类似观点还早五年，可以说《意言》一书是世界上最早的人口论专著——两百多年前，作为一个有着先觉意识和危机意识的政府官员，洪亮吉的出现实在是嘉庆王朝之福，但最终，这个王朝带给他的却是祸，带给自己的也是祸。

帝国，在最需要拯救的时刻，推开了伸向自己的援手。

我们来看一下这样两组数据：乾隆三十一年（1766），岁入白银4858万两，嘉庆十七年（1812），岁入白银4013万两，嘉庆朝比乾隆朝的岁入少了800万两；乾隆三十一年（1766）的全国人口是2亿左右，嘉庆十七年（1812）的全国人口是3.5亿以上，至少增加了1.5亿（见《清史稿》卷一二五，食货六）。岁入和人口一减一加，凸显了嘉庆朝的人口压力和财政压力。这两个压力的叠加事实上就是洪亮吉指出的人口膨胀隐患，但是嘉庆却对《意言》一书漠然视之，对帝国已经迫在眉睫的危机也无所作为。

当然，我们也不能一味指责嘉庆皇帝的无所作为。毕竟

第二章

人　物

在历史上,他是个试图有所作为的皇帝。只是这一回,嘉庆所面临的问题是结构性难题,是盛世之患。盛世承平日久,又无大的战争发生,白莲教起义也早在嘉庆九年被镇压,帝国今后的问题基本上不是稳定的问题而是发展的问题——可恰恰在这里,发展成了大问题。人多了,地少了,怎么办?这是嘉庆死弯。起码对嘉庆皇帝本人来说,他无法破解后盛世时期人口和财政怎样做到良性互动发展的结构性难题。

嘉庆朝的岁入主要包括田赋、盐课、关税和杂赋四项。其中田赋是大头。嘉庆朝和中国的其他王朝一样,财政收入结构以田赋为主,其他收入为辅。这是农业国家的普遍财政收入模式。当田赋收入到达极限后,就急需对财政收入结构做出重大调整。但是,这样的调整却又是王朝之忌——增加盐课、关税和杂赋的收入比例势必要鼓励工商业和对外贸易的发展,从而重创"重农抑商"的国策。

嘉庆帝有这个勇气吗?

嘉庆二十一年(1816)七月初六,以阿美士德勋爵为首的英国使团一行七十五人出现在北京皇宫门口,等待嘉庆皇帝的召见。但是最终,他们没有见到这个传说中的皇帝,而是听到了这样一句话——"该贡使等即日遣回,该国王表文亦不必呈览,其贡物著即发还。"

这是嘉庆皇帝给他们下的圣旨。在下这道圣旨前,嘉庆皇帝还怒气冲冲地说了这样一句话:"朕为天下共主,岂有如此侮慢倨傲,甘心忍受之理!"毫无疑问,这句话与礼仪有关。继乾隆五十八年(1793)马戛尔尼使华二十三年之后,嘉庆皇帝又遭遇了同样的问题——英使进见时跪还是不跪,事关一个大国的尊严。而"天下共主"的自许在这样的语境下不仅显得突兀、滑稽，也显得相当苍凉。于是，阿美士德勋爵拂袖而去，再于是，帝国失去了与世界文明接轨的机会。这实在是最后的失去，二十四年之后，悲壮的鸦片战争就爆发了。中西方两大文明的对抗最终以一种极端的形式呈现在世人面前，真是令人扼腕叹息。

这是紫禁城中，嘉庆帝的一个选择，说到底也是帝国的选择。帝国在关键时刻没有华丽转身，而是选择继续沉沦。关于这一点，费正清的看法可谓深刻："1800年左右的中国经济不仅与欧洲经济处于不同的发展阶段，而且结构不同，观点迥异……技术水平则仍停滞不前，人口增长趋于抵消生产的任何增加。简言之，生产基本上完全是为了消费，陷入刚好维持人民生活的无休止的循环之中，在这种情况下，纯节余和投资是完全不可能的。"

一切似乎是嘉庆皇帝的错，一切其实也不都是他的错。早在二十三年前，乾隆也有傲慢和偏见，这大概可以说明盛世之君和衰世之君在这个问题上都不敢做出制度性的突破。因为在他们背后，有一种共通的东西在起作用——文化，或者说儒家文化。这种建立在农业文明基础上的自给自足文化具有很大的封闭性和心灵安慰作用。它覆盖了一代又一代中国帝王的人生观价值观，并整齐划一地规定他们的行动和心理路径。

所以接下来，嘉庆皇帝面对这样一些国情和现实能够安之若素：

陕西、湖北、四川三省因为征剿白莲教，嘉庆四年

（1799）前后的军需费用直到嘉庆十五年（1810）仍有1800余万两未报销；

长期以来，嘉庆朝每年关税只有一百多万两，不到全国财政收入的2%。但是嘉庆皇帝并不想突破这个数字，而是严防死守，限令全国只允许广州一地对外通商；

嘉庆皇帝鄙视西洋技术，包括农业技术的推广引进，以致于农产品产量长期得不到提高。在嘉庆朝，南方产稻最富裕的江浙一带，每亩年产量仅为136~508斤，产量最高的湖南长沙，每亩年产也不过680多斤；

毫无疑问，嘉庆王朝是一个因循守旧的王朝，一切以不变应万变。在这个王朝里，离经叛道是可耻的，老成持重则是值得称道的，而老成持重的一个重要指征则是满朝上皆是白发苍苍的官员。在相关的历史典籍中我们可以看到——

大学士王杰七十九岁退休；

大学士刘墉八十五岁死在任上；

大学士庆桂也是七十九岁退休；

……

帝国鲜见年轻官员，特别是有独立思想的年轻官员。嘉庆王朝最后只有这样一批白发苍苍的官员在朝堂上暮气沉沉地行走，和嘉庆皇帝共同构成了保守型的文化人格，从而让帝国往万劫不复的境地里沉沦。这是保守型文化人格所产生的破坏力，它宣布了帝国自我救赎从根子上的不可能。

嘉庆难题到底无人能解。帝国的背影也就此愈行愈远，中衰终成定局，这是大清王朝走过一百八十年后的宿命，也是紫禁城开始走向老迈年代的一个节点。

惆怅者：光绪帝

一

1892年2月4日，《纽约时报》兴致勃勃地报道光绪皇帝说："今年21岁的大清国皇帝陛下，目前正由两个受过英美教育的北京国子监学生负责教授英语，而这件事是由光绪皇帝颁布诏书告知全国的。皇帝陛下学习英语这一消息真让此间人士感到意外，他们甚至怀疑这是不是真的。光绪皇帝屈尊学习外语，是因为他和他的政治顾问们都认为，死死保住三千年前就形成的'老规矩'的时代已经过去了，要应付当今列强，必须相应地改变国家制度。他的政治顾问们在这个问题上，显示出了很高的智慧和胆量，而在此之前没有任何人胆敢苟同类似的想法。皇帝陛下周围的一些大臣甚至希望，大清国未来应该在文明国家的行列中占据一个适当的位置。"

十六年后的1908年，《纽约时报》同样报道了中国的光绪皇帝，只是笔触显得忧伤了许多："光绪皇帝的晚年生活对于

第二章

人　物

他的随从们来说不过是一种令人怜悯和非常奇特的境遇。他体质羸弱，致使他只好充当一名傀儡皇帝。长期以来，他不但一直受着健康状况和精神状态不佳的困扰，同时也一直处于恐惧和绝望之中。后来，他表现出了明显的精神错乱，以致8月份他对外宣称说自己疯了。"

19世纪末20世纪初是个变动的时代，毫无疑问在这样的时代一切人事都难以做出恒定或非此即彼的判断。旧的世纪飞快地过去，新的世纪不容置疑地到来，一些东西在错位、断层，另一些东西则在胶着、沉淀。尤其是在紫禁城，在大清帝国，内部的变动和外部的变动纠缠在一起，国事呈现了令人难以想象的变化过程。似乎没有人可以适应这样的变化，更遑论掌控了。光绪二年（1876），日本明治维新进入了第九个年头，一个叫亚历山大·格拉汉姆·贝尔的人发明了电话。在帝国，可怕的"丁戊奇荒"拉开序幕，没有人知道，在随后的两年间，死亡于饥荒和疫病者约一千万，而帝国受天灾影响，在死亡线上挣扎的饥民达两亿人口，差不多占了当时全国人口的半数。这一年，小皇帝刚刚六岁，什么都不懂，准备启蒙了。光绪九年（1883），越南阮朝的宗主国从清国改为法国，这意味着帝国在世界格局中的地位进一步被边缘化了。2月21日，黄河在历城县漫溢，令人窝心。比天灾更窝心的是上海在这一年爆发了金融危机，随后影响到整个中国。光绪十年（1884），一件影响后世但帝国当时不以为意的事情发生了——美国自由女神像在这一年安装竣工了。一种新的价值观在这个世界上生根发芽。随后，帝国感受到了切肤之痛——法国舰队袭击福建水师，马尾海战爆发。光绪十一年

（1885），左宗棠逝世，帝国失去了一根重要支柱。当然这一年还发生了许多事，海勒姆·马克西姆（Hiram Maxim）发明了机关枪，第一辆摩托车在德国问世。日本启蒙思想家福泽谕吉发表《脱亚论》，倡导日本要"脱亚入欧"的思想。这些事一时间也不会影响帝国的安危，但其潜在的风险不容低估，特别是日本"脱亚入欧"，反映了其骨子里的蠢蠢欲动，差不多在十年之后，帝国受到了来自日本的沉重一击。光绪十五年（1889），光绪皇帝举行大婚，大婚后亲政。这一年，日本明治维新进入了第二十二个年头，弘扬普世价值的大日本帝国宪法生效。7月14日，在恩格斯指导下，国际社会主义者代表大会在巴黎召开，第二国际宣告成立，并决议每年5月1日为国际劳动节。这一年，巴西宣布成为共和国。华尔街日报首刊。中西价值观的对比可谓泾渭分明，水火不容。光绪十六年（1890），在专制体制下亲政的皇帝想有所作为，想视野更加开阔，力图看清世界的变化，而美国天文学家帕西瓦尔·罗威尔则通过望远镜第一次看到了火星表面的"人工运河"。光绪二十九年（1903），皇帝因为变法失败被软禁在中南海瀛台渴望自由、渴望飞上蓝天时，美国的莱特兄弟乘飞机完成了人类首次飞行。他们在这一刻获得了真正的自由。

　　1908年在中国是戊申年（猴年），是光绪三十四年；在日本是明治四十一年；在越南是维新二年。这一年，世界潮流浩浩荡荡，新鲜事物层出不穷。意大利国际米兰足球会正式成立；夏季奥林匹克运动会在英国伦敦开幕；美国首次出现庆祝母亲节的活动；女性运动员首次出现在现代奥运会比赛。这一年还发生了两件大事。一是俄罗斯贝加尔湖西北发生通

第二章
人 物

古斯大爆炸，二是爱新觉罗·载湉清德宗光绪皇帝逝世了。光绪之死在如此纷杂的世界背景衬托下，实在是意味深长。这个忧伤而多病的年轻人在飞速变动的时代前试图有所作为却最终郁郁不得志，像极了帝国的宿命，可以善始，不能善终。

尽管他还不是最后一位接棒者。

光绪二十年（1894）是一个年头，充满了无限的可能和不可能。帝国有一些……一些蓄势待发，有一些欢欣鼓舞，有一些风雨欲……月28日，41岁的南通人张謇考中了状元。这是他自16岁中了秀才后，长达二十五年科举跋涉的结果。随后他被授予六品翰林院修撰，正式成为了一名国家公务员。事实上张謇的修得正果要得益于慈禧太后的六十大寿，帝国为了庆祝这个吉诞，破例多开一次科举考试，而早已心灰意冷的张謇被父亲和伯父强逼着作最后一搏，没想到否极泰来，功成名就。

这一年1月，名不见经传的孙中山写了《上李鸿章书》，提出"人能尽其才、地能尽其利、物能尽其用、货能畅其流"四项主张。但是很遗憾，他没能面见李鸿章。六个月后，甲午中日战争爆发。十个月后，孙中山在夏威夷檀香山建立了中国第一个革命政党兴中会（即中国国民党之前身）。帝国开始有了异动。

帝国的异动当然不是从这一年才开始的。此前一年，在商海沉浮多年的郑观应出版了《盛世危言》一书，军机处章京陈炽则撰成《庸书》，主张参照西方政治制度，立宪法、开议院，实行"君民共主"。他们似乎是先知先觉了，但是帝国不为所动。帝国在这一年忙着向官绅商民借款，以筹措甲午战争的军费。户部正儿八经地拟定《息借章程》，规定月息七厘，六个月为一期，两年半还本付息。这大约是帝国最早发行的内债了。还不错，此次"息借商款"筹措了一千一百余万两银子，大大解了帝国的燃眉之急。

但光绪皇帝的眉头始终没有舒展开来。他是光绪二十年（1894）最操心、最焦虑的人儿。一方面太后的六十大寿不能不办，也不能不办好；另一方面，迫在眉睫的战争不能不化解，可这里头却是两难，光绪一时间找不出破解之道。

早在三年前，慈禧宣布，"南北洋购买外洋枪炮、船只、机器暂停二年，解部充饷"。随后，帝国拨出三千万两银子的专款，以为慈禧太后举办庆寿典礼之用。在慈禧太后的庆典想象中，1894年的十月初十（慈禧太后生日）应该大排銮驾，在从西华门到颐和园的几十里大道旁，应该搭建经坛、戏台、彩殿、牌楼，热热闹闹庆贺她的吉诞。然后就是在颐和园内听大戏，开大宴，难忘今宵。但光绪却突然向太后提出"请停颐和园工程以充军费"——由此，帝后党争从幕后走向台前。一场即将到来的战争成为帝国政治博弈的催化剂。慈禧太后当着皇帝的面对主战的翁同龢等御前大臣说了这样一句话："今日令吾不欢者，我亦将令彼终身不欢。"（见范文澜《中国近代史》）。这意思是"谁让我痛苦一下子，我让谁痛苦一辈子"。慈禧太后这话既然是当着光绪皇帝的面说的，那

第二章

人 物

就是针对他的——果然,若干年后,变法失败的皇帝被囚禁了。光绪的余生毫无疑问是痛苦不堪的。

但1894年的光绪最初还是生机盎然的,起码看上去无所畏惧。这一年,他23岁。23岁的皇帝这样对李鸿章下令道:"著李鸿章严饬派出各军,迅速进剿"。李鸿章却自得于北洋舰队"声势已壮……入可以驻守辽渤,出可以援应他处,辅以各炮台陆军驻守,良足拱卫京畿"。所以他既不主动出击,也无所作为,直到这支名声在外的舰队全军覆没。当败局已定时,光绪悲愤地诏责李鸿章:"北洋创办海军,殚尽十年财力,一旦悉毁于敌……李鸿章专任此事,自问当得何罪?"他下令拔去李鸿章"三眼花翎,褫去黄马褂"。但李鸿章却在慈禧太后的庇护下安然涉险——其深层原因其实在于后党构筑了一道强有力的防火墙,令光绪皇帝无奈加无趣。对此,历史学家范文澜如是分析:"中日战争与帝后党争有密切关系。帝党主战要在战争中削弱后党,后党主和,要保住自己的实力,两党借和战争夺权力,随着军事的惨败,后党在政争上取得胜利。"

所以1894年的光绪虽然看上去是生机盎然的,但是生机盎然的背后却是苍白无力。而1894也注定成为一个告别的年头,与同治中兴三十余年来改革的成果说拜拜。从1860年开始的帝国自救运动虽然有一个不算太坏的开始,但结局却是惨不忍睹。因为它宣告了一个时代的结束。

于是,在帝国的一襟晚照中,光绪只能摆一个不自然的姿势,留下一个生硬表情。他的灿烂笑容转瞬即逝,而慈禧太后开始睚眦必报了。四年之后的1898年,光绪的老师、帝党重要成员翁同龢被太后开缺了，随后，他自己也差点被开缺，只保留了一个名义上的职位或者说称号——皇帝。这时候，19世纪走到了尽头，新世纪开始扑面而来，吉凶未辨。

三

1898年帝国的权力格局，究竟呈现了怎样的变化呢？

6月，紫禁城，翁同龢突然发现自己肩上的担子加大了，起因是6月11日，光绪皇帝下了《定国是诏》："嗣后中外大小诸臣，自王公以及士庶，各宜努力向上，发愤为雄，以圣贤义理之学植其根本，又须博采西学之切于时务者，实力讲求，以救空疏迂谬之弊。"这是倡言变法的意思，翁同龢作为戊戌变法的总协调人，"事皆同龢主之"。

世上事因果轮回。此前几天，操劳"洋务"近四十年的恭亲王奕䜣与世长辞了。他的辞世无意间打破了帝后党争的胶着状态，从而让光绪皇帝有了些许操作的空间——皇帝似乎可以有所作为了。但是仅仅四天之后，翁同龢突然去职——慈禧太后假光绪之手，革去了翁的"协办大学士"职，"开缺回籍"，太后给出的罪名是翁同龢"每于召对时，咨询事件，任意可否，喜怒见于词色，渐露揽权狂悖情状"。

这是戊戌变法的开始阶段。慈禧太后不动声色地给光绪去势，令他只能带着一群总理衙门的小"章京"去有所作为；或者说翁同龢的去职是一个信号，进一步混沌了帝国的权力格局，模糊了维新变法可能的方向。

事实是，在1898年帝国权力博弈谱系上，忠于太后的力量和忠于皇帝的力量是不对等的。光绪皇帝始终处于弱势地位。几位军机大臣礼亲王世铎、刚毅、钱应溥、廖寿恒、王文韶除了廖寿恒暗中支持改革外,其他的都站在了光绪皇帝的对立面。大学士徐桐扬言:"宁可亡国,不可变法。"大学士刚毅在慈禧面前伏地痛哭,称"痛心疾首于新政,必尽罢之而后快"。荣禄则在方法论上为慈禧提供支持:"欲废皇上,而不得其罪名,不如听其颠倒改革,使天下共愤,然后一举而擒之。"

当然这样的不对等仅仅是一个表象,毕竟变法是大势所趋,是帝国自救的唯一正途。几年之后,当被软禁的光绪皇帝惊愕地发现慈禧太后步他后尘再言新政时,他或许应该明白,自己输了1898年的这场较量——两个最高权力中枢的人主宰帝国命运的较量。

较量是针锋相对的,就像康有为和荣禄的问答。康有为变法期间在等候皇帝召见时曾经路遇荣禄。两人有过一段锋芒毕露的对话。荣禄问:"以子之大才,亦将有补救时局之术否?"康有为答:"非变法不能救中国也。"荣禄问:"固知法当变也。但一二百年之成法,一旦能遽变乎?"康有为答:"杀几个一品大员,法即变矣!"康有为如此这般的回答应该说透着他的不妥协和以死明志的消息。

也许,最初的较量还是有悬念的。慈禧太后长袖善舞,精于权谋,懂得先发制人,也懂得后发制人。但光绪的新政代表了一种进步的潮流。他年轻,有激情,等得起,换句话说时间在他这边。只要光绪谦虚谨慎、不急不躁,他或许可以笑到最后。

只是很遗憾——年轻最后输给了年老，激情输给了计谋。在1898年帝国权力博弈谱系上，我们看到慈禧太后出招了，她不疾不徐，却处处留有后手或者说伏笔。6月15日，慈禧在让翁同龢去职的同时，任命她的亲信荣禄署理直隶总督兼北洋大臣，同时下谕着直隶总督王文韶入京。不久，荣禄的官职由署理而实授，并加文渊阁大学士衔，另统率甘军（董福祥）、武毅军（聂士诚）、新建陆军（袁世凯）三军。十天后，慈禧太后又命派怀塔布管理圆明园官兵，刚毅管理健锐营。毫无疑问，慈禧太后发出的一系列信号只指向一个图谋——将枪杆子牢牢抓在自己手里。

枪杆子以外，还有权把子。慈禧令光绪帝下谕："嗣后在廷臣工，仰蒙慈格端佑康颐临豫庄诚寿恭钦献崇熙皇太后赏顶，及补授文武一品，既满汉侍郎，均着于具折后，恭诣皇太后谢恩，各省将军都统督抚提督军臣，亦一体具奏折谢。"二品以上大臣授新职，必须到皇太后面前具折谢恩，这是对最高权力归属的明确指证，也变相剥夺了光绪亲政以后暂时的皇权支配资格。如果具体到当时的变法实践活动，慈禧此举一可以防止光绪起用新党人物担任高层职位，二可以防止亲太后派的守旧大臣被废黜。一举两得。

光绪当然也出招，但光绪的招法刚有余而柔不足，表面上很凶猛，却没有后劲，显得苍白脆弱。在差不多三个月的时间里，光绪接连下了一百多道有关新政的诏令，所谓"维新之诏联翩而下"，但是政令出不了紫禁城。从中央到地方，支持新政的寥寥无几。中央二品以上大臣，唯刑部左侍郎李端棻一人敢言新政，地方上除了湖南巡抚陈宝箴还属真心支

第二章 人物

持新政外，其他"枢臣俱模棱不奉，或言不懂，或言未办过"。这是一种观望或者说排队，在太后与皇帝之间，很多人心里有自己的小九九。

6月24日是意味深长的一天。这一天，康有为向光绪进呈《波兰分灭记》《列国比较表》，御史胡孚宸则奏劾户部左侍郎（相当于财政部副部长）张荫桓受贿二百六十万两。62岁的张荫桓当时负责京师矿务铁路总局的工作，政治面貌左倾，支持新政。事实上张荫桓有没有受贿不重要，重要的是御史胡孚宸选择在这样一个敏感时刻奏劾他，体现了一种政治上的较劲与僵持——新政每行一步都会有阻力。

不过对慈禧太后来说，光绪对她有杀伤力的出招还在两个多月后。9月4日这一天，光绪下令将怀塔布、许应骙、堃岫、徐会沣、溥颋、曾广汉等阻碍变法的礼部六堂官革职。同时赏礼部主事王照三品顶戴，以四品京堂候补，以示激励。光绪这样的操作当然事出有因。因为此前三天，王照上疏，请光绪帝游历日本等国，以考察各国变法情况。但是怀塔布、许应骙却不肯代送其疏。许应骙甚至上奏弹劾王照"咆哮署堂，借端挟制"。光绪便出手了。光绪的出手是一个连续性的动作。他随后召见谭嗣同，并命谭嗣同、杨锐、林旭、刘光第以四品卿衔在军机章京上行走，还直接召令直隶按察使袁世凯来京陛见，面谈后升任他为侍郎候补。光绪此举在慈禧太后看来不仅有笼络人心之嫌，还有阴谋作乱的可能。因为袁世凯不仅是直隶按察使，还统率新建陆军，可谓实力人物。更要命的是光绪公开要权了。9月13日，光绪帝请旨拟开懋勤殿，设顾问官。这真是危险的挑战——光绪开懋勤殿无异于设立政治改革中心，至于设顾问官是请日本前首相、明治维新的重要角色伊藤博文担任光绪的改革顾问。虽然这只是个动议，但慈禧却心存疑虑。她大声说"不"了。由此两人摊牌的时刻不期而至。

透过1898年的迷雾，我们也许还能依稀看见那场不对等的较量是如何一一展开的。最后时刻，光绪慌了手脚，露出了他的生硬和迷茫、天真和急迫。9月17日，事情紧急，光绪帝再次召见袁世凯，命他与直隶总督荣禄各办各事。但他对袁世凯的政治倾向却一点都不摸底。同样不摸底的人儿还有谭嗣同。他竟然夜访袁世凯，说皇上希望他袁世凯起兵勤王，诛杀荣禄以及包围慈禧住的颐和园，将自己的政治底牌泄露无遗，也让光绪没有了任何回旋的余地。

相比之下，慈禧太后的手腕要老辣和从容不迫得多。首先，她的政治敏感性很强。18日，当她看到御史杨崇伊的奏折上说："风闻东洋故相伊藤博文即日到京，将专政柄"，立刻决定从颐和园回城监察。20日，当光绪接见"自行游历"的伊藤博文，询问日本改革情况时，慈禧太后到场监听，令光绪不敢有所作为。这场原本有很大操作空间的会见仅仅持续了15分钟就结束了，伊藤博文没有什么收获，光绪也同样没有任何收获。不仅如此，光绪的命运在第二天急转直下。由于荣禄的密报，说光绪帝欲软禁太后，9月21日（八月初六）凌晨，慈禧太后率卫队囚禁了光绪帝，然后下诏训政——这场1898年的较量在中秋节前就匆匆结束了。光绪的权力人生犹如昙花一现，黯然收场。

从历史上看，任何变法其实都是需要买单的，戊戌变法

第二章

人　物

尤其如此。事败之后，杨锐、刘光第、谭嗣同、杨深秀、康广仁、林旭六人以"谋围颐和园、劫制皇太后"等罪名被"即行处斩"，张荫桓发配新疆，交地方官"严加管束"，两年后他在新疆被杀。光绪则被软禁在中南海瀛台，度过他的余生。1898年帝国的权力博弈谱系在经过激烈的震荡之后重归平静。

1900年，慈禧太后还想进一步有所作为。这一年的1月24日（光绪二十五年十二月二十四日），她以光绪帝的名义发布上谕，宣布："溥儁继承穆宗毅皇帝为子"，"以为将来大统之畀"。慈禧此举无疑是用公开立储的方式来变相废黜光绪帝，以对光绪帝在1898年的所作所为进一步追加惩罚。但慈禧太后没有料到，帝国的权力格局开始走向微妙了。上海电报局总办经元善率先反对，称"务请圣上力疾临御，勿存退位之思"。两江总督刘坤一也反对废黜光绪，而湖广总督张之洞也对是否就立储上贺表态度暧昧。这让慈禧太后深感失落。最要命的是西方国家公使提出要求，希望尽快公布光绪病情，同时允许外国医生进宫为光绪帝诊断。随后法国医生德对福博士（Dr. Detheve）入宫诊断光绪帝病情，结果是"血脉皆治，无病也"。于是，这场发生在己亥年（1900）的建储计划被迫搁浅了，光绪作为帝国受侮辱与受损害的形象深藏瀛台，并只能将自己活成一个符号，一个传说中的失败者。这个王朝虽然以他的名义艰难向前，但一切微妙暧昧，首鼠两端，充满了大崩溃前的混乱气息。

20世纪开始的时候，强悍如慈禧者也感到了力不从心。毕竟她也老了，快70岁的人了，和大清帝国一样，不再思维敏捷，充满往昔的那些生机和可能……

四

1900年是一个充满了暗示的年头。它是开始与告别，是欢乐圆舞曲，也是忧伤的离歌。这一年6月22日，敦煌莫高窟下寺道士王圆箓在清理积沙时，无意中发现了藏经洞，从而让公元四至十一世纪的佛教经卷、社会文书、刺绣、绢画、法器等五万余件文物重现人间。但是很快，藏经洞的绝大部分文物被闻风而至的英、法、日、美、俄等国探险家劫掠到世界各地，中华文明的命运在1900年由灵光一现变得支离破碎。

同样是在这一年，首次发现甲骨文并购藏它的王懿荣以身殉国。这位光绪六年（1880）的进士时任京师团练大臣，负责保卫京城。当7月20日，八国联军攻入东便门后，他偕妻小投河殉国，时年55岁，身后留下大量甲骨文无人看守，更无人整理和破译。

甲骨文和莫高窟"藏经洞"的发现时间分别在19世纪的最后一年和20世纪的第一年，中华文明最神秘和最久远的风采乍现人间，但人间正是乱世，光绪王朝此时岌岌可危，所以文明的命运注定是要流离失所的，这是1900年的帝国难以逃脱的宿命。

在莫高窟"藏经洞"被发现前六日，第二届奥林匹克运动会在巴黎开幕。在和平的旗帜下，英、美、法、德各驻华公使一再照会清政府，必须严厉镇压义和团及惩办镇压不力

第二章 人物

的官吏。这是危险的信号，此时在帝国内部，义和团焚烧教堂、打杀教民以及与外国使馆卫队的冲突愈演愈烈，帝国对其是抚是剿，必须要有一个明确的态度和行动。这个问题貌似简单，非此即彼，可在决策的背后却隐藏着对皇权的争夺和对帝国今后命运的判断或者说把握。总理各国事务衙门的许景澄、袁昶、联元等与封疆大吏李鸿章、刘坤一、张之洞等人主剿。给出的理由是内忧外患，不先解决内忧就无从解除外患，如果招抚义和团，毫无疑问将给列强以入侵帝国的口实，此举风险甚大；而端王载漪，军机大臣、吏部尚书刚毅以及大学士徐桐则主张招抚义和团，但背后的理由却是上不了台面的。因为此三人中，载漪是诏立大阿哥溥儁的父亲，徐桐是溥儁的老师，刚毅则是后党集团的骨干，他们主张招抚义和团的目的是利用后者为其火中取栗，抗击一直支持光绪皇帝的西方列强，以武力解决废立问题，光绪下台，溥儁登基。所以端王载漪等将爱国的口号喊得震天响，私底下却以售其奸。

慈禧太后首鼠两端。她当然也想让光绪下台，溥儁登基。但义和团真能抗击列强吗？这是一个问题。五月十二日，慈禧太后在仪鸾殿召开了御前会议，此前她已连续四次召开大臣、六部九卿会议讨论剿抚问题，无果。这一次的御前会议观点依旧针锋相对，结论依旧无果。忠于慈禧太后的力量和忠于光绪皇帝的力量胶着在一起，历史的脚步停滞了下来。

一个人开始铤而走险，准备有所作为。载漪。他在这个原本平淡无奇的夜晚制作了一份不平淡的文件——列强"归政照会"，从而改变了历史可能的前进脚步。这份通过秘密渠道送到慈禧太后手中的"归政照会"令她下定了决心。因为"归政照会"中有这样一条："勒令皇太后归政（光绪皇帝）"。此后的形势急转直下。第二天，御前会议再次召开，慈禧太后宣布"我为江山社稷，不得已而宣战"。6月21日，清政府以光绪的名义，向英、美、法、德、意、日、俄、西、比、荷、奥十一国同时宣战，同时谕令各省督抚招集"义民"组团，以借力抵御列强。7月13日，八国联军分两路向天津城内发起总攻。7月14日，八国联军占领天津。8月14日，八国联军攻入北京——历史的残酷性至此清晰呈现，真可谓泾渭分明。

帝国在8月15日这一天尊严扫地。这一天清晨，北京城下着忧伤的细雨，打湿了一支千余人的队伍，他们中有慈禧、光绪以及载漪、溥儁、奕劻、善耆、载勋、载澜、载泽、溥兴、溥伦、刚毅、赵舒翘、英年等，还包括内监李莲英。一个王朝的家底就这么稀稀拉拉地出发了，他们行走在逃难的路上，直至傍晚，到达昌平。这一天，光绪皇帝和慈禧太后饥寒交迫。一份史料如此记载光绪皇帝和慈禧太后在这一天的狼狈行状："上及太后不食已一日矣，民或献蜀黍，以手掬食之。太后泣，上亦泣。时天寒，求卧具不得，村妇以布被进，濯犹未干。夜燃豆萁，人相枕藉而卧。"

狼狈的不仅仅是光绪皇帝和慈禧太后，还有整个京城。从这一天开始，北京城的狼狈难与人言。这是一种羞辱式的狼狈，也是尊严扫地的狼狈。它构成了帝国最深层次的灾难和创痛。八国联军进城以后，于8月28日在皇宫举行了阅兵式，俄军、日军、英军、美军、法军、德军、意军、奥军等

第二章 人物

3170人在天安门广场金水桥前集结列队，然后通过天安门、端门，再穿过皇宫，最后出神武门。现场有俄国军乐队吹奏各国国歌、乐曲，欢乐的气氛响彻云霄。随后，八国联军统帅、德军元帅瓦德西特许士兵公开抢劫三天，联军抢走北京各衙署存款约六千万两白银，而象征帝国礼仪尊严的鼓楼更鼓，则被日军用刺刀刺破。至于帝国统治阶层的尊严，更被踩在脚下：大学士倭仁的妻子已经九十岁了，被侵略军欺辱而死；户部尚书崇绮的妻子、女儿也在天坛这一神圣的场所遭到八国联军数十人的轮奸……英国人记载说："北京成了真正的坟场，到处都是死人，无人掩埋他们，任凭野狗去啃食躺着的尸体。"与此同时，清廷以光绪帝名义发布"罪己诏"，向列强政府赔礼致歉。9月25日，清廷屈从德国的意见惩处主战大臣，将十名王公大臣革处，并分别向德国、日本发出国电，对克林德、杉山彬之死表示哀悼和歉意。

帝国尊严扫地，北京已然沉沦，东北也不例外。这一年，俄国政府一面派兵参与进军北京的联军；一面调集十七万大军，兵分六路全面入侵东北。十月下旬，东北铁路沿线及主要城市，全部沦陷。这一年，俄国还制造了海兰泡惨案和江东六十四屯血案，宣布江东六十四屯归俄国管辖，不准已经逃离的中国居民重返家园——帝国的子民真正地流离失所了，一如他们的国君，"西狩"西安。

……

1900年是光绪二十六年，这一年大清帝国364岁了，步履蹒跚，来日无多。光绪皇帝和慈禧太后"西狩"的时候，八国联军"当仁不让"地在京成立了"管理北京委员会"。帝国垂垂老矣，已然无可奈何。正是在这样的历史时刻，梁启超在《清议报》第三十五册上发表了《少年中国说》："……一朝廷之老且死，犹一人之老且死也，于吾所谓中国者何与焉。然则，吾中国者，前此尚未出现于世界，而今乃始萌芽云尔。天地大矣，前途辽矣。美哉我少年中国乎！壮哉，我少年中国……"梁启超发表此文的时间是1900年2月10日，正是春寒料峭时刻，也是有历史深意存焉的时刻。同样在这一年，梁启超致书孙中山，商谈两党合作事宜。陈少白则受孙中山之命在香港筹办《中国日报》。此后不久，清政府下令停止武科科举考试。而在遥远的俄国，一个名叫高尔基的人完成了《春天的旋律》这组文章，其中包括后人广为传诵的《海燕之歌》——新时代、新气息扑面而来，而在中国西安，清廷在许诺向列强赔款四亿五千万两白银之后，准备启程回京了。这时已经是两年后的1902年了，这一年其实跟往年一样，有很多人去世，也有很多人出生。值得注意的是有三个重量级的人物在该年出生，他们是物理学家周培源，数学家苏步青，文学家沈从文，这些人才华卓著，注定是影响时代的人物——但是很遗憾，他们与光绪王朝无关，而只属于未来。因为光绪朝经此一劫后，无可奈何地进入了倒计时……

五

1905年是光绪三十一年，乙巳，蛇年。在日本是明治三十八年，越南则是成泰十七年。这一年动静颇大，意大利卡拉布里亚发生了7.9级地震，约2500人丧生；印度肯拉发生

第二章 人物

8.6级地震，1.9万人丧身。这是自然界的不正常反应。虽然说地震年年有，可8级左右的大地震却还是极其罕见的，显示了这一年颇有凶险之兆。世事也是如此。在帝国内部，世事变迁时发出的呼啸声和断裂声时有耳闻。以中国为战场的日俄战争悍然进行，帝国宣布保持局外中立；9月24日，帝国派出考察立宪的五大臣在北京正阳门车站遭到自杀性炸弹袭击。一个叫吴樾的激进革命党人在写完《暗杀时代》一书后以自己的生命为代价实践了他的革命理念；12月8日，华兴会、中国同盟会会员陈天华，因反对日本《取缔清韩留日学生规则》而投海自尽。这一年，帝国拍摄了首部电影《定军山》，《申报》首次使用"记者"这个名词，孙中山在《民报》创刊词中首次提出"三民主义"。这些带有首创性质的事件应该说都是世事大变迁的象征，它们似乎预兆了帝国令人不安的前景。就在这一片纷繁和喧嚣之中，一件带有根本性改变的事件悄然发生了，只是当时的人们并不清楚这其中的意味深长。正所谓"谁都不是千里眼，只是当时已惘然"。

它，究竟是一件什么事呢？

在江南水师学堂学习的周作人兄弟这一年为当水手还是做秀才首鼠两端。因为有消息传来，说科举将废。此前一年也就是光绪三十年（1904），帝国在开封举行了一次混乱不堪却又带着离愁别绪的会试。本来依常理，会试应在京师贡院进行，可京师贡院在庚子拳乱中毁于一旦，帝国将陋就俭，把1904年的甲辰会试放在了开封。11866间房的考场，一人一间，将同等数量的考生在考场内关了3天3夜，吃喝拉撒睡全在其间，最后择出刘春霖、朱汝珍、商衍鎏三人为状元、榜眼、探花。会试期间，一度传出不和谐音，发生了举子闹考事件。考生们怀疑主考官有贪贿之嫌，再加上考场舞弊成风，一些清白正直的考生认为自己利益受损，便群起抗争，还击打了考官，使得甲辰会试匆匆收场。

事实上不管是匆匆收场还是从容收场，甲辰会试注定将成为帝国科举史上的绝响。第二年也就是光绪三十一年八月初四日（1905年9月2日），清廷颁布上谕："方今时局多艰，储才为急，朝廷以提倡科学为急务，屡降明谕，饬令各督抚广设学堂，将俾全国之人咸趋实学，以备任使，用意至为深厚……著即自丙午科为始，所有乡、会试一律停止，各省岁科考试亦即停止。其以前之举、贡、生员分别量予出路，及其余各条，均著照所请办理。"丙午科是原定于光绪三十二年（1906）举行的科考，上谕的发布标志着丙午科的科举考试不再举行，也标志着一个时代的终结。

从1905年科举废止，到六年后大清王朝终结，一个帝国的死亡路径实在是简捷得可以。在这个意义上说，帝国与科举的关系互为表里。皮之不存，毛将焉附。只是当时的帝国决策层没有这个深远的认识，抑或认识到了，也是无可奈何花落去，只能是且战且退了。

在读书人中，山西举人刘大鹏首先发现了问题的严重性——他们这些读书人的前途被阉割了。虽然清廷上谕要给"以前之举、贡、生员分别量予出路"，可整个制度抛弃了他们之后，他们的前途和对帝国的忠诚也就一文不值了。这些人甚至失去了谋生能力。作为类似他刘大鹏这样的读书人，仕途之路被封死后原本还可以选择开馆授课，可现在科举既

第二章 人物

废，新式学堂如雨后春笋般出现，他的开馆授课就变得毫无市场了。所以刘大鹏感慨："嗟乎！士为四民之首，坐失其业，谋生无术，生当此时，将如之何？"

当然，刘大鹏式的感慨帝国也不是毫无察觉。1906年3月9日，政务处奏："现科举初停，学堂未广，各省举贡人数，合计不下数万人，生员不下数十万人……中年以上不能再入学堂。原奏保送优拔两途，定额无多，此外不免穷途之叹。"（见《光绪朝东华录》），御史叶苕棠也在一份奏折中指出科举废除后"士为四民之首，近已绝无生路"。"四民之首"已无生路可言，帝国还有生路吗？有鉴于此，御史胡思敬在随后不久主张恢复科举制度，以挽救危局。但是他的主张如石沉大海，在帝国决策层里得不到任何回响。的确，这是个两难选择，废止还是恢复科举制度，似乎都有无尽的凶险。

1905年的凶险可以说随处可见，这一年帝国的新军编练如火如荼，但是需要军官三万人以上。于是在全国三十六镇的编练队伍中，很多失意文人成为了职业军官。若干年后，这些职业军官成了袁世凯保定军校、蒋介石黄埔军校的军事冒险家，他们是乱世中国的命运主宰者，也是失去信仰和忠诚的一代。差不多与此同时，那些因为科举废止被迫出国留学的新式文人，则很快成了同盟会员，成了共和政治中的精英分子。这些人埋葬了传统的知识与道德，以决绝的暴力手段，为他们曾经幻想依附与效忠却又未遂的大清帝国献上一曲忧伤的挽歌。

所以还是在若干年后，美国学者罗兹曼在他的《中国的现代化》一书中不无感慨地写道："（大清帝国）废止科举划时代的意义超过了辛亥革命，其意义不亚于1861年沙俄政府的废奴和1868年日本明治维新后的废藩。"

六

紫禁城。瀛台是一个小岛，四面环水，坐落在中南海的南海里。中心建筑是涵元殿。很多年前康熙和乾隆曾经在此听政、赐宴，戊戌年后，它成了光绪生命中最后的归宿。

1898到1908年，十年的光阴到底有多长？在光绪看来，长不过涵元殿那扇纸糊的窗户。冬天，窗户纸破了，也没人给补一补——这个小岛的主人到底不是光绪而是慈禧太后。光绪能做的只是写一些小诗，发一声感慨。他写"欲飞无羽翼，欲渡无舟楫"的诗句，发"我不如汉献帝！"的感慨，却是无人理睬。《三海秘录》记载："一日（帝）见小明轩屋角有蛛网，乃自起持竿挑去之，为宫监所睹，趋而相助，帝摇手示无须。"所以，瀛台岁月里的光绪做的不是皇帝，而是寂寞。"他是一个特殊的囚犯。他与自由之间只隔着几码的水域，可是这几码的距离却好比是几千英里，因为它是不可能逾越的……不幸的皇帝！当他没有什么可写的时候，他就坐在他牢房的宽敞的阳台上，一坐就是好几个小时，向外眺望他失去了的世界，眺望西苑，眺望紫禁城；但是他哪个地方也不能去。囚室里的家具简陋到极点，再也找不出比这更简陋的了，而且还要经常挪动，以适应不同的需要。一张桌子，一两把椅子，几条破板凳——这就是光绪囚室中的全部陈设。"（见德龄《瀛台的囚徒——光绪》）光绪每天作为一个

第二章 人物

符号的象征被拉去陪太后上早朝，像木偶一样地活着，将一个乱世皇帝的落魄与无奈苟活得入木三分，令人印象鲜明。

但其实，他的心没有死。光绪囚禁期间在涵元殿内摩写《宋司马光谕人君用人之道》，跋文是："光绪丙午（1906）十月上浣录，臣全忠敬书。"另外光绪还在他手书的一些匾额斗方下款都写着"臣全忠敬书"。光绪以对慈禧太后称臣的方式曲折地表达他再次亲政的企图。这是他的机心，也是他的天真——光绪和慈禧玩机心，毫无疑问是天真之举——这个可怜的皇帝至死都未能走出瀛台。

当然要证明光绪心没有死的证据还有很多。近代史学著名学者叶晓青在中国第一历史档案馆所藏内务府档案中偶尔看到的一份档案，为我们揭开了光绪帝最后岁月里的隐秘心迹。这是一份光绪三十三年（1907）和三十四年（1908）内务府的"呈进书籍档"，是内务府办理光绪帝索要的购书单的记录。上面记载着光绪帝朱笔所列的书目：《日本宪法说明书》《日本统计释例》《日本宪政略论》《译书提要》《驻奥使馆报告书》《孟德斯鸠法意》《政治讲义》《法学通论》《比较国法学》《政治学》……总共超过五十种，这时离光绪帝去世只有半年。毫无疑问，这是一个帝王最后野心的沉默记录，它秘而不宣，却最终幻化为一声叹息，飘荡在历史的虚无空间里。

1908年的帝国对光绪帝或者光绪王朝来说一切意味着终结。这一年的六月，湖南、河南、江苏、安徽请愿代表纷纷到京，将一封封请愿书投进都察院，请求帝国速开国会。七月十七日，帝国查禁了积极鼓动开国会请愿的政愿社，企图杀一儆百，但效果适得其反。各省请愿来京师的人员简直络绎不绝。与此同时，湖广总督陈夔龙、两江总督端方、清驻德公使孙宝琦等也先后上奏，请开国会。帝国一时间陷入无可收拾的地步。这个时候，光绪已经卧床不起了。从3月到7月，二百一十天的时间，给他诊治过的御医就有三十多人，诊治记录达二百六十次之多。他和他身后的帝国，似乎都处于最后的弥留状态。八月初一，帝国被迫颁布《钦定宪法大纲》，核准宪政编查馆拟定的九年为期，逐年筹备宪政，期满召开国会的方案，以还政于民；十月二十一日，光绪皇帝因心力衰竭而亡。他终于以死亡的代价，离开了那个囚禁他十年的瀛台，但是对于这个帝国，他却无所作为了。

慈禧太后也无所作为了。在光绪去世后第二天，她死于中海仪鸾殿，从而松开了掌控帝国近半个世纪的那双手。帝国突然间无人看守，强势人物袁世凯则被罢职回籍，他回到彰德后写下"楼小能容膝，檐高老树齐。开轩平北斗，翻觉太行低"一诗，窥测时机，准备东山再起。而在帝国以外的世界，一切依旧生生不息，日新月异。

第二章 人物

乙 人臣

善变者：严嵩

一

紫禁城里的角色，君主与人臣自然各有各的扮相。

位置不同，责任与义务就有分别。在某种意义上说，人臣比君主的为人处世之道更为艰难。君主可以一言九鼎，人臣却要察言观色、左顾右盼，在钩心斗角中完成进退之道。

所以这就演绎出为人臣者的生存哲学。比如严嵩——清纯、柔媚、阴狠、沮丧，这是善变者严嵩的四张面孔。紫禁城内外，一个书生被城池或者说权力场改变的故事，留下了帝制中国关于生存术的一大范本。

最初，那个叫严嵩的名人留给世人的面孔是清新可人的，恰似一个书生。这个江西分宜人五岁启蒙读书，九岁读县学，十岁时县试成绩已经出类拔萃。十九岁他乡试中举，廿六岁廷试二甲二名，赐进士出身。正德二年（1507），严嵩授翰林院编修，官居七品。这一年他才27岁，轻而易举地就成了中央国家机关公务员。

但即便如此，严嵩得以名世的依旧是他的才华。严嵩的才华可以说是横着溢出来的，哪怕在他少年之时，也已露出鹤立鸡群之相。严嵩十岁时县试成绩了得，当地父母官有心考他，出上联曰："关山千里，乡心一夜，雨丝丝。"严嵩是怎么应对的？他随口答道："帝阙九重，圣寿万年，天荡荡。"此中气势，确实不同凡响。

《明史·严嵩传》说严嵩"长身戍削，疏眉目"，很是一副郁郁寡欢的书生形象。有时忧郁，有时愤世嫉俗，"大音声"，嗓门会突然间变大，为国计民生讨说法。事实上严嵩并非官二代，亦非富二代。他家境贫寒。分宜已是偏僻之所在，严嵩出生在分宜介桥村里，更是穷山恶水之地，父亲严准是个穷秀才，在乡里做孩童们的启蒙老师，状况像极当下的民办代课教师，收入很没有保障的。严嵩要在这样的背景下出人头地，所倚靠的只能是知识。所谓知识改变命运。这句话古今同理。

但命运似乎变幻莫测，并在正德二年（1507）对严嵩发出隐隐的冷光。这一年宦官刘瑾矫诏开列刘健、谢迁等五十三名高官大名单，称之为奸党，并张榜公布在朝堂之上，搞得百官们很没有安全感。而正德皇帝朱厚照性喜游乐，将内宫改造成集市。他和太监们在这个封闭式的集市着商人服装，熙熙攘攘高声叫卖讨价还价，沉溺在角色错位中不能自拔。后又在八月十五这天下令于西华门中开建"豹房"，以为寻欢作乐之场所。书生严嵩正是血气方刚的年纪，对政坛丑陋现

第二章 人物

象自然不能容忍。可世上事大多无第三条道路好走。或阿附，或决裂，而决裂者的下场却是惨不忍睹的。这一年，南京御史蒋钦就为他的决裂付出了生命的代价。三月，蒋钦上疏说："刘瑾是一小人，陛下视为腹心股肱，不知其为悖逆之徒蠹国之贼……一贼弄权，万人失望。陛下懵然不闻，纵之使坏天下事，乱祖宗法，陛下尚何以自立？乞听臣言，亟诛刘瑾以谢天下，然后杀臣以谢刘瑾。"这是蒋钦在以命和刘瑾相搏，但朱厚照看了此疏，无动于衷。三天后，蒋钦又上疏说："臣与贼刘瑾，势不两立。刘瑾畜恶已非一朝……陛下不杀刘瑾，当先杀臣，使臣得与龙逄、比干同游地下。臣诚不愿与此贼并生。"蒋钦因这份奏疏言辞过激，结果被杖三十，投入狱中而亡。

毫无疑问，蒋钦之死给了仕途新人严嵩一个警告，那就是鸡蛋碰石头，结果会很惨。他这个翰林院编修人微言轻，自是不可能改变官场生态的。在这个意义上说，公知（公共知识分子）严嵩刚踏入仕途，心情是很郁闷的。第二年也就是正德三年（1508），严嵩祖父及母亲相继去世，按制他应该回家服丧守孝三年。这似乎给了严嵩一个躲避暗黑官场的理由。既然从皇帝到宦官都是胡作非为式的人物，自己也没必要陪他们玩了。愤青严嵩自此欣欣然地回到江西分宜介桥村里，开始去做他的孝子兼隐士去了。之所以称严嵩为隐士，是因为他借守孝为由，在那个山沟沟里待了八年之久。从正德三年（1508）到正德十一年（1516），严嵩以非暴力不合作的方式远离政坛，像极了一个愤世嫉俗、不愿意同流合污的书生。

严嵩在家乡的所作所为，也的确是一个书生"穷则独善其身"的状态。起码正德三年（1508）到正德十一年（1516）的严嵩留给世人的，还是一张"颇著清誉"的面孔。"颇著清誉"是当时郁郁不得志的阁臣李梦阳给他的评价。严嵩入翰林院时，包括阁臣李东阳在内的不少士大夫就"咸伟其才"，对他很是赏识的。甚至严嵩在归隐期间，屡遭刘瑾排斥的李梦阳还曾屈尊拜访过他，赠诗曰："问奇颇类扬雄宅，醒酒真轻李相庄。"严嵩则和诗道："地僻柴门堪系马，家贫蕉叶可供书。莺花对酒三春暮，风雅闻音百代余。"严嵩此时的心态，或许还是陶渊明式的，是归园田居的状态。他在自己家乡钤山之麓建钤山堂隐居读书，著《钤山堂集》，称自己是"一官系籍逢多病，数口携家食旧贫"。"近知理俗事，学种南山田"，这"学种南山田"之语，暗示了二三十岁时的严嵩在精神层面上，还是志存雅趣的，不以仕途浮沉为意。

严嵩在钤山的另外一个收获是他33岁时喜得贵子——严世蕃，这个后来为他带来无尽烦恼的儿子对当时的严嵩来说，却是上苍赐给他的珍贵礼物。他为此欣然作诗道："三十年过方有子，却论情事集悲欣。总叨先德宜昌后，每为身愁欲废官。琴书他日期堪付，堂构兹丘幸苟完。庭中翠竹红葵色，乘醉邀宾秉烛看。"（《有喜致醉》）严嵩归隐期间共做诗七百余首，同时应袁州太守之请，修撰《袁州府志》。严氏如此这般的生活，的确是一个书生或者说淡泊名利的书生才具备的。

从正德三年（1508）归隐，到正德十一年（1516）复出，帝国政坛依旧风起云涌。正德三年（1508）正月，戊辰大计，

第二章 人　物

考察外官。那些不肯阿附行贿刘瑾的官员纷纷被贬。六月，因有人将写有刘瑾罪状的匿名信投放于御道上，刘瑾下令彻查。矫旨召百官跪于奉天门下；又在当夜将三百多官员收入锦衣卫狱。由于正值酷暑，被关押的刑部主事何钺、顺天推官周臣、礼部进士陆伸竟中暑而死。八月，刘瑾又设立内行厂（简称内厂），凌驾于东厂、西厂之上。自己亲自统领，一时间帝国官员人人自危。正德五年（1510），太监张永因与刘瑾有隙，向皇帝密奏刘瑾谋反情状十七事。刘瑾下狱，随后帝国大治刘瑾奸党，"一时朝署为清"。原以为吏治会从此向好，却未料武夫江彬入京，祸乱又起。正德皇帝施行京营边军兑调操练，江彬得他宠信，在宫内操练营军，"晨夕驰逐，甲光照宫苑，呼号声达九门"。而正德经常做总司令状不时加以检阅，又每每微服夜行至教坊司观乐，不理朝政已成常态。正是在这个背景下，37岁的严嵩结束了归园田居优哉游哉的生活状态，选择复出了。

但其实，就内心操守而言，严嵩还是个书生。因为他很快发现，复出后的自己依旧是个愤世嫉俗、不合时宜的小官员。严嵩复出这一年元旦，紫禁城很有些诡异和凶险的气氛。正德十一年（1516）正月初一是元旦（旧时元旦按阴历计，取一元复始，万物更新之意），百官们早早地入朝向皇帝祝贺元旦，但正德却久未露面，因为除夕之夜在豹房玩了个通宵，他还在龙床上呼呼大睡，直至元旦酉刻（17：00到19：00）才匆匆赶到奉天殿，接受百官们的朝贺。当然严格来说这已经不是朝贺而是晚贺了。晚贺所造成的严重后果是当贺礼结束时，已至深夜。百官们急于回家，竟然争先恐后，互相踩践，以至于情形狼狈不堪。有丢了官帽的，也有官服被挤破而大打出手的，更有右将军赵郎因为拥挤被活活挤死在禁门，酿成悲剧事件。初六日，官员正式上班。浙江道御史程启充上疏请皇帝"勤于视朝，屏绝游宴"。但正德依旧我行我素，对此置之不理。

严嵩复出后，还是做翰林院编修，这个职务并无多大实权。不过即便如此，严嵩还是努力发出自己的声音。他批评"正德间，天下所疾苦莫如逆竖妖僧"。又对皇帝运楠木北上的做法提出批评，直言不讳地说："今湖南运殿材巨楠数千株，联筏曳旗，蔽流而上。楠最硬者围丈余，长可五十尺，诚天地间奇声。然此木一株，山伐陆挽水运至此，费数百金矣。"这个就为他进一步树立了公共知识分子的形象。与他交游的人物李梦阳、何良俊、王阳明、何景明、王廷相等也都是一时名士。前文所说的阁臣李梦阳是明代中期文学家，复古派前七子的领袖人物。他公开表扬严嵩说："如今词章之学，翰林诸公，严惟中（严嵩）为最。"何良俊是当时的戏曲理论家，自称与庄周、王维、白居易为友，题书房名曰"四友斋"。这样一个自视甚高的人物对严嵩也是颇有好评。他评价严嵩的诗是"秀丽清警，近代名家，鲜有能出其右者"。另外在当时，哲学家王阳明，"前七子"之一，与李梦阳并称文坛领袖的何景明，著名文学家、哲学家王廷相都乐于和严嵩交游。一个毫无背景的翰林院编修，能与如此多的名家大儒相互唱和，说明严嵩作为一个书生官员，其文字功底应当是很不错的。后来的事实也证明，严嵩的青词之所以写得好，跟他文章好是一脉相承的。另外严嵩还写得一手好字，据说北京老字号酱菜店牌匾"六必居"三个字就是他的墨宝。这一点,也是实打实的功夫啊。

作为公知,严嵩复出后书生本性不改。批评朝政、舞文弄墨,在正德皇帝喜好游玩作乐、不理政事的背景下,严嵩的那些慷慨陈词除了为他博得更多的清誉之外,并没有实质性的好处或者说坏处。因为皇帝直接将他无视了,直到正德十六年(1521)三月十四日,正德皇帝死于京城豹房,年仅三十一岁。随后,嘉靖皇帝统治帝国,严嵩的仕途有了一个小小的转机。他先是到南京做翰林院侍读,署掌院事。嘉靖四年(1525),45岁的严嵩升国子监祭酒,从南京回到北京。国子监祭酒是从四品,相当于现在的国立大学校长,主要任务为掌大学之法与教学考试。严嵩虽然在职务上有所提升,却依然是权力核心之外的人物。嘉靖皇帝甚至没有正眼看他一下,而彼时的严嵩仍旧书生意气,不以仕途浮沉为意。

可是没有人知道,一场静悄悄的、来自他性格深处的改变正在进行。三年之后的嘉靖七年(1528),严嵩开始变脸,他不再是一个清纯的书生,而变身为遵循中庸之道的仕途中人了。

二

嘉靖七年(1528),严嵩由国子监祭酒提拔为礼部右侍郎,礼部右侍郎是从二品,拥有实权,比国子监祭酒的从四品要高两级,严嵩相当于从一个闲职单位的副厅级干部摇身一变为实权单位的副部级干部,从而进入了中央直管的高级干部行列。

这一年，嘉靖皇帝朱厚熜给严嵩派了个任务，到湖广安陆（今湖北钟祥）去监造显陵扩建工程。这个工程是在嘉靖皇帝已故生父兴献王园寝的基础上展开的。因为正德皇帝死后无子，从族系上讲，朱厚熜为他的堂弟，血缘关系最近，因此得以入继帝位。嘉靖上台后，做的第一件事情是不顾百官反对，追尊生父兴献王为帝，并且下令将兴献王园寝按帝陵规制进行改建。由此在他心目中，显陵扩建工程是个关系到孝道的重大工程，非稳重老成之人去主持不可。严嵩这一年48岁，从年龄上说老成是老成了，稳重则未必。因为以往他的所作所为，给世人留下的是一个愤青形象。现在人到中年，他会不会从愤青沿袭为愤中呢？的确，严嵩此时的仕途正面临一个拐点，或者借此机会一跃而上，或者老毛病发作，继续愤世嫉俗，将事情搞砸了，从而在仕途上遭遇重挫。那么严侍郎接下来又是怎样做的呢？

严嵩到钟祥后，遵照嘉靖皇帝"如天寿山七陵之制"的要求对显陵进行了大规模的扩建，先是建成方城明楼，然后立献皇帝庙号碑，同时还构建红门、碑亭、石像生等。显陵扩建工程前后共征用湖广布政司各府州县民夫两万余人，总花费达白银六十万两。作为一个礼部侍郎而不是工部或者说户部侍郎，严嵩能做到这个程度可谓尽心尽责，功德圆满了。但谁都想不到，严嵩功成还朝后竟然节外生枝，上了一道与显陵扩建工程完全无关的河南灾区灾情严重之奏疏，称"所在旱荒，尽食麻叶、树皮，饥殍载路。市易饼饵则为人所攫取，子女鬻卖得钱不及一饱，孩稚至弃野中而去。闻洛阳、

第二章

人 物

陕州、灵宝诸处尤甚，人相残食，旬日之内报冻死二千余人"。

这一年是嘉靖七年，是嘉靖皇帝执政的第七个年头。这一年帝国都发生了什么大事呢？兵部尚书胡世宁令游击彭浚平定吐鲁番武装力量进犯肃州的图谋；总督两广军务的王阳明在广西断藤峡平定瑶民起事；重订《大明会典》；颁示《明伦大典》；通惠河得以修浚。帝国不说欣逢盛世，也谈得上有所作为了。特别是这一年，嘉靖皇帝经过大礼议事件后终于为自己的生父生母加上皇考、圣母尊号，称皇考（生父）为"恭睿渊仁宽穆纯圣献皇帝"，圣母（生母）为"章圣慈仁皇太后"，并且诏告天下。正所谓吉祥如意之年，不能给皇考、圣母抹黑的。而严嵩督建的显陵扩建工程其实正是吉祥如意之重要组成部分。由他而不是别人在工程完工后上河南灾情严重以致于发生"人相残食"惨状之奏疏，事实上除了用脑子进水来解释外没有别的理由可以说通。

但是很幸运，嘉靖七年的严嵩最终却有惊无险，不仅没有受到皇帝的严处，反而得到嘉奖。这又是为何呢？原来严嵩上的不是一道疏，而是两道。他在报忧之后紧接着又上了一道报喜之疏。严嵩在奏疏中说，他这次督建显陵，途中所见除了灾情外更多的是祥瑞，特别是立碑所用之石非同凡响——"白石产枣阳，有群鹳集绕之祥"，"碑物入江汉，有河水骤长之异"。立碑时，"燠云酿雨"，"灵风飒然"。严嵩因此欣欣然建议皇帝要撰文立石以记此祥瑞之事。严嵩的这两道奏疏一忧一喜，先忧后喜，再没有了以往作为书生时代的严嵩所具有的有话直说、直抒胸臆的品质，而是暗含机心——先呈河南灾情严重疏报忧以体现他的忧国之心，后呈祥瑞疏以体现他的忠君之情。一忧一喜实际上表达的是异曲同工之妙，那就是两个字——柔媚。

柔媚是仕途中人的基本功，却非书生本性。嘉靖七年的严嵩完成了自己的第一次变脸，从愤青转变为媚中。很显然，嘉靖皇帝是很乐见严嵩的这样一种改变的。对于严嵩的报忧疏，皇帝不但没有责怪，而且脚踏实地地解决问题。他发布指示称："这地方既灾伤重大，将该年勘过有收分数起运钱粮暂且停止，待次年收成之后带征，其余灾轻地方照例征解。"至于报喜疏，嘉靖皇帝更是表扬道："今嵩言出自忠赤，诚不可泯。依拟撰文为纪，立石垂后。"总之，严嵩是报忧报喜两相宜，深谙为官之道了。

嘉靖七年"两疏"事件之后，严嵩的仕途呈向上的趋势。从礼部右侍郎升为左侍郎，随后转任吏部左侍郎，再然后在嘉靖十五年（1536），严嵩杀一个回马枪，顶替入阁办事的夏言接任礼部尚书一职，终于名正言顺地成为正部级干部了。但是两年之后的嘉靖十七年（1538），严嵩突然面临一个重大考验。这一年，嘉靖皇帝想让他的生父称宗入太庙，命令礼部开会谈论此事。严嵩作为礼部尚书，必须直面这个敏感的问题。虽然在嘉靖七年（1528），嘉靖皇帝的生父已上皇考尊号，但本生皇父称宗入太庙之举，却实在是前无古人后无来者的。严嵩如照办，自己"颇著清誉"的形象将立刻崩溃；如不照办，礼部尚书还能不能当下去就很难说了。

这还真不是危言耸听。因为发生在嘉靖三年（1524）的群臣伏阙哭争"大礼"事件严嵩还是记忆犹新的。那一年，

第二章

人　物

尚书秦金等为了阻止嘉靖皇帝给其生父上皇考尊号，率朝臣二百一十五人赶赴左顺门，跪伏恸哭，高呼高皇帝、孝宗皇帝。此事发生后，嘉靖震怒，有一百三十四人因此入狱，八十六人待罪。大学士丰熙等八人编成充军，四品以上者夺俸，五品以下廷杖，王思、裴绍宗等十七人先后被活活杖责而死。群臣伏阙哭争"大礼"事件其实阻挡不了嘉靖皇帝给他生父上皇考尊号这样一个结果。嘉靖七年（1528）严嵩到湖广安陆去监造显陵扩建工程，就是这个结果的达成。现今嘉靖想让他的生父称宗入太庙，严嵩不能不考虑逆势而为的可怕后果。由此，他做出的选择是，一颗红心，两手准备，援宋儒之说，称宗入太庙以功德宜配文皇，以亲则宜配献皇。意思是皇上真想让自己的生父称宗入太庙，从宋儒之说仁者爱人的角度出发，也似乎是可以的——整个态度是不支持、不反对、不负责。但没想到皇帝竟然勃然大怒，写了一篇《明堂或问》的文章来责难严嵩，嘉靖皇帝的意思是严嵩必须摈弃模棱两可的态度，必须旗帜鲜明地支持其生父称宗入太庙之举。史料记载严嵩挨训后"惶惧，尽改前说，条画礼仪甚备"。——其柔媚神态，再一次浮现出来。严嵩先是引经据典称，殷有四君一世而同庙，晋则十一室而六世，唐则十一室而九世。宋太祖、太宗同居昭位，前事可据，而今"皇考亲孝宗弟，臣谓宜奉皇考于孝宗之庙"。不仅如此，严嵩还为此事撰写《庆云赋》《大礼告成颂》，以取悦嘉靖皇帝。

至此，严嵩那张曾经清纯的书生面孔消失殆尽，代之以一张柔媚的权臣面孔。经过三十余年的仕途历练，严嵩终于变成一块毫无棱角的鹅卵石，似乎不再锋利。不过，真的如此吗？其实不尽然。在另外一些层面上，严嵩锋利依旧，甚至可以伤人，只是严嵩的锋利不是针对皇帝而是针对同僚的。比如那个曾经引荐他做了礼部尚书的阁臣夏言。

三

嘉靖七年（1528），当礼部右侍郎严嵩到湖广安陆（今湖北钟祥）去监造显陵扩建工程时，比他小两岁的夏言因为上了一道建议天、地分祀的疏文而被皇帝调入翰林院，成为一名侍读学士。起码在这个时候，夏言在仕途上的成就是不如严嵩的。夏言是正德十二年（1517）三甲进士，严嵩则在弘治十八年（1505）中进士，列二甲第二名，比夏言中进士的时间早了足足十二年。他们俩其实是江西老乡——夏言是江西贵溪人，严嵩是江西分宜人，但彼此之间并没有多少交集。虽然在嘉靖二年（1523）时，夏言曾任吏科都给事中，建议罢市舶，厉行海禁，看上去也是很有政治抱负的，但给事中只是从七品，人微言轻，也实在折腾不出什么名堂来。夏言在当时作为一个低级干部，与中高级干部严嵩之间，看不出有什么故事值得发生。

但是嘉靖七年（1528）却是意味深长。这一年严嵩在进步，夏言也因为他的那份奏疏在仕途上有所成就。侍读学士没做多久，夏言就掌翰林院事了，随后兼礼部左侍郎，再到最后升为礼部尚书。嘉靖十年（1531）三月，夏言被提拔为少詹事兼翰林学士。嘉靖十五年（1536）加少保、少傅、太子少师。而严嵩是在嘉靖十五年（1536），夏言要入阁参与机

第二章

人　物

务时，才接任礼部尚书一职；并且直到嘉靖十八年（1539）正月，严嵩才加太子太保，十九年（1540）七月，加少保，比夏言足足晚了四五年时间。在嘉靖七年（1528）到嘉靖十五年（1536）的时间路径上，严嵩和夏言就如龟兔赛跑般，逐渐拉大了距离。这其中，原因何在呢？

正所谓"高富帅"在任何时代都吃香。夏言身材高挑，眉目俊朗，又留了一副很有艺术范儿的胡子，恰似玉树临风般，在人群中很有鹤立鸡群的感觉。"高富帅"三个字夏言占了头尾两条。同时夏言有才，应该说是"高才帅"。青词写得相当好，皇帝每次看了，都要赞不绝口的，"欲大用之"。果然这一用就收不住了，最后夏言在嘉靖十五年（1536）入阁，三年后升为首辅，将严嵩远远地甩在后头。

不过严嵩阴狠的面孔并没有在最初的时候显露出来。他接任礼部尚书一职后，夏言对他一直颐指气使，屡以恩主身份待他，严嵩这才决定对夏实施报复。但是严嵩的报复行动深藏不露，他甚至以柔媚的身段对待夏言的傲慢，以达到麻痹对手的目的。严嵩所在的礼部有时需向内阁呈送文稿，而其亲拟的文稿经常被夏言改得一塌糊涂，甚至夏还将文稿掷还严嵩，令其重拟。严嵩每次都笑眯眯地接受了。此其一；其二，严嵩为了与夏言搞好关系，常常在家里设宴请他吃饭。夏言要么答应了不来，要么来了之后一声不吭，故意冷场。面对如此羞辱，严嵩还是笑眯眯地接受了。

但正所谓口蜜腹剑，严嵩一旦抓住不利于夏言的机会，那是要毫不犹豫地下手的。由于夏言为人傲慢，擅自坐轿出入西苑斋宫，以及拒绝佩戴皇帝特赐给阁臣的道家香叶冠，还上疏称此"非人臣法服，不敢当"；最重要的是夏言对写青词一事不再上心，经常拿旧作敷衍了事，嘉靖皇帝对他渐渐疏远。严嵩则抓住机会，趁机有所作为。他每次写青词，都搜肠刮肚，语不惊人死不休。同时每去西苑时，必定恭恭敬敬地戴上其升级版的道家香叶冠——在叶冠上笼一层轻纱，看上去很有一种朦胧美。

嘉靖二十年（1541），帝国的天空出现日全食。皇帝要下诏罪己，严嵩乘机在其身边密语说该罪之人不是皇上而是首辅夏言。正因为此人胡作非为，所以天象才示警。由此，嘉靖下诏革去夏言官职，令其回籍闲住。与此同时，严嵩的仕途出现异动：嘉靖二十一年（1542）八月，他兼武英殿大学士，入阁办事仍掌礼部事。嘉靖二十二年（1543）二月，严嵩获赐银记（即银印）一颗，印文为"忠勤敏达"，以便他朝夕入见，密札言事。嘉靖二十三年（1544）八月，严嵩加太子太傅。该年九月，改兼吏部尚书谨身殿大学士，升任首辅。该年十二月，严嵩加少傅。

一边是夏言的去职，一边是严嵩的高升。严嵩的口蜜腹剑之功可谓收效显著。但世上事常常波澜起伏。嘉靖二十四年（1545）底，夏言复出，跃居首辅。严嵩则为次辅。正所谓圣心难测，严嵩的仕途突然遭遇危机。这不仅仅是复出后的夏言一如既往地对他颐指气使，要命的是严嵩的儿子严世蕃有把柄落在夏言手中。严嵩任首辅时，让严世蕃出任管理财赋的"尚窦司少卿"，结果这个宝贝儿子贪污受贿什么都来，夏言抓住这个把柄后准备告御状，附带想让严嵩也下台。严嵩是怎么做的？严嵩开始危机公关。他放低身段，亲领儿

第二章 人物

子去夏言府上请求对方放自己一马。夏言也老到，托病不见。事实上此二人的博弈到这个时候夏言是占了上风的。如果他能将心肠硬到底，直将此事捅到皇帝面前，严嵩将圣眷不再。但很可惜，严嵩是人心大师，他抓住夏言不够决绝的性格弱点，先是贿赂夏言门人，进得府后直接跑到夏言跟前扑通跪倒，作可怜状，作悔恨状，作感恩状，作效犬马之劳状，直将夏言的心肠软下来，答应不将此事上报皇帝为止。由此，严嵩的危机公关得以功成。

如果我们将严嵩的此次危机公关放在日后他诬陷夏言且将其置于死地的背景下去考察，严的阴狠面孔由此得以完整呈现。嘉靖二十五年（1546），陕西三边总督曾铣议复河套，夏言极力支持。曾铣此前曾数次领兵打败侵入河套的蒙古部落，他之所以要收复整个河套地区旨在建功立业。而夏言二次入阁，也有为自己增光添彩的念想。这样一件看上去毫无私心的政治议题，在严嵩眼里却成了扳倒夏言的绝佳机会。

严嵩先是处心积虑地笼络人心，对皇帝身边的宦官毕恭毕敬，以为他日为自己进言所用。嘉靖皇帝身边的一个老宦官曾经如此评价几位内阁首辅对他们的应酬态度："我辈在大内日久，见时事凡有几变：昔日张璁先生进朝，我们要向他打恭；后来夏言先生入宫，我们只平眼看他。今日严嵩先生来，都要先向我们拱手拜礼才入宫。"严嵩经常给皇帝身边的小宦官一些好处，和颜悦色，作知心状，由此宦官们经常在皇帝面前为严嵩美言。在议复河套问题上嘉靖皇帝之所以出尔反尔，倾向于严嵩最后所论，实在是与身边宦官经常性的美言分不开的。这是其一。

其二是严嵩善于抓住和制造机会，令皇帝疑心渐起。夏言奏报议复河套时，嘉靖皇帝当初也是同意的。但过后不久，蒙古部落出兵侵犯延安府宁夏镇，严嵩立刻抓住这个机会，让言官上疏弹劾曾铣轻启边衅，造成严重后果。与此同时，严嵩又收买皇帝身边的小宦官，别有用心地将各地灾异报告与议复河套奏章趁嘉靖醮斋祈祷时一起呈上，又唆使皇帝深为信赖的陶真人等道士进言河套不可复之言论，使皇帝疑心渐起。

其三，在政治上搞垮曾铣和夏言。严嵩唆使因犯军法曾被曾铣弹劾的边将仇鸾上疏诬告曾铣掩盖败绩、克扣军粮以及贿赂夏言等"罪行"，又唆使锦衣卫都督陆炳站出来揭发曾铣向辅臣行贿和"结交近侍"的罪名，曾铣被杀。曾铣之死为夏言的去势埋下最后伏笔。

"今逐套贼，师（出）果有名否？兵食果有余否？成功可必否？一（曾）铣何足言，如生民涂炭何！"朝堂之上，皇帝向百官发出的这一连串疑问确凿无疑地将矛头指向夏言。夏言立刻做出辩解，并试图拉严嵩来为自己站台："严嵩在阁中一直与我意见一致，现在他却把一切过错推于臣身。"那么严嵩又是怎么回答嘉靖皇帝质疑的呢？他以退为进道："复河套之议，实是以好大喜功之心，行穷兵黩武之举，上干天怒，为臣不敢反对夏言，一直没有依实上奏，请皇上您先处理我的失职。"如果放在官场政治学的背景下看两人的回答，真可谓高下立判了；再加上严嵩笼络人心功夫在先，皇帝的倾向性已是不言自明。此后，夏言被锦衣卫从老家抓回京师，弃斩西市，时年六十七岁。

之后，严嵩重新站稳首辅之位。他的脸上重现和蔼可亲之神态。但表层皮相之下，严嵩那张阴狠的面孔其实若隐若现。总的来说严嵩是善变的，就像危机四伏的仕途，没有以不变应万变的恒定之策。善变者生存，不过善变者也可能遭遇死亡。因为世上的逻辑是生死相继。严嵩站上权力顶峰那一刻，也就意味着他要走下坡路了。

四

严嵩的最后一张面孔是沮丧。

沮丧是因为遭遇了一个人：徐阶。

在严嵩的仕途履历表上，从嘉靖二十三年（1544）九月升任首辅直至嘉靖四十年（1561），其官场曲线一直是向上的。嘉靖二十四年（1545）七月，严嵩加太子太师。该年十二月，加少师。嘉靖二十五年（1546）八月，加特进光禄大夫。嘉靖二十六年（1547）十月，兼华盖殿大学士。嘉靖二十七年（1548）八月，严嵩加升正一品俸。嘉靖三十六年（1557）八月，改兼支尚书俸。嘉靖三十八年（1559）正月，改支伯爵俸。嘉靖三十九年（1560）八月，加岁禄二百石。我们从中可以观察到，嘉靖二十七年（1548）之前，严嵩升的是官职；嘉靖二十七年（1548）之后，严嵩官职已经升无可升，只能在职称工资上更上层楼。从一品俸到一品俸兼支尚书俸，再到伯爵俸，最后在伯爵俸的基础上加岁禄二百石，严嵩事实上领的不仅仅是工资，而且是皇帝对他的恩宠。

其实在嘉靖四十一年（1562）严嵩出事之前，有关他的各种弹劾就层出不穷。嘉靖三十二年（1553）正月，兵部武选司郎中杨继盛上疏弹劾严嵩十罪五奸；三月十一日，巡按云贵御史赵锦上疏弹劾严嵩恃权纵欲；嘉靖三十七年（1558），刑科给事中吴时来上疏弹劾严嵩贪财纳贿。这些弹劾无一例外地以失败告终。弹劾者的命运或革职为民，或流放充军，更有甚者付出了生命的代价。比如弹劾者杨继盛先是下诏狱，杖一百，随后在嘉靖三十四年（1555）十月二十九日，被斩弃市，时年仅四十岁。这些人的遭遇说明皇帝对严嵩的恩宠确保了他的仕途可以一直安然无恙。如果我们在这些背景下看徐阶暗战严嵩的话，那的确是一出跌宕起伏的好戏。而严嵩败在徐阶的算计之下，最后一张面孔以沮丧示人，又仿佛让人想到了那四个字——因果轮回。

徐阶比严嵩小二十三岁，他们两个的的确确是两代人了。在仕途起点上，徐阶自然要落后得多。严嵩是正德二年（1507）授翰林院编修的，徐阶则在嘉靖二年（1523）以探花及第，授翰林院编修。也就是说徐阶踏上仕途要比严嵩晚了整整十六年。嘉靖三十一年（1552）三月初九日，徐阶以礼部尚书兼东阁大学士，参与机务。但在此之前，严嵩已经做了八年内阁首辅，是个老资格的相国了。徐阶如若在这样的比对情况下挑战严嵩，当然很傻很天真。

不过真实的历史情境是徐阶没有出手，而是严嵩出手了。或者说严嵩一直未雨绸缪，在警惕徐阶可能的崛起。徐阶这个人总的来说也是有才的，早年即"工诗文，善书法"。他以探花及第，说明文章写得相当不错。他进入仕途仿佛是严嵩当年的克隆版——以撰青词博得皇帝赏识，在礼部任职之时

第二章 人 物

就和其他阁臣一起被召至西庐为皇帝写青词，还获赐飞鱼服等，隐隐然已经显出要发达的气象来。严嵩之所以警惕徐阶其实不仅仅于此，还有一个他很忌讳的原因是徐阶当年进入仕途是夏言荐用的结果，换句话说他是夏言的人。因此严嵩要尽一切可能阻止徐阶上位。比如嘉靖三十年（1551）二月，严嵩就向皇帝打小报告说：徐阶"所乏非才，但多二心"。

但徐阶这个人也的确老辣。他不像夏言那样傲慢、高调，而是夹起尾巴做人，韬光养晦，以图发展。为此他两手抓，两手都硬。一手抓严嵩——"谨事严嵩"，一手抓皇帝——更加"精治青词"，在夹缝中求生存，求成长。

正所谓世上事此消彼长。一方面徐阶在成长，另一方面严嵩在衰老。嘉靖四十年（1561），严嵩81岁，作为内阁首辅，很多政事他已经转给儿子严世蕃代为处理。最要命的问题是"严嵩受诏多不能答，所进青词又多出自他人之手"，皇帝开始有些冷淡他了。但即便如此，要是没有更大失误的发生，严阁老或许可以在仕途上以全始终的。只可惜这年十一月，严嵩还是出现了失误，或者说他犯下了一个重大的政治错误——由于嘉靖皇帝当时所住的西苑永寿宫失火，严嵩建议他搬到南城离宫去住。南宫曾是英宗皇帝被也先俘虏归还后被幽禁的地方，皇帝认为严嵩此举为"且欲幽我"——相反，徐阶在此事上要善解人意得多，他建议皇帝重修永寿宫，并且用当时修建奉天殿、华盖殿、谨身殿三大殿的余料重修，以节省国库开支。皇帝一听，当然是龙颜大悦，并让徐阶之子来督造工程。第二年三月，永寿宫修复，嘉靖皇帝加官徐阶为少师，徐差不多与严嵩有同等的政治待遇了。

但严嵩最后的落败还不在这件事上，而是在嘉靖四十一年（1562）五月十九日，御史邹应龙受徐阶暗使，上《贪横阴臣欺君蠹国疏》，弹劾严嵩父子弄权黩货，多行不法事。邹应龙弹劾说："严嵩父子广置良田美宅于南京、扬州等处，无虑数十所，抑勒侵夺，怙势肆害，所在民怨入骨……严嵩受国厚恩不思报，而溺爱恶子，弄权黩货，宜亟令休退，以清政本。"这样的一个弹劾要是放在嘉靖四十年（1561）之前，邹应龙恐怕凶多吉少。但是嘉靖四十一年（1562）的严嵩昏招迭出，已呈失宠之势，所以邹应龙弹劾正逢其时。皇帝马上下旨：严嵩放纵严世蕃，负国恩，令致仕还乡，严世蕃则下于狱。

其实严嵩在最后出事之前，也曾重施柔媚身段，向徐阶乞怜的。他在家中摆酒设宴，并让子孙家人跪拜徐阶，自己举杯说："嵩旦夕且死，此曹惟公哺之。"其沮丧神情，难以言表。但事已至此，严嵩颓势难挽。嘉靖四十四年（1565），严嵩被贬官籍，儿子严世蕃处斩，家产亦被抄没。嘉靖四十五年（1566）严嵩病死，终年87岁。严嵩虽得高寿，却没能善终的。死前的他寄食墓舍，死后"不能具棺椁，亦无吊者"（《国朝献征录》卷十六《大学士严公嵩传》）。严嵩的仕途人生，以清纯始，以沮丧终，一路行来，恰似走了一个轮回，繁华落尽，峥嵘毕显，最后的结局不可谓不苍凉矣。

第二章 人物

权斗者：高拱

紫禁城内外，权斗的故事层出不穷。

隆庆六年（1572）七月初六日的吏部京察，是隆庆年间紫禁城搞的第六次组织考察。按年头算，刚好是一年一次。组织部部长——吏部尚书杨博在总结前五次考察情况时如是言："隆庆元年吏部奉命考察京官，二年朝觐考察外官，三年遵例考察京官，四年奉命考察言官，五年又朝觐考察外官。"这其中真正考察京官的年头是在隆庆元年（1567）和三年（1569），加上隆庆六年（1572），为三次。其他三次为考察外官和言官，但实在说，吏部京察的频率还是很密的。这一年，吏部员外郎穆文照，都给事中宋之韩、程文等三十二名官员被免去公职；吏部主事许孚远、御史李纯等五十三名官员降调外任；光禄寺寺丞张齐等二人以及司丞陈懿德闲住，这是带薪免职的意思；尚宝司卿成钟声调外任，不得再留京城。

如果孤立地看待这次组织考察事件，似乎看不出什么名堂来。但联系二十天前，内阁首辅高拱被罢官闲住一事，那又"别有深意"了——此次组织考察中落马的官员，多为高拱在职时提拔。

就拿都给事中宋之韩来说事吧。他是在高拱手上从西安府府丞（佐吏）先升为中央谏官，再任户部吏科给事中，最后成为都给事中（六科的长官，掌管侍从、规谏、稽察、补阙、拾遗等事）的。仕途进步不可谓不神速。但宋之韩在此次组织考察中被突然拿下，不仅仅因为他是火箭式干部，还因为他上了一道奏疏——《劾冯保四逆六罪疏》。时值两个月前，穆宗驾崩，神宗即位。宦官冯保上位为掌司礼监兼提督东厂（明朝特务机构），并亲自宣布遗诏，内有穆宗嘱托"三阁臣并司礼监辅导"神宗皇帝云云。宋之韩由此指责冯保专擅朝政，有假传圣旨之嫌。因为有明一代，向无司礼监干政甚至辅导皇帝之先例，宋之韩因此请求神宗"敕下三法司，亟将冯保拿问，明正典刑"。而宋之韩和高拱之间的暧昧关系，有理由让政争的胜利方冯保和张居正怀疑其是受内阁首辅高拱所指——在高拱去后，宋之韩被坚决拿下。

其实，其他在这次组织考察后的去位者，理由大多类似。所谓一朝天子一朝臣，一朝首辅其实也是一朝臣。年过六旬的仕途失意者高拱在河南新郑老家居家闲住，遥观京城人事变迁，心情大约是很惆怅的……

一

在高拱的仕途履历表上，"出身"一栏向来填得很骄傲。祖父高魁，成化年间举人，官至工部虞衡司郎中。这郎中属员外级，分掌各司事务，其职位仅次于尚书、侍郎、丞相等

第二章 人物

高级官员。而工部虞衡司掌管帝国山泽的采捕、陶冶器物等事。虽非要职，但也不是虚职。要细究起来，高拱祖父差不多是个副部级官员了。而高拱父亲高尚贤，正德十二年（1517）进士，历任山东按察司提学佥事、陕西按察司佥事等，最后也官至光禄寺少卿。光禄寺专管祭祀、朝会、宴飨酒醴膳馐之事，光禄寺少卿是从四品，算起来也是个司局级以上干部。所以就出身来说，高拱可以说生在官宦人家。倘若要考公务员的话，背景还是有的。高拱其实为人也聪明，"五岁善对偶，八岁诵千言"。一看就是读书的料。高17岁乡试夺魁，前景一片看好。但不知为何，此后过了十三年，他才考中进士，授任翰林编修。又过九年，升翰林侍读。岁月蹉跎下来，一转眼竟是奔四的人了。翰林侍读是陪太子或皇子读书的角色。嘉靖三十一年（1552），高拱刚好40岁的时候，裕王（后来的穆宗）开邸受经，高拱被选进府入讲，当了一名讲师。但是当时的裕王并没有被选定为太子。原因是嘉靖皇帝生有八子。长子朱载基，生二月即死。虽然追封哀冲太子，但很显然，真正的太子不可能由他来当。嘉靖皇帝瞩意的太子是二子朱载壡，嘉靖十八年（1539）他被立为太子。只是天不假年，这个法定太子在十七岁也就是嘉靖二十九年（1550）时夭折。虽然三子也就是被封裕王的朱载垕胜出希望很大，但嘉靖却瞩目四子朱载圳，他当时被封景王，与裕王朱载垕同岁，仅晚一个月出世而已，是其异母兄弟。此二人当时都居京城，这说明嘉靖皇帝心里还是看好四子的。因为若封三子为太子，那么四子就应该出藩，也就是到封地居住，以免对太子的人身和权力安全构成威胁。此番原皇太子朱载壡已殁二年而新储未建,很显然嘉靖皇帝在三子和四子之间颇费踌躇。或者更直截了当一点,他是在为四子上位寻找一个恰当的理由。

如果我们在这样的背景之下看高拱仕途的话,似乎存在两种可能性。一是裕王被立为太子,他贵为太子老师,可堪大任;二是景王被立为太子,裕王被废,高拱作为裕王这一脉的人,永世不得翻身。所以高拱在裕王府侍讲期间,包括严嵩和徐阶等政坛大佬对其始终持谨慎观察态度,未敢轻易擢升。嘉靖三十九年(1560),已经做了九年侍讲师的高拱才悄然发现,自己的职位起了变动,成为太常寺卿掌国子监祭酒事了。国子监祭酒是掌管宗庙祭祀之事的长官,正三品。也就是说从这一刻开始,高拱步入了高级干部的序列。但在高级干部序列中,正三品的品级不是很高,掌管宗庙祭祀之事也非要害职位。所以说到底,这还是严嵩和徐阶等对高拱谨慎观察态度的继续。毕竟侍讲九年了,那个关于太子由谁来做的谜底也快揭晓了。此时给高拱一个合适的安排,就是向未来的太子人选裕王一个致敬。政坛大佬会做人就体现在这里。人家是杀鸡给猴看,严嵩和徐阶等是借花献佛,拿国家公器来献私媚。一步不落,也一步不敢超前。可谓恰到好处。当然聪明如高拱者,对这其中的机心是看得很明白的。他期待着局势进一步明朗。

第二年,也就是嘉靖四十年(1561),局势果然明朗起来。嘉靖皇帝令景王离开京城前往封地居住。这样裕王立为太子的可能性大大增强。高拱也明白自己的价值将与日俱增,因此在百官面前甚至在严嵩和徐阶等面前也不再谨小慎微,

第二章 人物

刻意委屈自己了。当时严嵩是内阁首辅,徐阶是次辅,两人钩心斗角,形成两大门派。一般底下的官员,都为如何站队而苦恼。因为非此即彼,讨好了其中一个,也就得罪了另一个。高拱的态度是谁都不讨好,也谁都不得罪,以平视甚至漠视的态度对待他们。比如他敢和权倾天下的严嵩开玩笑,称其和下属在一起的情态是"大鸡昂然来,小鸡悚而待"。这个很有些调侃的意思,调侃严嵩为人傲慢、目空一切。一般人等若这样说,严嵩早就勃然大怒了,但高拱如是言,他也只得自嘲了事。这让高拱进一步明白自己在仕途上的分量了。

景王出藩后,高拱快速提升。嘉靖四十一年(1562),高拱升礼部左侍郎(相当于中央文明委副主任),后兼学士。次年(1563)转吏部左侍郎兼学士(相当于组织部副部长),掌詹事府事,参与重录《永乐大典》的工作。嘉靖四十四年(1565),主持乙丑会试,升礼部尚书兼翰林院学士(相当于中央文明委主任)。从礼部左侍郎到礼部尚书,高拱升任正部级干部只用了短短三年时间。其实,在高拱的快速提升过程中也差点出了事的。他有一次在进题中"以字嫌忤上意"——出考题时一不留神出现了敏感词,导致龙颜大怒,嘉靖皇帝准备将他降级外调,以示处罚。这个时候徐阶站出来保他,事情才得以转圜。高拱最终有惊无险。当然徐阶之所以出面保高拱,还是因为高已然是太子之师。毕竟嘉靖四十四年(1565),景王在藩地突然去世,这样裕王为太子的地位完全确立。高拱在仕途上的更上层楼,已是呼之欲出了。

高拱升礼部尚书后,被特召进入直庐,服侍在里面修道的嘉靖皇帝。高拱自己也努力,"以青词见宠,得赐飞鱼服"——这个待遇已经直追严嵩、徐阶等阁臣了。嘉靖四十五年（1566），因为徐阶推荐，高拱拜文渊阁大学士，正式入阁参政。这一年他54岁，以一个不大不小的年纪跻身帝国权力核心层。

高拱明白，在紫禁城，他的巅峰时刻到来了。

二

在高拱和徐阶的个人恩怨史上，事实上更多的不是恩，而是怨。徐阶对高拱多有提拔，后期当然也有所得罪。不过和高拱的睚眦必报相比，两个仕途中人的品性高下立判。高拱是靠了一个"狠"字上位的。虽然狠的源头在于恩。徐阶对他有恩，后期的张居正在其复出时也对他有恩，但高拱以怨报德，从而完成了他的仕途和人生曲线，成为个性鲜明的"这一个"。

徐阶是在嘉靖四十一年（1562）五月斗倒严嵩成为内阁首辅的。此前他一直低调处事，甚至把自己的孙女嫁给严嵩的孙子做小老婆，所谓"徐阶曲意事严嵩"，最终反戈一击昂然上位，造就了一段仕途传奇。对这样一个阅历丰富的总理级高官，又加上上文所述的对高拱多有照顾，照理说聪明如高拱者没有必要与他为敌。因为内阁成员相当于现在的国务委员，高拱爬到了这个位置，成为徐阶的直属下级，已经殊为不易。即便再有野心，假以时日和平过渡为首辅也不是不可能实现的。因为高比徐小九岁，又圣眷正隆，仕途上再往前走应该问题不大。但正所谓性格决定命运。高拱的性格验

第二章 人物

证了那句话,不是寻常人,不走寻常路。《明史·高拱传》记载高拱"性迫急,不能容物,又不能藏蓄需忍,有所忤触之立碎。每张目怒视,恶声继之,即左右皆为之辟易",这个就很不尊老爱幼了,不是谦谦君子的形象。性格如此,再加上上面有裕王罩着,高拱那是看谁都不顺眼。而他和徐阶的第一次冲突,发生在直庐期间。当时皇帝久居西苑修道,西苑已然成为第二办公场所。内阁大臣纷纷以召入直庐为荣,以未被召为耻。上文说了,高拱写青词有才,他和首辅徐阶以及有"青词宰相"之称的袁炜属于常召人员,可以不去阁中办公,专在西苑陪皇帝青烟缭绕就可以了。其他人员见了,便趋之若鹜,无心阁事,围着西苑直打转。内阁时常空无一人。嘉靖皇帝觉得还是要以国事为重,下旨:"阁中政本可轮一人往。"这就要排一个值班名单出来。谁不用值班,谁需要两头跑,需要有个安排或者说法。徐阶老谋深算,不置一词。高拱便负气对徐阶说:"公元老,常直可矣。不才与李(春芳)、郭(朴)两公愿日轮一人,诣阁中习故事。"意思是你徐阁老是元老,你天天呆西苑算了,值班就由我们几个阁臣来吧。高拱的火爆脾气在这句话里展露无遗——要换成心机深厚者,意思还是这个意思,话却可以说得委婉动听,不得罪人。但高拱却自恃有背景,实话直说,终于使得徐阶"拂然不乐"。要知道当时内阁资历颇深的次辅李春芳见了徐阶"侧行伛偻若属吏",那是相当的尊重。与此相对比,高拱的傲慢更显突出。这是他和徐阶的第一次冲突。虽然没有大规模展开,但两人的不和已经初露端倪。

高、徐两人的第二次冲突则以吏科给事中胡应嘉上奏弹劾高拱一事为标志。胡应嘉主要弹劾高拱两大罪：一是"（高）拱辅政初，即以直庐为隘，移家西安门外，夤夜潜归"，二是"皇上违和，正臣子吁天请代之时，而拱乃为归计，此何心也"。这两大罪说起来都是查有实据的。头一件指高拱虽然年过半百，却膝下无子，为了尽快传宗接代，便革命生产两不误——偷偷将家移至西华门附近，又偷偷在直庐期间跑回家从事造人活动。这个严格算起来既是脱岗，也是欺君。罪状不可谓不重；第二件事更严重。高拱在直庐时听说"皇上违和"，也就是皇帝生病了，他以为不治，竟然立刻收拾东西"夤夜潜归"——连夜逃走，大约是和裕王商量接班大计去了。应该说胡应嘉奏劾高拱此二事，出手阴狠，是置人于死地的做法。但高拱怀疑胡应嘉一个小小的组织部干事，将炮口对准他这个国家大员，背后一定有人指使，而这指使人高拱猜测便是徐阶无疑。因为此事成了胡应嘉未能得多大益，败了将承担严重后果，但徐阶却不同。原因有三：一、胡应嘉是徐阶的同乡，两人有乡谊；二、徐阶在直庐问题上受到高拱的冷嘲热讽，应该说有报复动机；三、胡应嘉的奏疏是由徐阶代递给嘉靖皇帝的，他们都有利益驱动，已然结成利益共同体。所以高拱断定，这是徐阶组织和策划的一次清除行动，以将他高拱驱逐出内阁为目的。

但出人意料的是，胡应嘉上奏弹劾高拱一事最后不了了之。因为嘉靖皇帝确实病得很厉害，已经不省人事了。嘉靖四十五年（1566）十二月，嘉靖去世，裕王上位为隆庆皇帝。他没有追究此事，高拱安然无恙。他和徐阶的第二次冲突也没有大规模爆发出来，但这并不意味着两人矛盾的化解，相

第二章 人物

反，由于太子上位为天子，高拱势力走强，他和徐阶的爆发终于有了旗鼓相当的现实或者说实力基础。第三次冲突由此呼之欲出。

高、徐两人的第三次冲突发生在徐阶和张居正为嘉靖皇帝密草遗诏，却将阁臣高拱、郭朴排除在外这一事件上。这一点徐阶做得不够光明磊落。因为张居正是他的门生，徐阶不避嫌不说，还将中间派郭朴推到高拱那一边，党争之相已显。高拱自然是不肯受这鸟气，便在内阁会议上公开向徐阶发难。只是因为没有更适合的借口将徐阶扳倒，高拱便苦苦等待机会。

随后不久，这样的机会终于降临。给事中欧阳一敬上疏弹劾高拱，将其比作奸相蔡京。虽然作为一个比喻，随便怎么说都是可以的。但要是没有证据的话，此说就涉嫌诽谤了。欧阳一敬拿不出证据来。高拱请徐阶严处此事，以保一个国家大员的人身清白。徐阶却置若罔闻。高拱见状，打辞职报告求退，终于惊动穆宗调查此事，并且向徐阶施加压力。徐阶却依旧是一副不合作、不反对的死鱼态度，由此高拱便在内阁会议上向他公开发难，说："公在先帝时导之为斋词以求媚。宫车甫晏驾而一旦即扳之。今又结言路而逐其藩国腹心之臣，何也？"意思是给事中欧阳一敬是他的枪手，他徐某人正是幕后主使。但高拱的发难被徐阶巧妙化解。徐阶辩解说："夫言路口故多，我安能一一而结之，又安能使之攻公？且我能结之，公独不能结之耶？"意思是大家都有关系网，谁也别在这装清白。高拱当然不甘心失败，便使出杀手锏称徐阶的上位是靠写斋词写上去的，不能服众。徐阶则针锋相对，称高拱其实也染指此道:"独不记在礼部时,先帝以密札问我:'拱有疏,愿得效力于斋事,可许否?'此札今尚在!"说得高拱面红耳赤,无言以对。

不过这场较量并没有到此结束,因为高拱的杀手锏还有一个,且是重量级的。高拱称徐阶子弟和家人在乡里横行不法,为了增加胜算,高拱又暗地里指使门生齐康上疏弹劾徐阶。徐阶无奈,只得打辞职报告请求归去。两人博弈至此,一切貌似水到渠成,徐阶去位合情合理合法,但历史的吊诡之处却在于,它常常既在情理之中,又在意料之外。由于徐阶在新帝上位时搞拨乱反正工作深得人心,他的请辞消息一传出,那些受益于他的新老官员便纷纷上疏弹劾高拱罪状,史料记载三月之内论劾高拱的奏疏竟多达三十余份,"高拱不自安,连疏十二,称病乞休"。而穆宗迫于形势,也只得让他以少傅兼太子太傅、尚书、大学士衔的崇高荣誉回乡养病,并派专人护送。一场闹剧至此暂时落幕。

当然,我们之所以称其暂时落幕,是因为这场闹剧还有续集,并且更加惊心动魄,完全充分地演绎了两个人的恩怨史,令世人感慨不已。隆庆二年(1568)七月,徐阶因年龄原因退休了。第二年高拱以大学士兼掌吏部的名义复出。仕途其实就是这样,几多浮沉。不到生命最后一刻,是看不到谜底的。高拱复出之后,继续致力于挑战徐阶之事。这个很反映他的个性,那就是要置政敌于死地——徐阶退休后想安度晚年,可能吗?高拱重拾他的杀手锏,那就是再拿徐阶子弟和家人在乡里横行不法来说事。他上疏说:"原任大学士徐阶(放归后),当阖门自惧、怡静自养可也。夫何自废退以来大治产业,黜货无厌,越数千里开铺店于京师,纵其子搅侵起解钱粮,财货将等于内帑,势焰薰灼于天下",另外他指控徐阶"故违明旨,(令人)潜往京师,强阻奏词,探听消息,各处打点,广延声誉,迹其行事,亦何其无大体也"。高拱出手不可谓不狠辣。尤其是后一点,说起来是很犯皇家忌讳的。但高真正的狠辣之处是拿徐阶三个儿子开刀,他授意原苏州知府后被其提拔为苏松兵备副使的蔡国熙治徐阶三子之罪——蔡国熙知恩图报,着手准备将徐阶三个儿子"皆就系,拟以城旦,革其荫叙,入田四万亩于官"。"城旦"用现在的话说就是参加农场劳动的劳改犯。而"革其荫叙,入田四万亩于官"是没收个人财产,剥夺政治权利终身乃至于子孙后代。徐阶听闻高拱如此出招,没办法,"从困中上书拱,其辞哀"。他向高拱低头认输了。此后直到万历十一年(1583)闰二月二十六日,八十一岁的徐阶在家中去世,他都认栽在高拱手下。高拱在仕途上其实正是这样的人——别让我东山再起了,俺老高一旦重新得势,势必要推倒重来,独占鳌头的。接下来,他的争做首辅之路以及与张居正的总较量正是这种争强好胜性格的表现。但很可惜,张居正不是徐阶,高拱未能将其击败,最后自己反而栽在他和宦官冯保的合谋计划里,黯然引退,郁郁而终,从而完成了一个有野心、敢冒险、睚眦必报的仕途中人的命运曲线图。

三

古今中外,仕途中人最在乎的一点无非是官场排名。隆庆元年时（1567），内阁有六名成员，排名按顺序如下：徐阶、李春芳、郭朴、高拱、陈以勤、张居正。这其中徐阶是首辅，高拱按资历来讲是排名第四的阁臣，张居正则是排在最后一名的阁臣。高拱在较量张居正之前，事实上存在着与其他排名较前的同僚较量的一个过程。这样的较量惊心动魄，很能体现紫禁城权力场的残酷性。我们细看高拱的挑战史，正是应验了那句老话，叫做与人斗，其乐无穷。高拱无疑是乐在其中的。

应该这么说，徐阶去后，高拱以自己是新帝肺腑之臣自居，开始了在内阁中上位为首辅的举动。但在当时，高拱并不占很大的优势。因为他虽然自以为是隆庆皇帝的肺腑之臣，可在徐阶去后，隆庆皇帝（穆宗）还是任命资深阁臣李春芳为首辅。并且除李春芳外，其他阁臣的实力也不容小觑。比如郭朴，早在嘉靖四十年（1561）就任吏部尚书了。四十五年（1566）三月，郭朴兼任武英殿大学士，与高拱同时入阁。另外在阁臣中像张居正，也不是等闲之辈。张居正16岁中举人，23岁中进士，初为编修官后升至侍讲学士领翰林事。隆庆元年（1567），他以裕王旧臣的身份，任吏部左侍郎兼东阁大学士。同年四月，又改任礼部尚书、武英殿大学士。在组织派系中，张居正是亲徐阶派的。上文所述，当嘉靖皇帝去世时，时为内阁首辅的徐阶和张居正一起商量共同写就嘉靖遗诏，并未通知高拱，这是高、张之所以走向不和的由来。高拱要想问鼎首辅，按正常官场资历或者说程序而言，实在是希望不大。但作为一个自负之人，他又想快速达成自己的目标。由此，高拱开始了驱逐行动，借助他和隆庆皇帝的特

第二章

人　物

殊关系，将对他有威胁的阁臣们排挤出去，以求尽快上位。

高拱的排挤行动遵循由易及难的原则，先从新晋阁臣赵贞吉开始。赵贞吉是嘉靖十四年（1535）的进士，隆庆初在宫中担任直讲，和高拱一样都是帝师。隆庆三年（1569），赵贞吉在徐阶去位后进入内阁，也称得上是老资格的阁臣了。赵贞吉在内阁掌管都察院，相当于现在检察院院长职务，而高拱在内阁兼任吏部尚书，相当于现在的组织部部长，两人权力高度集中，赵贞吉对高拱又不以为然，称高拱"久专大权，广树众党"，高拱自然是要除之而后快。他指使自己的门生、吏科都给事中韩楫上疏弹劾赵贞吉，逼迫后者上乞休疏。而隆庆皇帝在权衡利弊后，选择弃赵保高——赵贞吉终于被赶走了。

其实在赵贞吉离职之前，另一个阁臣陈以勤目睹同僚间尔虞我诈，自己却无法作为，便在隆庆四年（1570）向皇帝连上四疏请求告老归乡。这样，在隆庆朝的阁臣中，高拱最有分量的对手只剩下首辅李春芳了。李春芳原为次辅。隆庆二年（1568）徐阶去后，58岁的李春芳继徐阶升任为首辅，"累加少师兼太子太师，进吏部尚书，改中极殿"（《明史》列传第八十一），由此成为高拱的重点攻击对象。实际上齐康当年弹劾徐阶之时，也曾攻击次辅李春芳和首辅徐阶在内阁中狼狈为奸弄乱朝政。只是李春芳性格恭谨，穆宗下旨慰留，李春芳才递进为首辅。《明史·列传第八十一 李春芳传》记载说："始（徐）阶以人言罢，春芳叹曰：'徐公尚尔，我安能久？容旦夕乞身耳。'"这表明在高拱的逼迫下，李春芳的处境也很是艰难。隆庆五年（1571），给事中王祯在高拱的暗示下，上疏指责李春芳"亲已老而求去不力，弟改职而非分希恩"，意思是说李春芳高居相位之后，就罔顾亲人，是为"不忠不孝"。李春芳在高拱的道德压制下，不得不五上乞休奏疏求去。由此，高拱的又一重量级对手从内阁中消失。

李春芳之后是大学士殷士儋。这个人比较猛，不似李春芳等人委曲求全，比较富有斗争精神。他虽然和高拱一样，曾做过裕王的老师，却并不因此讨好高拱，故而长期得不到提拔。隆庆四年（1570），直到李春芳去职后，他才任文渊阁大学士。所以当高拱将目标对准他，指使门生韩楫弹劾他时，殷士儋终不能忍，和高拱在内阁当场爆发了。他怒骂高拱说："若先逐陈公，再逐赵公，又再逐李公，次逐我。若能长此座耶？"说罢还当众挥拳击打高拱。只是殷士儋的鲁莽行为适得其反，隆庆五年（1571）十一月，他被逐出内阁，成为高拱大棒之下的又一牺牲品。

由此，内阁中除了高拱，硕果仅存的人物便是郭朴和张居正了。其实，郭、张二人若联手的话，高拱要达成目的殊非易事。但此前徐阶在草诏事件中未和同列阁臣的高拱、郭朴一起商量，有意无意间将郭朴和高拱绑在了一起。《明史·郭朴列传》记载："及世宗崩，（徐）阶草遗诏，尽反时政之不便者。（高）拱与（郭）朴不得与闻，大恚，两人遂与阶有隙。言路劾拱者多及朴。"当时言官弹劾高拱时多波及郭朴，郭朴作为一个"受害者"，自然不会和张居正结成战略联盟。而高拱也乐得区别对待，只将矛头指向张居正。隆庆五年（1571），高拱的手下人传言张居正接受已经下野的徐阶三万金的贿赂，以为其犯事的三子进言。两人关系愈加紧张。次

第二章 人物

年，给事中曹大野上书言及高拱不忠十事。高拱则怀疑他是受张居正所指使，愈发产生要逐张居正出内阁，自己独掌大权的想法。高拱较量张居正，至此正式拉开帷幕。

应该说在较量的最初阶段，高拱是占优势的。因为在当时的内阁里，张居正其实再无结盟的对象。另外作为亲徐阶派，在徐阶退隐的背景下，他也没有外力可以援助。同时就和皇帝的私人关系而言，张居正也不如高拱来得深厚。高拱在嘉靖三十一年（1552），裕王出阁讲读时，就任首席讲读官。随后讲读九年，"府中事无大小，（裕王）必令中使往问"，裕王还先后手书"启发弘多"、"怀贤"、"忠贞"等字赠赐给他，可谓深得裕王的赏识和倚重。高拱后来之所以敢在阁中与时任内阁首辅的徐阶公开舌战，倚仗的就是当年裕王、现今隆庆皇帝对他的私人感情。而张居正是在嘉靖三十九年（1560）后才去裕王府讲读的，只不过是当时数位讲读官中的一员，和高拱的首席讲读官身份及其与裕王的私人关系无法相比。所以在这场高拱发动的首辅争夺战中，张居正是处于不利地位的。

那么，高拱又为何最终落败呢？这是因为张居正采取了这样一个策略——联手敌人的敌人，各取所需，同时增强自己的胜算。张居正观察到，司礼监秉笔太监冯保与高拱结怨颇深，是谓可以联手的敌人的敌人。而隆庆皇帝病入膏肓，高拱可以倚重的力量正在逐渐消失。如何在仕途危局中破局、做局进而构筑一个有利于自己的局面，高拱做得不如张居正老到。

或许我们在这里还要重点介绍一下冯保。因为高拱不仅是败在张居正手里，其实也是败在冯保手里。在他和冯保的前史中，其实已经隐含着将此人往张居正那方力推的因素。这是高拱为人、为官最终失败之所在。和张居正的处境一样，隆庆时代的冯保也是个郁郁不得志者。他虽然早在嘉靖时期就混上了司礼监秉笔太监的职位，却在隆庆年间受到高拱的弹压，始终得不到升迁。隆庆元年（1567），高拱推荐御用监的陈洪为司礼监掌印太监——这是内府之中的最高职位，按道理原本应该由秉笔太监冯保来递补的，高拱却打破常规，有意打压他。甚至在陈洪被罢免后，高拱仍不让冯保去掌司礼监印，而是推荐了另一个叫孟冲的人上位。由此冯保和高拱结怨。张居正联手冯保，是因为他们有共同的敌人高拱以及各自的利益追求。冯保想上位为司礼监掌印太监，张居正也想成为内阁首辅，如此而已。

但高拱却不明白这些。他高高在上，麻痹大意，听任张居正和冯保结盟。在隆庆皇帝病危的时候，张居正瞒着高拱，和冯保一起秘密准备了隆庆"遗诏"。史料记载，在这个过程中，"两人交益固"。这份遗诏其实是张居正起草的，中心意思是让司礼监辅佐太子，并让司礼监太监和高拱、张居正等阁臣同受顾命。遗诏只字不提当时司礼监掌印太监孟冲的名字，只以"司礼监"三字一笔带过，以麻痹高拱可能会产生的疑心。但遗诏公布后第二天，两宫（指万历皇帝生母李太后和穆宗正宫娘娘陈皇后）亲传懿旨称："孟冲不识字，事体料理不开，冯保掌司礼监印。"（《中官考》卷一〇〇）高拱悔之晚矣。

冯保升任司礼监掌印太监后，高拱立刻展开反击。他一方面指使工科都给事中程文、吏科都给事中雒遵、礼科都给事中陆树德及广西道试御史胡孝等人弹劾冯保，指责他"四逆六罪""三大奸"，另一方面上名曰《特陈紧切事宜以仰裨新政疏》请求今后"一应章奏俱发内阁看详拟票上进"，试图罢黜司礼监的权力，将权力完全归之于内阁。这是高拱从人身和制度两方面入手，对冯保发起攻击。但高拱糊涂就糊涂在事情发展到如此地步，他居然还看不清张居正的真面目，甚而至于派心腹韩楫将此事密报张居正说："行且建不世功，与公共之。"意思是他要和张居正共同驱逐冯保，罢黜司礼监的权力，以做到集权于内阁，共建不世之功。

那么，张居正怎么反应呢？他将计就计，一方面和韩楫虚与委蛇，称："去此阉（指冯保），若腐鼠耳。即功，胡百世也！"另一方面紧急联络冯保，要他采取对策。张居正的高明之处在于接下来，他和冯保设计了一个引蛇出洞的桥段，借以激怒高拱，使得他祸从口出，酿成大错，以为其所利用。当高拱上疏被以内批形式退回后，他看到的是在上面，冯保以万历皇帝名义写下的四个字：照旧制行。意思是司礼监的权力不得罢黜，一切按照老的规章制度去执行。高拱由此激愤，脱口而出这样一句话："安有十岁天子而能自裁乎？"冯保立刻篡改这句话里的意思，向万历小皇帝进谗言道："高先生（高拱）说，十岁儿安能决事！"表面上看，"自裁"和"决事"意思差不多，但在不同的语境下，"十岁儿安能决事"性质要严重得多，很有犯下"欺君之罪"的嫌疑。十岁的万历小皇帝由此大怒，史料记载他入告皇太后，"高拱因此酿祸不可解"。

应该这么说，高拱毫无顾忌的言行在为自己减分的同时事实上也是在为张居正加分。高拱自恃是首席顾命大臣，不把李太后和万历小皇帝放在眼里，清人谷应泰写的《明史纪事本末》记载："一日，内使传旨至阁。拱曰:旨出何人？上冲年，皆若曹所为，吾且逐若曹矣"，其嚣张气焰，由此可见一斑。而"十岁儿安能决事"一语传开后，高拱的仕途已然走到尽头。隆庆六年（1572）六月十六日，在神宗即位六天后，两宫太后与万历小皇帝联名颁旨罢黜内阁首辅高拱曰："今有大学士高拱专权擅政，把朝廷威福都强夺自专，不许皇帝主管。不知他要何为?我母子三人惊惧不宁。高拱便著回籍闲住，不许停留。"

高拱就这样黯然归去了。不过仕途虽已结束，高拱却还有话说。他归家后，发愤著书立说，写了《病榻遗言》等书。《病榻遗言》其实是一部政治回忆录，是高拱对自己与张居正较量经过的一次总结。在这本书里，高拱是己而非张，认为张居正"附保逐拱""矫诏顾命""招权纳财""谋害元辅"等，很有事后诸葛亮的感觉，当然高也借此抒发了自己失意之后浓浓的仕途惆怅。

万历六年七月二日（1578年8月4日），高拱病卒，享年66岁。至此，紫禁城的一个权斗故事尘埃落定。它像一个标本，将城中人的官场生态做了起承转合的演绎，每一个阶段都栩栩如生，残酷无比，传递出中国式权力文化的诸多细节与褶皱。

中庸者：张廷玉

一

康熙三十九年（1700），紫禁城内外，帝国的官场依旧纷纷扰扰，不得安宁。三月初三日，朝廷对陕西官员贪污赈银窝案发布处理决定：宣布对涉嫌贪污的原同州同知蔺佳选、蒲城知县王宗旦处斩监候——也就是死刑，缓期执行的意思；涉案的原朝邑知县姚士塾、原华州知州王建中因已病故，免于刑事处罚，但所贪污赈银需如数追还；原川陕总督吴赫因侵蚀赈银四十余万两，被议罪革职；其他有关涉案官员也分别给予相关处分。陕西官员在此次窝案中虽然贪污的救济款不是特别巨大，但造成的影响极其恶劣——一批正县级以上官员包括正厅级乃至省部级高官均涉案其中，上下其手，导致当地百姓无钱购买种子不能耕种，最后颗粒无收。如果不是咸阳百姓张拱等冒死上访，康熙派出刑部尚书傅塔腊、江南江西总督张鹏翮彻查此案，这层层黑幕不知何日才能揭开。

而皇帝对此案件也感触颇深。他在随后举行的一次中央全会上对大学士等高级官员说：自古帝王用人行政，皆赖大臣荐举贤良。但是，大臣荐举有时也会有看不准之处，有的开始贤良而后又发生了变化。从今以后，朕只以居官操守是否清廉为主要根据，决定他的提拔与黜免。

此前一年，顺天发生了乡试舞弊案。有落榜考生贴出大字报，称此次乡试没有坚持公平、公正、公开的原则，官二代特别是数十位部院大臣的孩子不管文章写得好坏，全都录取。大字报甚至实名举报大学士王熙、李天馥，尚书熊一潇，左都御史蒋宏道，湖广巡抚年遐龄等官员的子孙都存在黑色交易的问题，并将矛头直指此次乡试的正副考官——修撰李蟠、编修姜宸英，称"老姜全无辣气，小李大有甜头"，都是问题官员。在那个年代，大字报其实很像当下的网帖，多危言耸听，要的就是点击率，提过也就罢了。但是谁都没想到，十一月初三日，江南道御史鹿祐上疏弹劾李蟠、姜宸英二人存在受贿嫌疑，必须接受调查。第二年也就是康熙三十九年（1700）正月二十八日，皇帝借顺天科场复试之机下旨对李蟠等人严加议处。随后，原主考官李蟠遣戍关外，姜宸英被关押，紧接着病死狱中。康熙在总结此次乡试舞弊案时心情沉重地说：这次科考的确不公允，考官等人也太懦弱。朕认为，什么事都应合情合理。即使是宗室大臣的孩子，也不应徇情。

总之，康熙三十九年（1700）的帝国官场一如以往那般纷纷扰扰，你方唱罢我登场。有人人头落地，当然也有人飞黄腾达。而正是后者，吸引了无数人对此趋之若鹜。这一年，安徽桐城人、28岁的年轻人张廷玉高中进士，开始担任庶吉

第二章

人 物

士的职位。这庶吉士是个什么官呢？准确地说它还不是个官职，因为不掌握什么权力。它只是翰林院内的见习生或研究生。由科举进士中有潜质者担任。科举进士一甲者直接授予翰林修撰、编修。朝廷只在二甲、三甲中，选择年轻而才华出众者入翰林院任庶吉士。庶吉士一般要在翰林院内学习三年时间。三年后，成绩优异者留任翰林，授编修或检讨，正式成为翰林。成绩一般的则被派往六部任主事、御史；当然也有派到地方去任官的。总之，出路都还不错。所以明清有"非进士不入翰林，非翰林不入内阁"的说法。甚至称庶吉士为"储相"，凡是成为庶吉士的人都有机会平步青云。

我们接下来不妨看看张廷玉父亲张英的情况。张英是康熙六年（1667）进士，先是入选庶吉士，三年后因为成绩优异授编修，担任日讲起居注官，成为皇帝的高级秘书。像御门听政、朝会宴享、大祭祀、大典礼、每年勾决重囚及常朝等等大事件，他都直接参与记录，后官至文华殿大学士兼礼部尚书。康熙十六年（1677），张英入直南书房，史载："每从帝行，一时制诰，多出其手。"可见是很受重用的。张英的仕途履历应该说应验了"非翰林不入内阁"的说法。那么，类似的情况会在张廷玉身上发生吗？

如果站在大家族的背景下看张廷玉入仕，我们不得不承认他的起点是相当高的。或者将话说得更直白一些：张廷玉是个不折不扣的官二代，且祖父辈多为高官。泰祖父张淳为明陕西布政使；曾祖父张士维官至中宪大夫、抚州知府；曾叔父张秉文官至山东左布政使；曾叔父张秉贞官至兵部尚书；父亲张英的情况上文已经说了，官至文华殿大学士兼礼部尚书。在张廷玉的祖父辈中，只有祖父张秉彝的情况差一些，仅为贡生。其他的都是进士出身，最后也都混到省部级高官。所以，要是不出意外的话，张廷玉的情况也不会差到哪里去。

二

此后，张廷玉的仕途果然一帆风顺。在康熙朝，他先后担任检讨、直南书房、洗马、侍讲学士、内阁学士、刑部侍郎、吏部侍郎等职。雍正元年时，张廷玉升礼部尚书，次年转户部尚书，翰林院掌院学士，国史馆总裁，太子太保，并复直南书房。雍正三年（1725），他署大学士事。雍正四年（1726），晋文渊阁大学士、户部尚书、翰林院掌院学士，并兼充《康熙实录》总裁官。雍正六年（1728），张廷玉转保和殿大学士兼吏部尚书。雍正七年（1729），加少保衔。

最为难得的是，张廷玉是有清一代汉大臣中配享太庙第一人，也是唯一的一位。那么，什么叫配享太庙呢？雍正皇帝遗诏——张廷玉死后其神位可以安放在太庙的前殿西庑，接受此后历代皇帝每年一次的祭祀。这在大清王朝二百九十六年的历史上，可谓空前绝后之举。在这一点上，张廷玉可以说超过了他的父亲张英。其实，张英也是深谙仕途个中三昧的。张英为官低调，谨慎自谦。座右铭是"读不尽架上古书，却要时时努力；做不尽世间好事，必须刻刻存心"。《清史稿》称"（张）英性和易，不务表襮，有所荐举，终不使其人知。所居无赫赫名"。在民间广为流传的张英"六尺巷"故事，反映了张英的这个性格特点。据说有一次张英老家人

第二章 人物

与邻人争地，双方僵持不下。老家亲人寄信给他，希望凭借权势压倒对方。张英回信称："千里捎书为一墙，让他三尺又何妨？长城万里今犹在，不见当年秦始皇！"张家人得信后，主动后退三尺，邻居吴氏也大受感动，同时后退三尺，最后留下"六尺巷"的美谈。康熙皇帝因此对张英很看好，称："张英始终敬慎，有古大臣风。"张英因病退休后，康熙还对他念兹在兹。康熙四十四年（1705）和四十六年（1707），康熙两次南巡，都召张英迎驾，赐御书榜额，一路君臣相知至江宁。张英死后，谥文端，雍正时赠太傅。可谓极尽哀荣。

张廷玉的仕途作风酷似其父，甚至在某一方面来说，青出于蓝而胜于蓝。可以说张廷玉是深谙中庸之道的。他信奉"万言万当，不如一默"的人生格言，凡事注重细节，少说多做。每次蒙皇上召对，从不泄露所谈内容，也不留片稿于家中。帝国正县级以上官员的履历他无不知晓，甚至县衙门里胥吏的名字他也随口道来。张廷玉业务纯熟，慎始敬终，和父亲一样"有古大臣风"。雍正十一年（1733），他的长子张若霭高中一甲三名探花，张廷玉闻知后不是心花怒放，反而"惊惧失措"，立刻求见雍正，"免冠叩首"，认为自己儿子还年轻，登上一甲三名，是祸不是福，恳请将其改为二甲一名。其言辞恳切，让皇帝颇为动容。

其实，张廷玉的中庸之道还体现在不做大事，专做小事上。虽然雍正朝的每一项重要决策他都参与过，但张不揽功。虽然有人因此误解他，称"如张文和（张廷玉）之察弊，亦中人之才所易及。乃画喏坐啸，目击狐鼠之横行，而噤不一语"。但皇帝却很喜欢这样的性格。张廷玉有一次生病数日，病后回去上班，雍正皇帝很高兴地告诉身边近侍说："朕股肱不快，数日始愈。"一些大臣以为是皇帝龙体欠安，争相前来问安。雍正却对他们说："张廷玉有疾，岂非朕股肱耶?"——张在皇帝心目中的重要性，由此可见一斑。

雍正视张廷玉如股肱，要事密事就专门交待他去办理。雍正事后对他人说："彼时在朝臣中只此一人。"为了防止张廷玉因为经济原因不小心犯错误，雍正专门对他实施高薪养廉。经常赏其万两白银，甚至将一个本银三万五千两的颇具规模的当铺赏给张廷玉去经营，以为捞外快之用。对于皇帝的格外恩赐，张廷玉诚惶诚恐，不敢接受。雍正就反问他："汝非大臣中第一宣力者乎!"逼他接受。

应该说作为仕途中人，在处理君臣关系上，张廷玉做得算是如鱼得水了。康熙、雍正、乾隆，三朝皇帝对他恩爱有加。康熙令他入直南书房，提拔他做副部级的礼部侍郎。雍正更是对张廷玉赏识有加，提拔他做大学士、首席军机大臣，兼管吏、户两部。张廷玉有次回家省亲，雍正写信给他："朕即位十一年来，朝廷之上近亲大臣中，只和你一天也没有分离过。我和你义固君臣，情同密友。如今相隔月余，未免每每思念。"(《张廷玉年谱》)这份情感，已经远超君臣关系了。至于乾隆，也对张廷玉尊敬有加，特封他为三等伯爵，开了有清一代文臣封伯的先例。乾隆甚至在一首诗中把张廷玉比作周宣王时的贤臣仲山甫和宋朝名臣文彦博与吕端，将其奉为汉臣之首，对他可谓推崇备至。这其实是中庸——中国式生存哲学带来的好处。

三

其实，《中庸》原是《小戴礼记》中的一篇，意思是"执两用中"。"中庸"之本意是指处理问题时不走极端，而找到处理问题最适合的方法。但作为中国式生存哲学之一种，"中庸"在国人数千年的演绎或者说实践下显然有了另外的意味。韬光养晦、谨小慎微、不做出头鸟的处世哲学往往有大回报，而张扬高烈、有所作为的开放式人格最后多以悲剧收场。《中庸》的作者是孔子的后裔子嗣子思，他或许没想到，自己本无心机的人生领悟竟被世世代代的中国人功利性地心领神会并参照执行，中国人的集体人格逐渐走向实用主义和犬儒主义——紫禁城中，张廷玉式的人物走红，多少命运与国运在悄然间发生了改变。

但究其实，成也中庸败也中庸。表面上看，张廷玉的仕途人生似乎功德圆满，起码不逊于其父张英，但是乾隆十一年（1746），一丝异动悄然呈现。这一年张廷玉74岁，皇帝以他年逾古稀为由，口气婉转地告诉他不必每日早朝，特别是遇到天热或刮风下雨的情况，可以不必入内，在家办公就可以了。一般情况下，这应视作是皇帝对老臣的厚爱，但张廷玉发现，事情不是那么简单。因为他的内阁首辅位置被保和殿大学士兼吏部尚书、军机大臣讷亲取代了。讷亲是满洲镶黄旗人，钮祜禄·额亦都之曾孙。这钮祜禄·额亦都可是赫赫有名的人物。他是后金开国五大臣之首（其余四人分别为何和礼、费英东、安费扬古和扈尔汉）、康熙朝重臣遏必隆的父亲，清太祖努尔哈赤和额亦都是好友。睿亲王多尔衮曾是其部下。讷亲拥有如此显赫的身世，仕途前景一片看好。雍正时他袭公爵，授散秩大臣。乾隆即位，授他镶白旗满洲都统、领侍卫内大臣、协办总理事务、进封一等公爵。此番任他做内阁首辅，明摆着是加以重用的趋势。因为紧接着，讷亲又成为首席军机大臣。一个年轻干部，如此火箭式提拔速度，张廷玉仕途浮沉几十年，当然是冷暖自知。他马上上疏，请求辞去他兼管的吏部事务的职务。也就是说，组织部部长的位置他也让出来好了，是谓急流勇退。但耐人寻味的是，皇帝并没有批准张廷玉的请辞报告。

这个时候，都察院左都御史刘统勋上奏，称安徽桐城张氏家族在朝为官者有十九人之多，张氏的姻亲桐城姚氏也有子弟十人在朝为官。张廷玉作为康雍乾三朝老臣，特别是雍正皇帝遗诏身后配享太庙的顾命大臣，"遭逢极盛，然而晚节当慎"。因此，刘统勋建议皇帝在三年之内将张氏亲属子弟"概停升转"，以"保全"三朝老臣的清誉。

这刘统勋是山东诸城人。雍正二年（1724）中进士，选庶吉士，步入仕途。由编修入直南书房，后任上书房师傅，官至詹事府詹事。乾隆继位后，升其为内阁学士、刑部左侍郎、左都御史，此次他参奏大学士张廷玉，颇得皇帝内心首肯。乾隆随即发布"上谕"："若张廷玉在皇考时，仅以缮写谕旨为职，此娴于文墨者所优为。自朕御极十五年来，伊则不过旅进旅退，毫无建白，毫无赞勷。朕之姑容，不过因其历任有年，如鼎彝古器，陈设座右而已"。（《高宗实录》卷三六三）"上谕"如此这般的用语与定性，无疑是对张廷玉政

第二章

人 物

治生涯的全盘否定。

　　这一年，对张廷玉来说，还发生了一件很不幸的事情。他的长子、内阁学士张若霭生病去世了，白发人送黑发人，张廷玉开始变得步履蹒跚。皇帝似乎动了恻隐之心，以张廷玉入内廷须他人扶掖为由，命他的次子、庶吉士张若澄入直南书房。两年之后的乾隆十三年（1748），76岁的张廷玉以老病为由，第一次向皇帝提出告老还乡。乾隆却是不同意。他对张廷玉说："卿受两朝厚恩，且奉皇考遗命配享太庙，岂有从祀元臣归田终老？"（见《清史稿》，下同）这是要张廷玉鞠躬尽瘁死而后已的意思，应该说"配享太庙"的崇高政治荣誉将张廷玉给绑架在祭坛上，再无告老还乡的可能。乾隆的话说得这样重，理由这样明晰，张廷玉作为明白人，正确的做法应该是唯唯诺诺，不再"据理力争"——事实上他也没什么理在手中。但是张廷玉揣摩，皇帝有新陈代谢的需要。既然培植了新人讷亲上位，对他这个仕途老人，大概不再依赖了吧。

　　所以接下来，他"据理力争"了。张廷玉在皇帝面前直言："宋、明配享诸臣亦有乞休得请者。且七十悬车，古今通义。"意思是宋明两朝也有享受配享荣誉的大臣，最后可以告老还乡的；而且70岁退休，那是天经地义的。这话其实很不符合皇帝对张廷玉的要求，他苦心经营多年的形象就此打了水漂。乾隆看张廷玉的眼神都变冷了，开始对他循循善诱，称假如70岁退休是天经地义的话，那为什么"尚有八十杖朝之典？武侯鞠躬尽瘁，又何为耶？"这是拿诸葛亮的例子要求张廷玉生命不息，工作不止。

皇帝放下架子跟张玩君臣辩论赛，又有成例在手，一般情况下，张廷玉除了弃子认输，收回退休之念外，不可能再有上佳选择。但回乡心切的他并没有就此刹车，反而以老迈之躯将辩论赛进行到底。他继续振振有词地说："亮受任军旅，臣幸得优游太平，未可同日而语。"意思是诸葛亮是诸葛亮，我是我。他有不能退的理由，我有到点退休的理由。特别是最后一句——"未可同日而语"，很驳皇帝脸面。意思是你引诸葛亮的例子来说服我并不恰当。

毫无疑问，接下来的辩论愈发有火药味了。因为乾隆声色俱厉地质问他："朕为卿思之，不独受皇祖、皇考优渥之恩，不可言去；即以朕十馀年眷待，亦不当言去。朕且不忍令卿去，卿顾能辞朕去耶？……为人臣者，设预存此心，必将漠视一切，泛泛如秦、越，年至则奉身以退，谁复出力为国家治事？"乾隆还以皋夔、稷契、龙逢、比干四人不同的遭遇来说明，一个官员不管处境如何，忠诚之心是相同的。暗指张廷玉对朝廷并无忠诚之心。话说到这个份上，张廷玉也无法再辩，只是"呜咽不能自胜"。告老还乡之念，只得暂时压抑。

皇帝却是盛怒未曾稍减。为了处罚张廷玉的不忠之举，他接下来做了两件事。一是"命举所谕宣告朝列"，将君臣间的这一番争论公布于朝野，让大家都来看看张廷玉的真面目。二是趁势解除了张廷玉组织部部长的职位，但并不允许他退休，还得经常入内廷点卯上班。如此处境之下，张廷玉的日子越发难过了。毕竟快八十的人了，精力大不如从前。不管事却还要上班，内心的空虚感真是难以言说。其实早在乾隆三年（1738），张廷玉就曾经对皇帝说："今犬马之齿六十有七，自觉精神思虑迥不如前，事多遗忘，食眠渐少。"现在差不多十年时间过去了，张廷玉的身体更是每况愈下。身体不行，事情又要做，出差错的情况也就难以避免了。

四

乾隆十三年（1748）对乾隆皇帝来说是个怒气冲天的年头。这一年，乾隆东巡，皇后富察氏随行。但很不幸的是在回銮至德州时落水而亡。为表达哀思，皇帝将丧葬典礼办得极为隆重。在皇后丧葬期间，乾隆愤怒地发现，湖广总督塞楞额、知府金文醇、江南总河周学健、湖广巡抚彭树葵擅自剃头了——按满族旧习，帝后之丧，官员们在一百天内不能剃发，以示伤心过度，无法顾及自己仪表，否则便是大不敬。皇帝盛怒之下，将此四人或处斩，或革职。

这一年被处斩的人还包括浙江巡抚常安，他因为贪污公款被判处绞监候，秋后处决。当然腐败年年有，皇帝对常安这事还不是很上心的，最令他恼怒的是自己培养的接班人、赴川督师的经略大臣讷亲和川陕总督张广泗在金川用兵中，因为指挥无方，前后贻误，导致兵败大溃退的局面。乾隆认为此二人大丢朝廷脸面，于九月，将他俩革职，十二月，处斩。

一片秋风肃杀中，垂垂老矣的张廷玉不敢稍作异动，以免惹祸上身。但人算不如天算。该来的还是来了。同样是在这年九月，皇家出版社——文颖馆修成《御制诗集》，进呈御览。乾隆在翻阅时发现其中有错别字，不禁勃然大怒，下令将大学士、文颖馆总裁官张廷玉等三人"交部议处"。虽然处分不是很重，但张廷玉已感到丝丝凉意。到年底，翰林院在为去世不久的孝贤皇后写祭文时因为用语不够"尊贵"，乾隆下令将管理翰林院的张廷玉等官员罚俸一年，以示警诫。这让张廷玉觉得，必须速速离开这个是非之地，否则很有可能像讷亲那样命丧黄泉。

乾隆十四年（1749）正月，张廷玉再次上奏："受上恩不敢言去，私意原得暂归。后年，上南巡，当於江宁迎驾。"这其实是告老还乡的意思，但张廷玉将话说得很委婉，皇帝见其风烛残年，恻隐之心也起来了，就批准他致仕，让他在来年春天再回老家。但张廷玉此时却犯下一个严重错误，怕回去之后配享太庙的政治待遇被取消，为身后计，竟然开口让皇帝写下一纸凭信，以为永不反悔的依据。乾隆勉强同意了。按说事情进行到此，似乎也还算顺利。虽然不再有君臣相知，但也不至于君臣相猜，一拍两散，是谓友好分手。要命的是第二天，一纸凭信在手的张廷玉没有亲自到宫门去谢恩，仅仅让他的小儿子张若澄代为谢恩。皇帝由此大不满，"降旨切责"，称张廷玉急于求归，是"恝然置君臣大义于不问"。"夫张廷玉之罪，固在于不亲至谢恩，尤在于面请配享"，君臣之间最后一层温情脉脉的面纱被扯下，张廷玉的真实面目在皇帝的声色俱厉之下被层层揭发出来。他辩无可辩，也不敢辩，回奏称："臣福薄神迷，事皆错谬，致干严谴，请交部严加议处。"一个老臣的苍凉处境，真真跃然纸上。

皇帝却继续戏弄他，称："太庙配享，皆佐命元勋，张廷玉有何功绩勋猷而与之比肩乎？……"意思是张廷玉其实不配享太庙，但紧接着乾隆话锋一转，称"张廷玉忍于负朕，朕不忍负张廷玉。朕之许张廷玉予告，原系优老特恩，明谕甫降，朕不食言。其大学士由皇考时简用，至今二十余年，朕亦不忍加之削夺。配享，恭奉皇考遗诏，朕终不忍罢斥。至于伯爵，则朕所特加，今彼既不知朕，而朕仍令带归田里，且将来或又贪得无厌，以致求予其子者皆所必有，朕亦何能曲从至是。着削去伯爵，以大学士原衔休致，身后仍准配享太庙。"乾隆话里话外，蔑视、鄙视的意思倍显，颇有施给乞丐一般——东西是给你了，但羞辱也如影随形。可怜张廷玉三朝老臣，为了配享太庙一事，终究颜面丢尽。

但世上事多一波三折。张廷玉在第二年春天准备告老还乡之时，他眼看到手的配享太庙之待遇又不翼而飞了。因为乾隆十五年（1750）三月，皇帝长子永璜去世了。作为永璜曾经的师傅，张廷玉参加了丧礼。只是他归心似箭，表情不那么哀伤。这一切都看在皇帝眼里。乾隆碍于丧礼期间，隐而不发。但张廷玉在初祭过后，竟然匆匆忙忙地上疏请辞，准备南归，这让皇帝勃然大怒。他下旨称张廷玉毫无忠心，不够配享资格。又将太庙里配享诸臣的名录扔给张廷玉，让他从中一一对照，自我审查"应否配享"。

这实在是一大羞辱。张廷玉老泪纵横，只得回奏称："臣老耄神昏，不自度量，于太庙配享大典，妄行陈奏。……念臣既无开疆汗马之力，又无经国赞襄之益，纵身后忝邀俎豆，死而有知，益当增愧。况臣年衰识瞀，衍咎日滋世宗宪皇帝在天之灵，鉴臣如此负恩，必加严谴，岂容更侍庙廷？敢恳明示廷臣，罢臣配享，并治臣罪，庶大典不致滥邀，臣亦得安愚分。"

皇帝因势利导，让大学士九卿开会议决此事，最后做出了罢去张廷玉配享资格的决定。配享资格得而复失的张廷玉，惆怅回乡。

屋漏偏逢连夜雨。惆怅回乡的张廷玉又遭遇到一件倒霉事。他的亲家、四川学政朱荃被人参奏隐瞒母丧消息，"匿丧赶考"，目的仅仅是为了挣点"考试补贴"，在当时看来此为大不孝之举。此案本与张廷玉无关，但余怒未消的乾隆皇帝还是将他牵连了进来，认为"张廷玉深负三朝眷注之恩……岂容其冒叨宠赍。所有历来承受恩赐御笔、书籍，及寻常赍赏物件，俱着追缴"。他下令尽缴历年颁赐给张廷玉的诸物。乾隆十五年（1750）八月，皇帝命钦差大臣德保查抄张廷玉在京住宅。抄家之后，虽然没有被抓住什么把柄，但张廷玉已然是惊弓之鸟了。他惶惶然上奏称："臣负罪滋深，天褫其魄，行事颠倒。自与朱荃结亲以至今日，如在梦昧之中，并无知觉。今伏读上谕，如梦方醒，恐惧惊惶，愧悔欲死，复有何言？乞将臣严加治罪。"

乾隆由此又猫戏老鼠一般，将张廷玉大大羞辱了一番。称"张廷玉忍于负朕，自所应得，而朕心仍有所不忍，着从宽免其革职治罪，以示朕始终矜宥之意"。这一年，张廷玉已经是一个八十岁的老人了。名誉扫地，一无所有，成为那个时代权力场上的最大失败者。

乾隆二十年（1755），在被抄家五年后，惶惶不可终日的

第二章
人 物

张廷玉去世了。游戏玩够了的皇帝下旨：张廷玉以大学士衔休致，仍令配享太庙。只是这一切哀荣，曾为之念兹在兹一辈子的张廷玉并不知晓。或许知晓了也没什么意义吧。因为紫禁城的权力游戏，得之失之，实在不是当事人自己可以把握的。

哪怕是深谙中庸之道的张廷玉。

错位者：奕䜣

一

紫禁城是人的城。没有人，一座空荡荡的城就毫无意义。

人之中最尴尬者是错位者。错位者不是没有自己的位置，而是坐错了位置，由此一错百错，其人生便变得荒诞不经。所谓功业，到底风吹雨打飘零去，零落成泥无人知。

道光二十六年是公元1846年。差不多再过四年，道光王朝就寿终正寝了。这一年，江苏农民在金德润率领下发生暴动，县吏朱正安家被砸。在广州，由于英国商人金顿无故殴打当地的水果摊贩，激出民变，爆发了民众围攻商馆事件。而在紫禁城，由于法国政府的压力，皇帝不得不明降谕旨，弛禁天主教令，并且发还康熙末年以来没收的天主教堂。

同样是在这一年，无数人的命运发生改变。有些人死了。比如画家张培敦和汤绶名。前者师法文徵明，善画山水，后者官居盐城守备，善画墨梅、桃花等，都是一时才俊。但生

第二章 人物

命戛然而止之时，一切名利都成云烟。另有一些人获得新生。比如在香港马礼逊学校求学的容闳、黄胜、黄宽等第一批中国学生在校长布朗带领下赴美留学。若干年后，从美国耶鲁大学毕业回国的容闳参加戊戌变法。维新运动失败后，他开始倾向于孙中山的资产阶级革命主张。个人命运由此发生重大改变。

当然就道光朝来说，这一年个人命运发生重大改变的人儿是奕䜣。他是皇帝的第六子，生于道光十二年（1832）十一月二十一日。这一年奕䜣才14岁，是个未成年人。此前他是个四好学生，六岁就进上书房学习。很显然，他的功课要比他的四哥奕詝学得好。"少读即成诵"，不仅精通经史，擅长诗文，有《乐道堂诗钞》和《萃锦吟》传世，而且刀枪之技、骑射之术也颇为娴熟，是德智体美劳全面发展的好学生。皇帝似乎也对他另眼相看——给他找的老师是道光六年（1826）的榜眼、山东黄县人贾桢，而奕詝的老师杜受田只是道光三年（1823）进士。相比之下，皇帝对奕䜣似乎更看重一些。

一些细节可以看出皇帝的心机。比如说他为这个六子赐名"奕䜣"，"䜣"是高兴的意思。皇帝高兴什么呢？奕䜣降生之时，道光帝前面虽然已有五个皇子，但长子奕纬此前一年病逝，次子奕纲、第三子奕继也早早夭折。五子奕誴生下来就是个丑八怪，道光不喜欢他，就将其过嗣给亡弟绵恺为后。唯皇四子奕詝，当时才一岁半，道光怕他像次子、三子一样早夭，所以提心吊胆得紧。现在奕䜣降生，对他来说可为承继大统的双保险，所以他才为这个六子赐名"奕䜣"——道光心里高兴的毫无疑问是这个。

正所谓母以子贵。奕䜣诞生后,其生母博尔济吉特氏在宫内地位迅速升迁,从排名第五的妃子一跃为贵妃,地位仅次于皇后——皇四子奕詝的生母钮祜禄氏。最微妙的事情还在于奕詝10岁之时,钮祜禄氏突然去世,皇帝下旨由奕䜣生母博尔济吉特氏代养奕詝。由于皇后缺位,奕䜣又显出比奕詝更加聪明的迹象,在以秘密立储制而非嫡长制选拔皇位接班人的时代背景下,奕䜣的人生的确充满了悬念或者说诸多的可能性。

皇帝的言行也在有意无意间强化了某种暗示。奕䜣的老师贾桢某次赴江南主持乡试,道光帝怕因此影响奕䜣的学业,特意写信给他,嘱其早早归来。但是道光二十六年(1846),皇帝主持的一场考试让奕䜣的命运悄然发生了改变。这一年众皇子校猎南苑,奕䜣所射杀的禽兽最多。毫无疑问,这个体现了他的骑射之术,而校猎南苑的目的其实也在于此。令人意外的是奕詝未发一箭,以至于一无所获。皇帝问其原因,奕詝回答说:"时方春和,鸟兽孳育,不忍伤生命以干天和,且不欲以弓马一日之长,与诸弟相争也。"事实上这个答案是他的老师杜受田早早教他的,目的是让奕詝以仁胜出。道光皇帝在当时虽然未予置评,但很显然,他对奕詝开始看好了。奕詝和奕䜣这两个儿子在他心目中的分量变得不一样了。

两年后,奕詝在皇位争夺战中又胜了一招。这一年道光帝召奕䜣与奕詝面谈,以便定储。奕䜣对道光所问之事可谓知无不言,言无不尽,显得侃侃而谈、知识面很广的样子;而奕詝在闻知道光帝说自己年老多病,将不久于人世时,马上面露

第二章 人物

忧戚之神态，无心对答，只是伏地哭泣，以表仁孝之意。事实上这是他的老师教他如此这般的。因为杜受田考虑到奕詝学识不及奕䜣，便授计于他："阿哥如条陈时政，知识万不敌六爷。惟有一策：皇上自言老病，将不久于此位，阿哥惟伏泣流涕，以表孺慕之诚而已。"奕詝最后果然赢在他的"仁孝"上。因为两年之后的道光三十年（1850），皇帝将他的谜底公开，而奕䜣的个人命运也由此尘埃落定。

道光三十年正月十四（公元1850年2月25日）清晨，道光帝的视线停留在总管内务府大臣文庆公的手上。准确地说，是该公手里捧着的立储匣，这个匣，即将透露新王朝新天子诞生的确切消息，因为此时的道光帝已处在弥留之际，说不出话来了。

立储匣打开，出现了一封御书"封皇四子奕詝为皇太子"，另外也出现了一份朱谕"封皇六子奕䜣为亲王"。站在一旁的人惊呆了。他们是宗人府宗令载铨，御前大臣载垣、端华、僧格林沁，军机大臣穆彰阿、赛尚阿、何汝霖、陈孚恩、季芝昌。这些历史现场的见证人怎么也想不到，立储匣里会出现两个人的名字。虽然一个为皇太子一个为亲王，略有名分之别，但立储匣的功能只为立储，现在太子、亲王双雄并立，共挤一匣之中，毫无疑问会给新王朝留下动荡的线索和树欲静而风不止的操作空间。

现在，那个最哀伤的人儿奕䜣，该怎么办呢？

二

道光三十年正月二十六日（公元1850年3月9日），是奕詝的幸福时光。这一天，他在太和殿正式即位，是为咸丰皇帝。这一年，奕䜣发现自己的命运也有所改变，他被封为恭亲王。这个恭亲王的"恭"字大有讲究。咸丰封其他诸弟为郡王，唯封奕䜣为恭亲王，可谓意味深长。是他对奕䜣表示尊重，还是让奕䜣对自己恭恭敬敬？一切尽在不言中。但奕䜣从中感受到的，是这个四哥皇帝对自己的刻意疏离——他虽然被封为恭亲王，可直到三年后的咸丰三年（1853），皇帝才为他举行恭亲王册封仪式。在此期间，奕䜣受命在内廷行走，或做一些礼仪性的工作，比如替亡父道光皇帝上坟等。咸丰三年（1853）三月，在正式受封恭亲王后，奕䜣受命管中正殿、武英殿事。当然这个职位也谈不上有什么实权，奕䜣明白自己仍处于考察期或者说观望期。所以此一阶段他的表现是韬光养晦，低调做人。咸丰赐他恭王府（原和珅邸第）并且亲临贺喜时，奕䜣诚惶诚恐地写诗言谢：

鎏舆临莅日晴朗，
常棣恩周念弟兄。
更幸赐诗承渥泽，
勉输愚悃颂升平。

这首诗写得很媚，看不出有半点风骨。或许，这正是奕

第二章 人物

䜣的处世之道——在逆境中夹着尾巴做人，等待春天的到来。

奕䜣的春天在1853年突然到来了。这一年3月，太平军来势凶猛，直逼南京城下，朝廷里百官大骇，手足无措。奕䜣在这关键时刻站了出来，"赞襄军务，居中调和"胜保与僧格林沁两支大军的矛盾，令他们合力围剿北伐军。奕䜣的指挥才能和战略思想在他这次出场亮相中得到了验证，皇帝开始对他另眼相看。当太平军的北伐被镇压下去之后，奕䜣发现自己已经从一个内廷行走人员转变为叱咤风云的领军人物。他先后出任都统、阅兵大臣等职，皇帝并且高兴地下发嘉奖令：恭亲王奕䜣"着交宗人府从优议叙"。

就个人仕途而言，毫无疑问奕䜣正在步入上升期。他破例入直军机，并很快成为军机处的领班。但偏偏这个时候，封号事件浮出水面，为奕䜣冉冉上升的仕途投下一道浓重的阴影。

这事还得从咸丰元年（1851）说起。该年三月十五日，奕䜣生母被封为"康慈皇贵太妃"。这似乎是个崇高的荣誉，就像咸丰帝此前所宣布的：奕䜣生母在生前侍奉皇考道光帝，淑慎素著，理应加崇称号，以申敬礼。可康慈皇贵太妃看上去却不怎么高兴。因为她想得到的并不是皇贵太妃的封号而是皇太后的封号。当然要细说起来这里面也是大有文章的。就像上文所述，奕䜣和奕詝是同父异母的兄弟。早在奕詝10岁时，因其母去世，只好由奕䜣生母抚养，所以奕䜣生母事实上也是奕詝的养母。正是因为这样一层关系的存在，奕䜣及其母亲才对皇太后的封号有所企图，甚至在某种程度上，他们认为是理所当然的。

但咸丰帝却顾虑重重。的确，这里面大有文章好做。对奕䜣生母封后表面上看是亲情伦理问题，实质上却是政治权力问题。所以尽管此后奕䜣曾经多次向咸丰帝表示，其母"宜尊号太后"，但皇帝却始终是"默不应"。奕䜣误解了这种"默不应"，或者说故意误解了咸丰帝的"默不应"。咸丰五年（1855）夏，康慈皇贵太妃病重，咸丰帝前来探视，问奕䜣病情，奕䜣跪地哭泣说："已笃！意待封号以瞑。"很有不给皇太后封号就死不瞑目的意思。咸丰听罢仓猝之间不置可否地说了两声："哦！哦！"奕䜣马上抓住时机有所作为。他立即跑到军机处去办理皇太后的尊封事宜，并且让礼部立即准备正式的册封礼。如此箭在弦上，迫使咸丰在七月初一传旨："尊康慈皇贵太妃为康慈皇太后。"

封号事件到此为止。表面上看是奕䜣占了上风，但咸丰皇帝随后开始发力，以惩戒奕䜣对皇权的侵犯与轻薄。

七月二十一日，咸丰颁布谕旨，称恭亲王奕䜣"于一切礼仪，多有疏略之处，著勿庸在军机大臣上行走，宗人府宗令、正黄旗满洲都统均著开缺；并勿庸恭理丧仪事务、管理三库事务"。同时警告他"必自知敬慎，勿再犯类似过错，以负朕成全之至意"（见《清实录》）。同时咸丰还下令"减杀太后丧仪"：他不按皇太后礼而以妃礼发丧奕䜣生母；不让其与道光帝合葬于慕陵，而只将康慈皇太后的棺椁安置在慕陵内的妃园寝内。为掩人耳目，咸丰颁旨将慕陵内的妃园寝升格为皇后陵，称为慕东陵，但仅此而已。

最重要的谥号问题咸丰帝也做了手脚。他谥奕䜣生母为"孝静康慈弼天辅圣皇后"，仅十个字，也不系宣宗庙谥，即不加宣宗成皇帝的"成"字,以有别于其他皇后,从而开创了清代历史上皇后不系皇帝谥号的先例。

至此,奕䜣不再得到咸丰帝的信任。他此前的韬光养晦,夹着尾巴做人谋略功亏一篑。咸丰在办完康慈皇太后的葬礼后,以奕䜣"于一切礼仪,多有疏略之处"为由,宣布解除他的全部职务。紧接着,皇帝怒气冲冲地发布上谕称:"中外臣民,但旨奕䜣之封亲王,系朕即位后推恩,未知系皇考遗命,不足以传信后世。著将此旨付史馆,于实录本纪内,将皇考朱谕封奕䜣为亲王,纂入道光三十年正月十四日遗命各条之此,以昭信史。"意思是封奕䜣为亲王是道光帝的遗命,不是他咸丰的本意。要不然的话,他会将其亲王爵也一并撤去。这样一道上谕咸丰皇帝不仅公之于众,而且要"以昭信史",说是羞辱奕䜣毫不为过。

奕䜣再次跌入谷底。

三

牢落天涯客,伤哉志未伸;
独醒空感世,直道不容身。
忠荩遗骚雅,高风问楚滨;
怀沙数行泪,饮恨汨罗津。

这是跌入谷底的奕䜣写的一首聊以自慰的诗。但是在咸丰十年(1860)八月初七,奕䜣的命运再一次静悄悄地发生了改变。这一天八里桥(今北京通州区)大战爆发。僧格林沁所部在京郊张家湾、八里桥一带惨败,英法联军趁势进抵北京。咸丰吓得从圆明园逃往热河,而当时28岁的奕䜣被他授权为全权大臣负责与联军的议和。

的确,对奕䜣来说,这是他的命运发生改变的开始。不过是变好还是变得更坏,却没有人可以预知。因为议和工作并不好做,议得不好,和平未来,战事再起,他就是不折不扣的替罪羊。而要议妥当了,接受英法联军的城下之盟,又免不了有丧权辱国之嫌。这一点诚如他写给皇帝的一份奏折中所言:

"臣等自受命以来,与夷酋周旋数日,谨遵圣谕,与夷议和,草签和约,虽暂退夷兵,然危情未解,种种错误,虽由顾全大局,而扪心自问,目前之所失既多,日后之贻害无已,实属办理未臻完善,臣请皇上议处。"

毫无疑问,奕䜣奏折中所表达的心情是战战兢兢的。因为在议和过程中,联军和他草签的和约条件是异常苛刻的,不仅要清廷承认《天津条约》继续有效;增开天津为商埠;还要对"大沽事件"表示"谢罪";改赔款数额为800万两(《天津条约》规定为400万两);最要命的一点还在于,清政府必须割让九龙司半岛南部给英国。

奕䜣没想到,皇帝不但不对他严加处置,反而好言宽慰。他在热河下旨说:"恭亲王办理抚局,本属不易,朕亦深谅苦衷。自请处分之处,著无庸议。"这似乎是奕䜣命运向好的征兆。那句老话是怎么说的——没有功劳,也有苦劳吧。但奕䜣另一个没想到的是,从皇帝逃到热河之后,到咸丰十一年七月十七日(1861年8月22日)驾崩于热河避暑山庄烟波致

第二章 人物

爽殿西暖阁,他再也没能见到这位哥哥一面,哪怕是最后一面。这里头细说起来原因很复杂。一是奕䜣北京议和成功,实力或者说政治资本大增。身边围了一批留守京师的王公贵族,称其"擅社稷之功,声望压端华、肃顺之上"。与此同时,洋人也认可奕䜣的表现,甚至放出风来,要让他来取代奕詝做大清国的皇帝。

洋人不懂中国式政治,奕䜣却吓得要死。他这是功高震主啊,也犯了君臣名分之大忌。为了挽回影响,奕䜣请求到热河请安,皇帝不许。很显然,咸丰这是生气了。奕䜣为补救计,联合在京的王公贵族及诸大臣上奏请求皇帝"择佳期回銮",咸丰依然不肯。其实,奕䜣把功课做到这里,皇帝虽然这不许那不肯的,心却在慢慢软化。换句话说,他对奕䜣的戒备心理开始解除。不过谁都没想到,奕䜣接下来竟走了步臭棋:建议咸丰皇帝离开热河,定都西安。他给出的理由是西安有四塞之固,曾为千年古都,命脉风水都是上佳的。如果回京有后顾之忧的话,定都西安洋人就鞭长莫及了。

奕䜣在此时犯下的错误可以说是致命的。虽然他给出的迁都理由表面上看冠冕堂皇,找不出漏洞来,但在请求皇帝"择佳期回銮"后不久,就紧接着建议迁都,不能不让皇帝再起疑心。由是咸丰对奕䜣产生防范心理,这一点可以在总理各国事务衙门的设置上一见端倪。总理各国事务衙门是奕䜣在北京议和期间为方便与洋人打交道提议设立的,目的是专办洋务。但咸丰帝在1861年1月20日颁布实施时将此衙门的功能限定在"通商"上,咸丰甚至给各省有关机构打招呼,称"至各省机密事件……如事关总理衙门者,即由军机处随时录送知照,亦甚便捷,着无庸由各口先行咨报总理衙门,以归划一"。很显然,皇帝是想将总理衙门的权力架空,以便掌控奕䜣。

事实上奕䜣的权力被架空还体现在皇帝的临终交代上。咸丰皇帝在临终前宣布载垣、端华、景寿、肃顺、穆荫、杜翰、焦祐瀛为顾命大臣,同时授予皇后钮祜禄氏"御赏"印章,授予皇子载淳"同道堂"印章(后由慈禧掌管),皇帝规定顾命大臣拟旨后要盖"御赏"和"同道堂"印章。这是一种权力的分配和制衡。但是,在后咸丰时代的权力格局中,奕䜣没有被安排什么角色。换句话说,他是这个权力场的零余者,不再有博弈的资格。

事实果真如此吗?

四

历史的吊诡之处,其实难以一言以蔽之。

公元1861年农历七月十七日,咸丰皇帝去世。但接下来,在权力分配上,八大臣同两宫太后发生了矛盾。两宫太后准备染指最高权力,而八大臣则认为两宫太后看折也是多余之事。双方剑拔弩张,一个王朝的政权交割出现了耐人寻味的变化。由此,奕䜣的机会来了。8月1日,他获准赶赴承德避暑山庄去参加咸丰皇帝的追悼会。追悼会后,他又获准同两宫太后会面约两个小时。这是影响历史进程的两个小时,正是在这次会面中,恭亲王奕䜣同两宫太后密商了发动政变的细节与步骤。此时距咸丰皇帝驾崩仅仅过了十三天。8月6日,

第二章 人物

御史董元醇上奏请太后暂理朝政，并选择亲王一二人加以辅弼，从而为两宫太后未来的垂帘听政打下舆论基础；7日，亲太后派的准兵部侍郎胜保赶到避暑山庄，请旨不许各地统兵大臣赴承德祭奠，随后自己率兵经河间、雄县一带兼程北上，为两宫太后未来的垂帘听政保驾护航；9月23日避暑山庄起灵驾。两宫太后和同治皇帝只陪了灵驾一天，就从小道赶回北京，于30日发动政变。奕䜣先是暗地里策动其亲信、手握重兵的胜保上《奏请皇太后亲理大政并另简近亲王辅政折》，以为政变成功后皇太后听政与近支亲王辅政做好舆论准备。所谓"另简近亲王辅政"，明眼人一看便知是让恭亲王奕䜣上位。随后赞襄政务八大臣中的载垣、端华在宗人府被迫自杀，肃顺处斩，景寿、穆荫、匡源、杜翰、焦祐瀛被夺职，穆荫被发往军台效力。

1861年农历十月，当一切尘埃落定后，两宫太后诏改"祺祥"年号为"同治"年号。这实在是一次含义丰富的诏改，因为"同治"含义可做四层理解：一是两宫同治，二是两宫与亲贵同治，三是两宫与载淳同治，四是两宫、载淳与亲贵同治。当然对奕䜣来说，他也获得了某种"同治"的可能性。咸丰十一年（1861）十月一日，辛酉政变后第二天，奕䜣发现自己成了议政王、宗人府宗令，并被任命在军机处行走。"宗人府宗令"这官是地位的象征，虽然只掌管皇族事务，却位居内阁六部之上。但他的恩宠并没有到此结束。第三天，两道上谕下来，奕䜣被补授总管内务府大臣，同时管理宗人府银库。在此之前，奕䜣的身份是总理各国事务衙门大臣，如今多重显要身份集于一身，奕䜣的人生可谓功德圆满了。

五

奕䜣的人生突然间功德圆满，其实是一种交易，是慈禧对奕䜣在辛酉政变中配合默契给予的回报。不过，它也不仅仅是回报，其中还有安全和平衡的考量。政变后载垣、端华赐自尽，肃顺斩首示众，景寿等五人或革职或遣戍。帝国一时间人心惶惶，不给奕䜣好处，一无以镇服人心，二恐生变数。这是慈禧对权谋手段的一次大胆运用，结果形势稳定了下来。

四年之后的同治四年（1865）三月初七日，恭亲王奕䜣被慈禧革职。大权在握的奕䜣起初不以为然，他甚至和这位女人进行理论，双方发生争执。慈禧随后亲笔诏书，斥责奕䜣"骄盈溺职，召对不检，罢其值军机、议政王的官衔"。奕䜣这才知道，自己的使用价值已经到期了。他在辛酉政变中配合默契并不意味着可以永久享受权力，相反，随着时间的推移，他在慈禧眼里从利益共享者已经转变成战略竞争者，所以动手是迟早的事情。这是权力的巡回，也是慈禧太后的收官。貌似"润物细无声"，却"轻舟已过万重山"。

就在奕䜣准备弃子认输时，世事的无常却出现了。由于王公大臣九卿科道等公奏："恭亲王咎由自取，尚可录用"，慈禧权衡之后做了一个折中处理——命奕䜣仍在内廷行走，并总管总理衙门。恢复其军机大臣职务，不复议政。这叫打而不死，以观后效。但最后的效果究竟怎样，是峰回路转还是慢慢折磨致死，奕䜣不知道。因为主动权不在他手里。

第二章 人物

此后二十年没有动静。就像楼上人家夜半时分脱了一只靴子，奕䜣提心吊胆地等待另一只靴子也脱下来——早脱早解脱，但慈禧偏偏猫玩老鼠，很有耐心地玩了二十年，直玩得奕䜣这只老老鼠万念俱灰，生不如死。二十年后的1884年，最后的谜底揭晓。这一年是光绪十年，法国人兵指越南，帝国在越南战场上被打得落花流水，先后失了山西、北宁、太原等地。三月初八日，左庶子盛昱上奏折弹劾李鸿藻保举非人，建议给予处分；同时盛昱还在奏折中说奕䜣、宝鋆了解内情却不加阻止，也应该负一定的责任。毫无疑问，这是一份慈禧等待了二十年的奏折。因为它给了她脱去另一只靴子的动力。五天之后，慈禧出手，以"委蛇保荣，办事不力"的罪名，将恭亲王奕䜣、大学士宝鋆、协办大学士吏部尚书李鸿藻、兵部尚书景廉、工部尚书翁同龢一概逐出军机处；同时任命礼亲王世铎，户部尚书额勒和布、阎敬铭，刑部尚书张之万，工部侍郎孙毓汶五人为军机大臣，礼亲王世铎为领班大臣，组成了新的军机处。这是光绪十年（1884）权力格局的重新组合，也是对奕䜣政治生命的一个交代和了结。奕䜣明白，重点其实还在后者。慈禧以一个女人的耐心足足等了二十年，这样的收官时间可谓绝无仅有。这一回，奕䜣真正弃子认输了。

光绪二十年（1894），由于甲午战败，帝国人才匮乏，63岁的奕䜣重新出山，担任领军机的重臣。但此时的他日薄西山，锐气不再，看见慈禧就像老鼠看见猫一样，再无任何主见与坚持，凡事委蛇因循，成了一个素餐尸位之人。四年后，戊戌变法运动爆发前夕，奕䜣与世长辞。在晚清五十年的历史大变局中，奕䜣本来可以有更大作为的，但由于时运不济，再加上自身性格或操切，或首鼠两端等消极因素的存在，此人最终成为紫禁城权力场的郁郁不得志者，一个流星人物——虽曾春风得意，却到底昙花一现罢了。

第二章 人物

丙 外来者

利玛窦

　　从外来者的视角看紫禁城，城中的一切意蕴便变得格外深长。

　　实际上，以紫禁城为中心辐射出去的经纬线让这座城有了时空的纵深感和宽厚感。时间，让紫禁城的起承转合有了足够长的演绎平台；空间，则让紫禁城的视野与格局有了充分暴露的可能。

　　当东西方的文明观念在这里突然碰撞之时，紫禁城还是那座紫禁城吗？

　　1601年，当晚明国情观察者利玛窦沿着大运河从南京来到北京之时，这个49岁的意大利传教士第一次见到了等级森严的紫禁城：建筑分为外朝和内廷两部分。外朝的中心为太和殿、中和殿、保和殿，统称三大殿，是朝廷举行大典礼的地方。内廷的中心是乾清宫、交泰殿、坤宁宫，统称后三宫，是皇帝和皇后居住的正宫。

　　彼时，一个王朝的党争方兴未艾，那是紫禁城里的东方式权力之争。早在万历十九年（1591）四月二十五日，南京礼部主事汤显祖就上疏弹劾申时行。这位在若干年后写出《牡丹亭》的才子在万历十九年（1591）的春天显然对帝国首辅牢骚满腹。他说："言官中亦有无耻之徒，只知自结于内阁执政之人，得到申时行保护，居然重用。"又说"首辅申时行执政，柔而多欲，任用私人，靡然坏政。请陛下……严诫申时行反省悔过。"三个月后，福建按察佥事李琯上疏弹劾申时行十罪，其主要内容包括申时行儿子申用嘉"假冒籍贯，中浙江乡试；其婿李鸿冒籍纳监，以及纵家人宋九通贿纳京卫经历，未尝历俸，竟得双封；受郜光先之贿金，而私授他为总制陕西三边军务，致使敌寇盘跨两川以及（申时行）私收辽东总兵官李成梁贿金，为他掩盖败绩，阵亡八百人，竟反以奏捷议赏"等涉及政治、经济、军事方面的问题。当然这些问题并无实据，但弹劾的人多了，皇帝也不能不起疑心。万历十九年（1591）九月十二日，五十七岁的申时行引退，万历四十二年（1614），八十岁的申时行与世长辞，算是彻底摆脱言官的诘责了。

更多的人依然在彀中。申时行归去那年，阁臣许国抱怨说，现在"内外小臣争务攻击，致大臣纷纷求去，谁能再为国家做事！"他提请皇帝严禁小臣攻击大臣。因为在某种意义上说这是党争泛滥的一种表现。虽然神宗也感时伤怀，担忧"大臣解体，争欲去官，国无其人，朕与谁共理国事！"并且告诫百官今后再有肆行诬蔑大臣者将重治不贷，但一种动荡不安的气息却已经弥漫紫禁城内外，经久不息。因为自万历二十二年（1594）二月，吏部郎中顾宪成被革职为民，在无

第二章

人　物

锡东林书院讲学之后，齐、楚、浙三党攻击"东林"事件便层出不穷。帝国党争乱象纷呈，更要命的是大臣们长达十五年的"争国本"运动让皇帝焦头烂额，一个王朝的断裂带已经形成，万历成了真正的孤家寡人。1601年晚些时候，万历皇帝在国本问题上弃子认输，同意立皇长子朱常洛为皇太子，另册封朱常洵为福王、朱常浩为瑞王、朱常润为惠王、朱常瀛为桂王，总算是在立储问题上重点突出、主题鲜明了。

当然从外来者利玛窦的视角去看，这种东方式政治博弈模式不是他所关心的。1601年春天的时候，在紫禁城，利玛窦向万历皇帝进呈了自鸣钟、《圣经》《万国图志》、大西洋琴等贡品共十六件，万历皇帝对这些贡品非常感兴趣，尤其是大小两架自鸣钟，他最为喜爱。大的那架自鸣钟，被置于精美的阁楼之上，在宫内专司报时，但仅此而已。所谓东西方文明的碰撞，紫禁城内外视角比较所可能产生的新鲜意蕴，万历皇帝并没有深思。

利玛窦在他的《中国札记》中曾经这样写紫禁城之外的中国："它四周的防卫非常好，既有由自然也有由科学所提供的防御。它在南方和东方临海，沿岸有很多小岛星罗棋布，使敌舰很难接近大陆。这个国家在北部则有崇山峻岭防御有敌意的鞑靼人的侵袭，山与山之间由一条四百零五英里长的巨大的长城连接起来，形成一道攻不破的防线。它在西北方面被一片多少天都走不尽的大沙漠所屏障，能够阻止敌军进攻边界，或者成为企图入犯的人的葬身之所。"

在利玛窦看来，这是个防卫型的国度，但防卫的另一些近义词是封闭、保守。"他们不允许外国人在他们的境内自由居住，无论什么情况，他们都不允许外国人深入到这个国家的腹地。"这是利玛窦的一个观感。事实上，在见到紫禁城中国皇帝的第二年，利玛窦专门制作了一张中文版的世界地图，名曰《坤舆万国全图》。这应该是中国历史上第一张世界地图，高1.52米，宽3.66米，由12个类似于屏风的长条拼成。皇帝和大臣们站在地图前目瞪口呆地发现，世界是由五个洲组成的：亚细亚、欧罗巴、利未亚（非洲）、南北亚墨利加（南北美洲）、墨瓦喇尼加（南极洲）。世界上还存在四大洋：大西洋、大东洋（太平洋）、小西洋（印度洋）、冰海（北冰洋）。

并且，从利玛窦嘴里吐出了"地球"一词。这个传教士说，世界是一个球体，所谓"天圆地方"的说法是错误的。中国既不在世界中央，看起来也不是很大。利玛窦事后在他的笔记里如实记载了紫禁城里的人当时复杂矛盾的心情："他们认为天是圆的，但地是平而方的，他们深信他们的国家就在它的中央……他们不能理解那种证实大地是球形、由陆地和海洋所构成的说法，而且球体的本性就是无头无尾的。"

利玛窦遭遇紫禁城，引起的观念震荡甚至波及明清之际的大学者王夫之。王夫之认为，利玛窦"身处大地之中，目力亦与人同"，根本就不能跳出大地之外去观察地是圆的还是方的。他断言，利玛窦其人必是"癫狂""痴呆"，所谓疯子之言，不足理会。

但是在当时，一个叫徐光启的人与利玛窦达成了心灵互通。利玛窦在北京期间，徐光启正供职于翰林院。当徐光启第一次见到世界地图,明白在中国之外,还有那么大的一个世界,明白地球是圆的,有个叫麦哲伦的西洋人乘船绕地球环行了一周,还有意大利科学家伽利略制造了天文望远镜,能清楚地观测天上星体的运行,徐光启对这一切深信不疑。他与利玛窦结下深厚的友谊,二人协力翻译了《几何原本》和《测量法义》等著作,第一次把欧几里得几何学及其严密的逻辑体系和推理方法引入中国。而时任太仆寺少卿的李之藻师从利玛窦学习西方科学,与利玛窦合作编译了《同文指算》等书籍。这或许是紫禁城缝隙里发出的微弱文明之光吧,虽然从根本上不能改变这座城池闭合循环的态势,却也给了它一点点别样的光芒。

最重要的是,利玛窦的到来让紫禁城内外的一小部分士大夫阶层开始明白世界非常大,而中国只居亚细亚十分之一,亚细亚又居世界五分之一,国人应该接受各种国家和文明并存于一个星球上的现实。起码在这方面,徐光启是获益良多的。他感谢利玛窦这个紫禁城的外来者让自己对欧洲三十余国有了整体认识,也让他认识到在那幅地图的背后是一个与华夏迥然不同的文明世界,徐光启由此称赞利玛窦是"海内博物通达君子"。

利玛窦在这个意义上说是紫禁城的启蒙者或者说敲钟人,尽管被惊醒的人寥寥可数,但他们却正是"睁眼看世界"最早的那批中国人。

马戛尔尼

紫禁城内外，关于中西方文明的冲突或者说碰撞除了利玛窦之外，另外一个重要当事人是马戛尔尼。

乾隆五十八年（1793）九月，一个七百余人的使团出现在避暑山庄。他们来自遥远的大英帝国，目的是为乾隆补祝八十寿辰。其时，乾隆在位五十五年，已经是一位83岁的老人了。但乾隆的心情却似乎很好，虽然八十寿辰已过去三年，可他还是对英国人的补祝寿辰持一种赞许的态度。

一些细节的出现反映了乾隆的这种态度：当马戛尔尼率领的大英使团乘坐"狮子号"抵达天津大沽口外时，受到了中国官员的隆重迎接，他们得到了大量的礼物食品。英国使团副使斯当东后来在日记里称，由于礼物太多，船上空间狭小，只能收下一部分，而"以后不须提出请求，大批免费供应的物资源源不断送去"（《英使谒见乾隆纪实》）。

大约从这一刻开始，两种文明的冲撞开始显现：因为按照英国人的外交惯例，除特邀访问之外，一般使团的出访费用都是要自理的。乾隆显然不会按英国规则行事——乾隆给

第二章
人 物

予英使的东方式礼遇既表明了其好客态度，其实也曲折地表现了一个大国的傲慢——就像大清柱国福康安随后对马戛尔尼说的那样："我们有的你们没有，你们有的我们都有，你们有我们没有的，都是我们不需要的无用之物。"

但大英使团还是执着地奉上了自己的礼物——福康安眼中的"无用之物"：天文仪器、光学仪器、航海仪器、各式火炮和枪支弹药、望远镜等当时欧洲最先进的自然科学方面的成果。

还有一艘军舰模型，也就是大英使团乘坐的"狮子号"军舰模型。"狮子号"毫无疑问是当时英国最先进的军舰之一，艘上配有英国最先进的火器、火炮等，这些在随舰附送的说明书里都有详细说明。

两种文明的冲撞就这样以礼物交换的形式完成了。这是历史的机锋之所在，也是含义鲜明的预警。一方拿出的是五千年不变的土特产——猪和家禽等（事实上这样的礼物并不受英人待见。因为"有些猪和家禽已经在路上碰撞而死"，所以当运送礼物的中国官员刚离开，英国人就把一些死猪、死鸡从"狮子号"上扔下了大海）。另一方拿出的却是当时欧洲最先进的自然科学包括军事科学方面的成果（充满反讽意味的是，这样的礼物也不受乾隆待见。乾隆在收下这些礼物后，就将它们扔进了圆明园的库房里，再无理会）。

这是文明的冲撞，事实上也是文明的隔阂。作为盛世之君的乾隆，不相信这个世界存在比大清国更先进的文明，所以他对当时欧洲最先进的自然科学包括军事科学方面的成果漠视了。但很遗憾，这是致命的漠视——六十多年后，英法联军攻入圆明园,他们惊奇地发现,当年马戛尔尼奉送的礼物无人问津地躺在里面,满是尘土。而那张"狮子号"军舰模型的说明书,虽然字迹泛黄,却还清晰可辨,只是没人将它翻译成汉字。

回到历史现场,回到马戛尔尼访清的动机。现在看来这其实是一次破冰之旅。是两种体制、两个中心第一次小心翼翼却又不无敌意的试探和摸底。这是真相大白的时刻,也是雾里看花的时刻。关键在于以什么眼神去看。之所以说存在"两个中心"是因为当时的东西方世界大清帝国和大英帝国都是具有世界影响力的国家。一个是老牌的文明古国,有着千古不易的道德体系和生存哲学。天不变,道亦不变。地球上只有一个中心,这个中心就叫中国。任何试图制造两个中心的企图和努力都是注定要失败的,也是徒劳的;另一个是新兴的工业国家,充满野心和欲望。不相信"天不变,道亦不变",只相信"我能,我可以"。试图另立中心。所以这两个国家走到一起,冲突就成为一种必然。

毫无疑问,这是文明的冲突,对乾隆来说,其实也是文明的机会,如果他能趁机抓住的话。事实上马戛尔尼初来中国并不是来PK的,而是要传播新价值体系和新价值观念。他希望清廷能够把天津、舟山、宁波等地方开放成通商口岸,和大英帝国建立正常的经贸关系和外交关系,并借此将闭关锁国的大清国拉入世界文明新家庭中。因为在此之前,清朝将对外贸易限制在广州一个地方,一口通商,而且实行行商制度,与这个世界进行着若有若无、可有可无的接触。姿态是诡异的,也是不对等的。马戛尔尼希望,大国要有大国的

第二章 人物

气度。

对于大国的理解很显然乾隆和马戛尔尼是各不相同的——乾隆要的是大国的傲慢和威严，马戛尔尼却希望大国的关键词是宽容和与时俱进。两人南辕北辙。更要命的是历史经常有小插曲，历史的小插曲加速或打断历史前行的进程，令人或目瞪口呆或长吁短叹。

这一回从历史的小插曲中伸出来的是一条腿。

马戛尔尼的腿。

马戛尔尼不屈不挠的腿。

准确地说，乾隆希望马戛尔尼面见他的时候两条腿都跪下来，同时辅之以磕头的动作。因为在乾隆看来，这事关大英帝国对大清帝国的尊重。但是马戛尔尼却将其中一条腿伸了出来。原因同上，马戛尔尼也希望大清帝国对大英帝国有所尊重。在马戛尔尼看来，跪叩之礼本身就是反文明的，这不仅是对身体的侮辱，具体到他身上，更是对国家形象的侮辱。

便只跪了一条腿，而将另一条腿伸了出来，牢牢地踩在地上。在一片大清官员对乾隆三跪九叩之时，马戛尔尼和他的英国使团有限地维护了自己的身体和他们所属国家的尊严。副使斯当东的儿子小斯当东在他的日记里这样描述当时的场景："随着一声令下，我们单膝跪地，俯首向地。我们与其他大员和王公大臣连续九次行这样的礼，所不同的是，他们双膝跪地而且俯首触地。"

尽管如此，乾隆还是很生气。这样的生气辐射到马戛尔尼身上，那就是乾隆拒绝了其开放天津、舟山、宁波等地为通商口岸，和大英帝国建立正常的经贸关系和外交关系的建议。毫无疑问，这是一场由礼仪之争引发的两国关系走向冰点的个案，乾隆就此关上了与世界和谐互动的大门，直到他生命终结，直到1840年的到来。

一个帝国可能的自我拯救就此被一条不听话的腿别住了。当乾隆豪迈地说完"天朝物产丰盈，无所不有，原不借外夷货物以通有无"这句话后，马戛尔尼们悻悻回国。马在带回去的一份关于中国的报告中这样写道：

"中华帝国是一艘陈旧而古怪的一流战舰，在过去的一百五十年中，代代相继的能干而警觉的官员设法使它漂浮着，并凭借其庞大与外观而使四邻畏惧。但当一位才不敷用的人掌舵领航时，它便失去纪律与安全。它可能不会立即沉默，它可能会像残舸一样漂流旬日，然后在海岸上粉身碎骨，但却无法在其破旧的基础上重建起来。"

当然这样的文字乾隆是不可能看到的，即便看到了他也不可能看懂——帝国缺乏英文人才，即便有，也无人敢翻译这样晦气的文字。盛世大清需要的是祥和之气。

最重要的是乾隆看懂了也毫无意义。就像那张"狮子号"军舰模型说明书的宿命，注定是尘埃满身，顾影自怜，无人问津。

紫禁城，最终还是关闭了外来文明渗透进来的那一丝光亮，倔强地成为铁幕，并甘愿为此付出代价。

丁　零余者

宦官魏忠贤

一

紫禁城里的角色分主角和配角。主角光彩夺目，是追光灯始终不离须臾、步步紧跟的目标；配角似乎没有独立的价值，以配合主角的喜怒哀乐为自己的人生准则。

而零余者，仿佛连配角都不如。比如宦官和宫女，作为人的尊严几乎都难以保全，紫禁城中，哪里有他们的表演舞台呢？

在城里，宦官算得上是零余者的角色。而零余者的生存规则，必然迥异于其他人等。不过，作为著名零余者的魏忠贤，其人生起落，却将这一群体的生存状态和梦想野心全方位立体化地呈现出来了。这是紫禁城生活之一种，值得记录。

客观地说，作为河间肃宁（今河北肃宁）一户贫困人家的子弟，魏忠贤既不是富二代，也不是官二代。他甚至不识字，酷爱赌博，年轻时候为了逃避赌债经常东躲西藏。品行不好，基本上算是一个市井无赖。这样的一个人，究竟靠什么手段爬上高位，成为紫禁城里的呼风唤雨者呢？

一个时代，市井无赖得以呼风唤雨，良善之辈如东林党人横遭迫害，个中原因是时代本身出了问题。还是话说从头。万历十七年（1589），当河间府肃宁县的市井无赖李进忠被选入宫中，成为司礼秉笔太监孙暹手下一个打杂的小伙计时，他不知道，在此后的岁月里，自己竟然有能力深刻地影响帝国朝局。熹宗皇帝成为他的铁杆玩伴。这个后来更名为魏忠贤的人引导皇帝极尽声色犬马之好，自己却包揽政事，成为帝国的一个符号人物——什么叫人间传奇？这就叫人间传奇。

事实上魏忠贤刚进宫时，做的是最下等的太监，被安排做杂役。但一个叫魏朝的大太监随后改变了他的命运——他将魏忠贤从一名普通的杂役太监转至司礼监秉笔太监、掌管东厂的孙暹手下，负责管理库房。毫无疑问，这是个有油水的活，关键是魏忠贤开始接近权力核心——东厂了。那么魏朝为什么能改变魏忠贤的命运呢？首先是他在皇帝面前说得上话。魏朝是最早伺候并保护熹宗皇帝朱由校的太监，所谓侍卫有功。另外魏朝是明朝万历、泰昌、天启年间的"三朝大太监"王安的下属，资格不可谓不老。魏朝想为哪个小太监说话，命运的改变那是分分钟的事。关键是，魏朝为什么想改变魏忠贤的命运呢？

正所谓做一名太监不难，做一名会来事的太监很难。而魏忠贤就会来事。他巴结魏朝，并和魏朝结拜为异姓兄弟。为了向魏朝表达忠心耿耿之意，此公改李进忠之名为魏忠

第二章

人　物

贤——又忠又贤，还从异姓兄弟升级为同姓兄弟。大家都姓魏，照顾一下是必须的。魏忠贤由是成为一名库房管理员，油水丰厚。

但很显然，魏忠贤不是那种小富即安之人。一辈子做一名库房管理员不是他的理想。要想更上层楼，还需贵人提携。魏忠贤这次瞄准的贵人是大太监王安。因为他比魏朝更大腕，利用空间或者说自己今后的升值空间更大。王安从万历二十年（1592）起就服侍朱常洛、朱由校父子。尤其在移宫一事上，他联合外廷的杨涟、刘一璟等大臣拥朱由校登基，使朱由校从此摆脱了"西李"（李选侍）的控制，成为一个有独立人格的皇帝——熹宗皇帝。而熹宗皇帝朱由校登基后，对王安言听计从，感激不尽。魏忠贤靠近王安，毫无疑问比靠近魏朝更有价值，因为他可以直接接触到皇帝，自己日后飞黄腾达的可能性大大增加了。

关键是魏忠贤还懂得曲径通幽，在靠近王安的同时还靠近皇帝朱由校的奶妈客氏。这里需要重点交代下客氏。这是一个神一样的女人，是中国历史上为数不多能够改变历史进程的女人之一。这个客氏名巴巴，原是河北一农妇，定兴县侯巴儿（侯二）之妻，生有一子名侯国兴。十八岁时客氏就入宫成为当时的皇孙朱由校的乳母，也就是奶妈。但这个奶妈与其他奶妈不同之处在于她能全方位掌控朱由校，使其对自己产生依赖感。朱由校登基后未满一月，就封客氏为奉圣夫人，同时她的儿子侯国兴、弟弟客光先俱封锦衣千户。至于客氏本人，熹宗皇帝也下诏赐香火田。这一点其实不是最关键的，因为它没有充分体现出皇帝对客氏的依赖感。真正的案例来自于天启元年（1621）。这一年二月，熹宗皇帝大婚礼毕，御史毕佐周、刘兰上疏奏请令客氏出宫，大学士刘一璟也持相同看法。熹宗不忍客氏离去，替她辩解说："皇后幼，赖媪保护，俟皇祖大葬议之。"总之是找出各种理由让客氏留下。后来客氏虽然离开宫廷，但熹宗皇帝"复又召入"，这个奶妈的重要性，由此可见一斑。

奶妈对皇帝重要，对魏忠贤来说同样重要。因为魏忠贤观察到，客氏"每日清晨入乾清暖阁侍帝，甲夜后回咸安宫"，跟皇帝朝夕相处；每逢客氏生日，皇帝朱由校都会亲自去祝贺。而客氏每一次出行，其排场都不亚于皇帝。出宫入宫，清尘除道，香烟缭绕，宫廷内外"老祖太太千岁"的呼声惊天动地。这说明什么？说明客氏是和最高权力紧密联系在一起的，而魏忠贤需要的恰恰是这一点。

但对魏忠贤来说，有一个关口必须要过，那就是如何处理魏朝与客氏的关系。因为在当时，魏朝与客氏对食，也就是说结成了名义夫妻，关系可谓如胶似漆。这一点对魏忠贤非常不利。因为既然是夫妻，哪怕是名义夫妻，就有利害关系。客氏凡事必为"老公"魏朝着想，魏忠贤想接近最高权力，根本是门都没有。那么魏忠贤怎么办？他使了一招，叫横刀夺爱——强行接近客氏，从魏朝手里夺走他的老婆。

关于魏忠贤横刀夺爱的过程，《甲申朝事小记》记载说，这两个魏先是"共私客氏"，最后魏忠贤渐占上风，公然当着魏朝的面和客氏在乾清宫西阁亲热嬉闹。魏朝是可忍孰不可忍，和魏忠贤撕打，最后事情越闹越大，惊动了皇帝。皇帝出来当裁判，说："客奶，只说谁替尔管事，我替尔断"（《酌中志》），并最终准许客氏以后跟魏忠贤过日子，也就是所谓的对食，魏朝完败。

的确，魏忠贤的非同寻常之处就在于他能痛打落水狗，对失意者不仅踏上一只脚，还要置他于死地。泰昌元年（1620）十二月，魏忠贤假借皇帝诏令，将魏朝发配到凤阳守皇陵。这是调虎离山的意思，目的是把他赶出京师，以便下手。魏朝也聪明，走到半路，情知不妙，赶快溜之大吉，逃到蓟北山中的寺庙躲起来。但魏忠贤岂肯放他，在其授意下，当地差役抓捕魏朝，并在献县看守所活活勒死了他。

魏忠贤为绝后患，对曾经的恩人、现今落败的情敌魏朝下此狠手，这是其非同寻常之处——能痛打落水狗。魏朝死后，魏忠贤在客氏的鼎力协助下逐渐受到熹宗的赏识。没过多久，魏忠贤就从惜薪司提拔为司礼监秉笔太监，代替皇帝执笔批阅大臣们的奏章，从此成了皇帝身边最亲近的人。但魏忠贤想更上一层楼，还面临着一大阻碍，那就是王安。王安是魏朝的保护伞。因为魏朝的引荐，王本来看好魏忠贤。魏朝与魏忠贤争风吃醋落败后，他在一旁看不下去，怒其不争，狠狠打了魏朝几个耳光，并勒令他去兵杖局养病，最后还将其调离乾清宫——这其实是保护魏朝的意思，以图东山再起。因为明眼人都能看出来，魏忠贤投靠客氏，锋芒正盛。魏朝不可与其用强。但魏忠贤却不放过魏朝，对其痛下杀手，这让王安疏远了魏忠贤并对其心生警惕。

二

所以接下来，魏忠贤的目标就是扳倒王安。事实上，这是个不可能完成的任务。因为从万历二十年（1592）起王安就服侍朱常洛、朱由校父子。早在光宗朱常洛时代，他就是皇帝的亲信宦官，系司礼监秉笔太监。尤其是在"移宫"一事上，王安联合外廷的杨涟、刘一璟等大臣拥朱由校登基，使朱由校成功摆脱了"西李"（李选侍）的控制，居功至伟。而熹宗皇帝登基后，对王安言听计从。面对这样一个重量级的人物，魏忠贤想打败他，几无可能。

但魏忠贤还是出手了。他抓住了王安的一个性格弱点——"刚直而疏"，心思不够缜密，联合客氏经常在皇帝面前进谗言。这是一个方面；另一方面，王安由于年纪大了，经常生病，与熹宗的接触逐渐变少，这使得他缺少为自己辩白的时机。王安和魏忠贤两人在皇帝面前的受宠程度，毫无疑问就呈现出此消彼长的态势来。而接下来王安辞让司礼监掌印太监一事的爆发，成了魏忠贤打击他的绝佳时机。

天启元年（1621）五月，朱由校任命王安为司礼监掌印太监。这件事情在魏忠贤看来非同小可。因为司礼监掌印太监的权力在秉笔太监之上。王安一旦上位，魏忠贤作为秉笔太监，就要被其压制。魏忠贤怎么办？他接下来采取了两步走策略。一是让客氏在熹宗面前数落王安的不是；二是嗾使给事中霍维华弹劾王安。就在这时，王安自己也犯下一个致命错误，上辞呈辞让司礼监掌印太监一职。实际上这是官场上的官样文

第二章 人物

章，王安也是假客气罢了，心里还是很想履新的。但魏忠贤和客氏抓住这件事不放，双管齐下进王安的谗言，指其欺君罔上。皇帝犹豫不决之时，魏忠贤又自作主张，矫颁圣旨将王安发配到南海子去做净军——让他成为宦官军队的一分子。

事情到了这个地步，魏忠贤恩将仇报的特性已经展露无遗。但客氏比魏忠贤更狠，她要斩草除根。当魏忠贤在要不要置王安于死地这个问题上犹豫不决时，客氏对他说了这样一句话："尔我孰若西李，而欲遗患也！"意思是说，你我跟李选侍比怎么样？她都被王安逼得移宫僻居了，我们为什么还要留下后患呢？

魏忠贤很快就下定决心：王安不除，自己的人身安全就没有保证。因为王安曾经有恩于熹宗皇帝，他若不死，随时有可能咸鱼翻身。虽然从另一方面说，王安也对他魏忠贤有恩，但魏忠贤相信这样一条人生哲理：菩萨心肠成不了大事。只有恩将仇报，才能出人头地。何况这又不是他第一次恩将仇报。对魏朝已然下手了，且收获了好处，那对王安为什么不可以这样做呢？从最现实的角度考虑，除去王安，司礼监掌印太监的位置才能空出来。收益者谁？他魏忠贤也。

于是，魏忠贤联合客氏暗地里派当初李选侍宫中的太监刘朝去掌管南海子，目的就是要置王安于死地。刘朝与王安本来就有仇。他到任后，先是不让王安吃饭。王安求生欲强，掘草根为食，似乎是要顽强生存下去，以图东山再起的意思。史料记载：刘朝由是"扑杀之"，王安遂一命呜呼。

三

实际上，除了魏朝、王安外，在魏忠贤飞黄腾达的道路上，躺下的牺牲品数不胜数。他们是——

周宗建。天启三年（1623）二月二十八日，御史周宗建上疏弹劾魏忠贤结党营私，准备将其一网打尽，没想到皇帝站在魏忠贤一边，诏夺周宗建俸禄三月——扣发了他三个月的薪水，以示惩戒。

杨涟。杨涟是一个标签，昭示着帝国的世道人心。这个万历三十五年（1607）的进士也是东林党的后起之秀，以追随顾宪成的风骨而自励。这或许可以解释他为什么会上疏弹劾魏忠贤二十四大罪的一个动因。天启四年（1624）六月初一日，左副都御史杨涟向皇帝揭发魏忠贤二十四大罪，称"大小臣工，皆知有忠贤，不知有皇上，乞正法以快神人之愤"；皇帝当然不可能将魏忠贤正法，相反，四个月后，杨涟付出了代价，他被削籍——开除公职，并在第二年三月下狱，经受了严刑拷打。锦衣卫动用了很多酷刑，死时"土囊压身，铁钉贯耳"（见《碧血录》），情状惨不忍睹。

杨涟去世后，帝国官场掀起了反魏风。有70多名高级官员上疏弹劾魏忠贤不法。但是很遗憾，这些上疏弹劾的人统统受到熹宗的严词切责。魏忠贤在皇帝心目中的分量，由此可知。

赵南星。河北人赵南星在民间有很高的声望，与邹元标、顾宪成称为海内"三君"。魏忠贤最初是不想与他为敌的，而是试图拉拢利用。他派自己的外甥傅应星去拜见赵南星，赵南星却拒而不见。赵以整齐天下为己任，曾告诫魏忠贤说："主上冲龄，我辈内外臣子宜各努力为善。"由此遭到魏忠贤的打击报复。天启四年（1624），赵南星被发配代州，三年后死于流放地。继杨涟之后，又一帝国的风骨轰然倒下。

高攀龙。高攀龙是明代著名学者，东林党领袖。他二十五岁时追随顾宪成一道讲学，于程朱理学多有钻研。顾宪成去世后，高攀龙成为东林党首。世称"顾高"。天启四年（1624）八月，高攀龙拜左都御史，因揭发御史崔呈秀贪污之事得罪魏忠贤，于同年十月罢归。后因崔呈秀挟私报复，派锦衣卫缇骑前往无锡欲逮捕高攀龙回京，高遂于天启六年（1626）三月十六日写下遗书，"衣冠赴水"而死，时年六十五岁。

左光斗。左光斗是桐城人，万历三十五年（1607）进士，天启四年（1624）拜左佥都御史。因为与杨涟共同弹劾魏忠贤，又和高攀龙一起揭发御史崔呈秀贪污之事，左光斗被削籍。天启四年（1624）十月下狱，五年（1625）八月在狱中去世。左光斗生前与杨涟两人为朝局着力深巨，朝野并称其"杨、左"。

从万历十七年（1589）算起，差不多三十年之后，熹宗赐魏忠贤世荫的荣耀，荫封他的兄弟魏钊为锦衣卫千户。这是魏忠贤发达的开始。魏忠贤的追随者有"五虎五彪十狗十孩儿四十孙"之说。其中"五虎"为文职，包括工部尚书兼左都御史崔呈秀等五人；"五彪"为武职，包括左都督田尔耕等五人。而"十狗十孩儿四十孙"也是各有其人。天启五年

(1625)十二月，御史卢承钦为了取悦魏忠贤，仿《点将录》构致东林党人关系图，称"东林自顾宪成、李三才、赵南星而外，如王图、高攀龙等，谓之副帅，曹于汴、汤兆京、史记事、魏大中、袁化中谓之先锋，丁元荐、沈正宗、李朴、贺烺，谓之敢死军人，孙丕扬、邹元标谓之土木魔神。请以党人姓名罪状，榜示海内"。由此一轮新的打击呼之欲出。左都御史邹元标与左副都御史冯从吾在京创建的首善书院被毁，紧接着东林、关中、江右、徽州等地书院俱毁。邹元标、冯从吾、孙慎行、余懋衡、周宗建、张慎言、黄尊素、邹维琏、卢化鳌、熊明遇等东林党人被先后削籍。

四

天启六年（1626），魏忠贤在帝国的威望到达顶点。这一年，他的生祠遍天下。我们再来看看魏忠贤的职位。魏是司礼太监和提督东厂太监，但显然皇帝认为还不够，不仅进其上公，加恩三等，还赐魏忠贤"顾命元臣"的印鉴，准其享有九千岁的称呼，并默许百官对魏忠贤的雕像行五拜三稽首之礼。魏忠贤人生得意至此，几乎称得上是"立皇帝"了。

天启七年（1627）八月，熹宗去世。由于没有子嗣，他的异母弟朱由检受遗命于同月丁巳日继承皇位，是为崇祯帝。十月二十七日，贡生钱嘉征上疏揭露魏忠贤十罪。崇祯皇帝接到这封奏疏时，年仅十七岁，即位才两个月。尽管魏忠贤视新帝朱由检只不过是一个符号，但他以退为进，一试时局的深浅。在熹宗过世仅仅八天之后，九月初一，魏忠贤向崇

第二章

人　物

祯提出辞去东厂总督太监的职务。

但崇祯不许。魏忠贤很快出手了第二招。九月初三，在魏忠贤的策划下，客氏请求从宫中迁回私宅。

这一次，崇祯犹豫了好久，才勉强同意。魏忠贤或许还不知道，这其实是崇祯的老成——对付魏忠贤欲速则不达，必须分而治之。

客氏出宫似乎成了推倒魏忠贤骨牌的第一推力，不过魏忠贤也不是吃素的，他差不多把整个大明朝的官员都打造成魏忠贤骨牌了，要玩完大家一起玩完！九月初四，因为巴结魏、客而成为司礼监掌印太监的王体乾作垂垂老矣状向崇祯提出辞职申请。按《大明律》，司礼监掌印太监位在掌东厂太监之上，但王体乾为了巴结魏忠贤，平素竟甘愿屈居其下。现如今，作为堂堂的司礼监掌印太监，王体乾主动跳出来为魏忠贤骨牌充当牺牲品，明摆着是向大明朝的皇家威权叫板……18岁的崇祯以无比诚恳的态度挽留了王体乾。他推心置腹、声泪俱下、晓之以情、动之以理，最后竟感动得老王发自肺腑地表忠心，就差说出是魏忠贤在背后指使他这么干的了。这一回合，算是崇祯赢了。

但是历史的小插曲说来就来。九月十四，右副都御史管南京通政司事杨所修义愤填膺地站出来，弹劾魏忠贤的亲信兵部尚书崔呈秀、工部尚书李养德、太仆寺少卿陈殷、延绥巡抚朱童蒙等人，说他们不孝，父母过世了不在家丁忧，有违崇祯刚提出来的"以孝治天下"的施政纲领。他同时弹劾吏部尚书周应秋这么多年来一直在混日子，提拔官员老是在搞平衡、和稀泥，"做人的底线到哪里去了？为官者的良知到哪里去了？"

魏党成员被弹劾，魏忠贤马上力保，他提醒崇祯，这些官员父母过世了不在家丁忧都是因为先帝夺情而留任的结果，对这样尽忠体国、公而忘私的官员，不但不予以表彰反而一棍子打倒，这以后朝廷的工作还要不要人做了？而吏部尚书周应秋，那绝对是坚持原则的好官，杨所修不就是他老人家提上来的吗？

魏忠贤的话让崇祯很难反驳。倒魏陷入了僵局，但是一个王朝的声浪已经开始了。十月二十二，工部主事陆澄源上疏弹劾魏忠贤，说他拉帮结派，党羽遍布神州，"尽废君前臣名之礼"，是可忍孰不可忍。崇祯听了，低头不语，不置可否。

两天后，兵部主事又上疏弹劾魏忠贤。兵部对崇祯迟迟不处罚魏忠贤觉得不可理解。崇祯低头不语，不置可否。十月二十五，刑部员外郎史躬盛贴出了大字报，历数魏忠贤的罪行：

举天下之廉耻渐灭尽，

举天下之元气剥削尽，

举天下之官方紊乱尽，

举天下之生灵鱼肉尽，

举天下之物力消耗尽。

这些罪行看得满朝文武大臣哭声一片，但崇祯还是不置可否。官员们进一步施压。倒魏运动此伏彼起。十月二十六，继刑部员外郎史躬盛贴出了大字报后，一个小得不能再小的官员——海盐县贡生钱嘉征上疏揭发魏忠贤之十大罪状。崇祯看完奏疏后,召来魏忠贤,令内侍读钱嘉征疏。一条一条读得慢条斯理却又暗藏杀机,由此历史进入拐点时刻——魏忠贤害怕了。他以重金贿赂太监徐应元,请他在崇祯面前为自己求情。魏忠贤本不必这么做,如果他有和崇祯殊死较量一番的勇气的话。事实上魏忠贤在这件事上是示之以弱,给了年轻的小皇帝一鼓作气、扭转乾坤的豪情或者说动力。崇祯帝斥责徐应元多管闲事,并且还为此专门下了一道谕旨,严辞呵斥魏忠贤:"朕思忠贤等不止窥攘名器、紊乱刑章,将我祖宗蓄积贮库、传国异珍异宝、金银等朋比侵盗几空;本当寸磔,念梓宫(先帝棺材)在殡,姑置凤阳。(客、魏)二犯家产,籍没入官。其冒滥宗戚俱烟瘴永戍。"崇祯还下令,把魏忠贤的生祠全都拆了,折价变卖资助辽饷。

崇祯在十一月初一日下令将魏忠贤安置在凤阳,此后魏忠贤被勒令火速离开北京前往凤阳祖陵。十一月初六,当魏忠贤庞大的队伍走到阜城县南关的时候,崇祯的又一道谕旨如影随形地跟到了:"……岂巨恶不思自改,辄敢将畜亡命,自带凶刃,环拥随护,势若叛然。朕心甚恶……"此等情势下,魏忠贤只好选择自缢了。崇祯"诏磔其尸,悬首河间",至此,乱世年代一个太监发迹与覆灭的故事尘埃落定。

宫女何荣儿

宫女，构成了紫禁城底层生活情状之一种。如果说太监还有飞黄腾达的可能性，宫女基本上就是被侮辱与被损害的对象。她们在宫中生活的处境，从一个侧面折射了紫禁城的政治文明与生活文明的层次或者说水平。

何荣儿，一个地地道道的赫舍里氏满族旗人，慈禧贴身侍女。18岁嫁太监，后被日本人赶出家门。这个宫女作为紫禁城没落年代的典型或者说切片，仿佛落日余晖，构成了紫禁城从光明到阴影的渐近过程。

何荣儿的典型之处在于，她一家居住在西城的一个老胡同里，父亲和其他大多数旗人一样整天游手好闲，提笼架鸟无所事事。她还有一个长她十几岁的哥哥，是一个玩物丧志的京剧爱好者。十三岁这年，何荣儿被送进紫禁城的深宫，学习宫廷之内的礼仪和规矩。在学习完所有的规矩之后她被分配到储秀宫，成了慈禧太后的贴身侍女，一伺候就是五年。在这五年时间里，何荣儿的主要工作就是伺候慈禧太后抽烟，用清宫的话说就是"敬烟"。

第二章

人　物

18岁这一年，慈禧太后特意为她指了婚，结婚对象是李莲英的干儿子刘祥。刘祥是个在宫中给光绪剃头理发的太监，宫女与太监的结合构成了紫禁城畸态生活之一种，也暗示了这座城池的没落与破败。何荣儿在紫禁城生活的年头，晚清经历了甲午海战、戊戌变法、八国联军入侵、慈禧太后西狩（逃难至西安）以及辛亥革命后紫禁城寿终正寝等事件。值得一提的是庚子国变，慈禧、光绪等西逃西安时，何荣儿一路陪伴左右，正所谓时代的一粒灰尘，落到个人身上，就是一座山。何荣儿承载了这一切，紫禁城之殇其实也是一个小小宫女的具体伤痛。

何荣儿其实也是个重感情之人。婚后不到一年，她因为思念慈禧，请求再回到宫中当差。二次进宫的何荣儿就这样又在慈禧身边侍奉了四年。因为清宫的所有宫女在25岁之前必须离宫择偶，何荣儿最后只得无奈回家居住。一个人与一座城的纠结关系，将一个无根者的漂泊命运残酷地揭示出来了。

1949年至1950年，北京学者金易（王锡）先生曾请晚景凄凉的何荣儿为其料理家务，照料起居。出于对金易夫妇的好感和信任，何荣儿断断续续道出了当年的宫中生活。

唐代诗人元稹在他的五言绝句《行宫》里说："寥落古行宫，宫花寂寞红。白头宫女在，闲坐说玄宗。"何荣儿的回忆录也颇有些"闲坐说慈禧"的味道。一座城的起承转合，被一个命运多舛的宫女目击到了它的最后时光。这个转折是近代中国向现代中国的转折，尘飞扬、土泥泞，一些道旁的生命或者说生灵成了牺牲品，其中包括何荣儿这样的宫女。但即便如此,《宫女谈往录》还是有价值的。它是紫禁城最后时光的散淡描述,记录了一个宫女眼中的权贵生活。甚至何荣儿的麻木不仁、感恩戴德以及对命运的无奈承受,也都构成了紫禁城众多生活情态之一种。入宫与出宫,入城与出城,这是紫禁城内外中国的斑驳光影,而无数道斑驳光影,成就了那时中国的色彩以及人间烟火气。

附录：

《宫女谈往录》（节选）

作者：金易 沈义羚

·宫女生活·

进储秀宫

"我是13岁那年夏天，五月节以前，由府右街南边宗人府（内务府）选进的。交进宫前先学几天规矩，早晨由家里人送来，中午由家里人接回去。实际上是宗人府（内务府）送的情分，让孩子和家里人惜别，免得孩子们临时哭闹。过几天，乘家里人都不在，用轿车把我们——大约30多个人，送到神武门外，由老太监接领过去。把我和另外三个人送进储秀宫。进宫向老太后的寝殿碰完头，就算是储秀宫的人了。"她说话时，眼睛经常不瞧着对方脸，仿佛自言自语似的，很难察觉出她的内心感情来。

拜见"姑姑"

"宫廷里有个传统的规矩,太监全是汉人,有头有脸的宫女,必须是旗人(应是上三旗包皮衣,无汉人宫女)。凡是伺候太后、皇后、妃子、格格的宫女,汉人是挨不上边的。储秀宫的宫女更要求要正根正派,规矩也特别严。给老太后寝宫碰完头以后,就要拜见'姑姑'了。我们当宫女的有句话:'老太后好伺候,姑姑不好伺候'。"她长嘘了一口气,无疑想起过去,情感有些激动了。"宫里有个制度,宫女当上四五年,年岁大了,到十七八岁,就要打发走,好出去嫁人,这是老祖宗留下的恩典。新宫女入宫后,管上一代的宫女统称'姑姑',另外,还有个专管我的'姑姑',派我跟她学规矩。这位姑姑的权非常大,可以打,可以罚,可以认为你没出息,调理不出来,打发你当杂役去。不过她们都是当差快满的人了,急着要找替身,自己好回家,也尽心地教,也会替你说几句好话,把你捧到台上头去,好把自己替换下来。姑姑的火气非常大,动不动就拿我们出气,常常是不说明原因,就先打先罚。打还好忍受,痛一阵过去了,就怕罚,墙角边一跪,不一定跪到什么时候。我们小姐妹常清宫妈妈与宫女常哀求:'好姑姑,请你打我吧。'"她说话的声音越来越低沉了。也感染着我,为她的童年而伤心。"姑姑所有的事,都由我们伺候,洗脸、梳头、洗脚、洗身子,一天要用十几桶热水。日常的针线活更不用提了,'姑姑'都是好漂亮讲模样的人,处处抢阳斗胜,对衣服鞋袜都十分讲究,天天地拆、改、做。我们天刚一发亮就起来,深夜里才睡,真是苦极了。"她像有好多的话没有说完。旗下人有苦是不愿向别人诉说的,自认为家里的事,何必跟外人念叨呢!

第二章

人 物

许打不许骂

"不过，老祖宗也留下了恩典。宫里许打不许骂。'都是随龙过来的，骂谁也不合适'。这是老祖宗的话。再说，宫里头忌讳多，骂人就可能带出不受听的话来，掌事儿的听见也决不答应（宫里管当差叫上事儿〔应作事儿上的〕，管带班的叫掌事儿的）。"她絮絮地谈着，声调又恢复原来平平淡淡的了。"就因为不许骂，所以只能用打来出气了。我们头上的暴栗子（疙瘩），是经常不断的。先打后说话，这已经形成了规矩。说我们是打出来的，一点也不过分。"

不许打脸

"宫女一般是不许打脸的。大概因为脸是女人的本钱，女人一生荣华富贵多半在脸上。掌嘴是太监常见的事，可在宫女就不许，除非做出下贱的事来。老太后让隆裕主子打珍小主嘴巴，那是给珍小主最大的羞辱，连下等奴才都不如（宫里称皇后叫主子，称妃子叫小主）。宫女对宫女谁也不许打脸，掌事儿的知道了，对总管太监一说，就免不了挨训斥。每个宫里都有一个执家法的老太监，也允许宫女去诉苦。不过谁也不去惹事。"俗话说，打人不打脸，宫里严格遵守这条规则。

睡卧姿势

秋天的黄昏，太阳虽然落下去了，可距掌灯前还有很长的时间，旗人管这段时间叫"有后蹬儿"。我们就在这"有后蹬儿"的闲空里，把炕桌摆在屋门口，沏上一壶茶，弄几条矮凳儿，我和街坊们一围，聊起闲天来。"宫里最大的困难有三件"，很难得她爽爽快快地说几句话。我们静静地听着，等她说下去。"第一是睡觉。宫里有个特别严的规矩，宫女睡觉不许仰面朝天，必须侧着身子、蜷着腿。"她由矮板凳上站起，走到木板床前给我们作了表演。侧卧着身子，两腿蜷伏着，一只手侧放在身上，另一只手平伸着。

我不禁低声地问："为什么要这样睡呢？"一般在她闲谈中，我们是很少插言的，不知哪一句话不顺她的心，她就会冷冷地不再说下去了。她说："宫廷里的人都信神，传说各殿都有殿神，一到夜里全出来到各殿察看，保护着太后、皇上和各主子们。宫女睡觉不能没人样子。大八字一躺，多难看呀！冲撞了殿神可得罪不小。另外，小姐妹们还有个私人忌讳，睡觉不许托腮，说这是哭相，永远也走不了时运。"蚊子在角落里暗暗地飞来飞去，她和善地用芭蕉叶先给大家，然后再给她自己。这是旗下人的礼貌。她继续说："白天的差事还好伺候，一到夜晚，提心吊胆，我不知因为睡觉挨过多少次打，直到现在还是侧着身子睡，就是那时候打出来的。"她的话又渐渐低沉下去了。

第二章

人 物

敬烟（1）

  我们的谈话一向是"偶得"式的。因景及情，因物及事，不是事先想好了什么题目才说，而是随便看到什么或听到什么，就顺这条线闲扯起来，扯到什么地方就到什么地方。在文章中讲，这叫断线风筝。风筝断了线，就会随风飘荡，也许高者挂长林梢，也许低者沉塘坳，连我们自己也不知道为什么谈到这些事。下次再谈，常常是另起炉灶。只是听者愿意听，谈者愿意谈罢了。

  一天晚饭后，谈起老北京人的生活，提到早茶、晚酒、饭后烟，这可以说是老北京人的习惯吧。借这个机会我问起老太后吸烟的事情来了。因为这是她的专职，所以她也感到很得意，情绪也就兴奋起来。

  交往的时间长了，说起话来也就比较随便，我乘她高兴的时机问她说："您究竟怎样侍奉老太后吸烟呢？请您给细细地说说。"

  她把衣襟的四角揣了揣，笑着对我说："您就权当一回老太后，我就去伺候您，您坐在我的床上，我让您怎么做您就怎么做。"我也就随着笑起来，说："啊呀，折煞学生的草料了，我哪里担当得起？"

  用几句笑谈把事情掩盖起来。旗下人无论到何等地步，骨子里总是高傲的。针鼻儿小的事也不愿意听别人说个"不"字，尤其触及他的亲人或是他们所尊敬的人。或许由她嘴里带出一两句对老太后不称心的话来，可旁人是不许当她面说老太后半句坏话的。她让我坐在她床上扮演老太后，那是双加料地高看我，说句歇后语，那叫"整张纸画个鼻子，给我好大的脸面"。交往不到相当的程度，她是不会现身说法的，我要尽量表现出僭越不恭的心情，来回答她的好意。

她又笑着说："在书归正传以前，我还要说点闲篇儿。"虽然60来岁的人了，说出话来还是那么清脆柔润，足见她过去是受过语言训练的了。

"我在前面跟您提过，当官女的没有一件事不跟姑姑牵连着。拜完姑姑以后，有个把月新宫女都先当散差，要观察观察每个人的动作，看看你够材料不够，然后姑姑才能下心地教你。给老太后挑个贴身的丫头，可不是件简单的事。"她说这些话时又郑重又得意，好像她的中选比中状元还荣耀。

"姑姑终归发话了。掌事儿的坐在八仙桌的正中间，姑姑坐在东上首，让我笔管条直地站在下房的当中，这是一篇重要的训话，我一辈子都忘不了。"这时她笔挺地站在矮炕桌旁，两手下垂，头微微地低垂下去，像当初聆训的神态一样。

"姑姑站起来大声地说：'伺候老太后可不是件容易的事，敬烟比什么差事都难当，敬烟是跟火神爷打交道的事，你掉老太后身上一点火星儿，砍你的脑袋，你洒在老太后屋里一点火星儿，你们祖宗三代都玩完，我也要跟你受连累挨竹板子。你听清了没有。'姑姑疾言厉色地对我说。我微微一抬头，看到姑姑两边太阳穴上的青筋都暴起来了。吓得两腿发软，卜咚一下跪在地下说：'我全听清了，姑姑！我全记住了。我决不给姑姑丢脸'。"她头也不抬地说："这是我敬烟的

第二章

人　物

第一课，我到死也忘不了。"几滴热泪落在她的前襟上，我后悔不该追根问底地逼她回忆往事了。这大概就是她们的拜师礼吧！

"咳！过去的罪已经受过了，提它也没用。白惹人伤心。"她又用手捵捵上衣的四角，这是她养成的好整齐的习惯。

"不说闲篇了，说起来没完，惹得您陪着我伤心。"她又恢复了原来文静的姿态，慢条斯理地说着。本来是我惹她伤心，反过来，她用话来安慰我，这也是旗下人的礼貌。话说得非常熨帖周到。

她想了想说："老太后不喜欢吸旱烟，也就是平常说的关东烟。饭后喜欢吸水烟，可是宫里头不爱听水烟这个词，犯忌讳，究竟忌讳什么，我也不清楚。记准了姑姑的话，'不该打听的不打听。闲事打听多了憋在肚子里，放屁都会惹事'。反正我们储秀宫里管水烟叫'青条'，这是南方进贡来的，也叫潮烟。"她的话清楚脆快，也很有风趣。

她接着茬往下说："要想把敬烟的事说清楚，就要先说清楚几样东西。一是火石，二是蒲绒，三是火镰，四是火纸，五是烟丝，六是烟袋。这六样东西，我一件一件给您说清楚，值得说的多说几句，不值得说的一遛就过去了。"

这里我说几句题外的话，我很佩服她说话的本领。准确、清楚，不拖泥带水，洗练得那样干净，没有多年的训练是办不到的。

"火石、蒲绒是常见的东西，用不着说了。自从有了取灯儿（火柴）以后，火镰就不见面了。它是比小钱包皮还要小的东西，包皮里分两层，一层装蒲绒，一层装火石，包皮的外沿呈月牙形，向外凸出，用钢片镶嵌一层厚边，有钝刃，就用它在火石上使巧劲一划，钢和火石之间就爆发出火星来。火石是拿在左手拇指和食指之间的，同时在拇指和火石的间隙里，按好了一小撮蒲绒，这片蒲绒借着火星就燃着了。再把蒲绒贴在纸眉子上，用嘴一吹，纸眉子突然燃起火来，就用这个火去点烟。说起来话很多，做起来就不这么啰唆了。"她边说边比划，打火镰的动作，用嘴怎样吹纸眉子，都做给我看。她感叹地说："就是苦了我的手指头了，每天用手捏蒲绒，拇指都烧焦了，用姑姑的话说，烫死也不能掉火星的。"她两眼看着窗外，沉默一会儿说："伺候吸水烟我倒不外行，小时候经常伺候阿玛的。"我很后悔，在这一瞬间又勾起了她许多的回想。旗下人管爸爸叫阿玛，她又想起她的童年来了。

敬烟（2）

"据说火石是门头沟的好，像蛤蛎片那样薄；蒲绒是隔年的好用，不灭火。反正我不管那些，外头给我预备好我就用。"她说着说着抿嘴一笑，这是很少见的动作。她开心地说："以后我也学坏了，学会了放刁，不管使的、用的，谁不给我预备好，我就借着老太后的牌位说事，一吓唬，他们就乖乖地伺候差事。"

这大概是她年轻时很得意的事，现在回想起来还忍不住笑吟吟的。

"火纸，现在市面上也多年不见了。它比小学生写仿影的纸（指元书纸）色深一点，也粗糙一些，恰好一张搓一个纸

第二章 人物

眉子,上宽下窄。"这时她的精神来了,夸耀着说:"搓纸眉子可是个细心的活,搓紧了,灭火,搓松了,火冒火苗子点不着烟,最容易洒火星子,真吓人。前几个月都是姑姑把着手教,就怕在这一关出漏子。还有,这时候已经有火柴了,可我们不敢用,怕火柴放炮,出了乱子。我前后七八年伺候老太后,从来没出过错,说句良心话,真得感谢姑姑。"

"顺便我再说说烟丝。烟丝是南方来的,分到我手的是像现在洗衣服肥皂那样大的长方形的小包皮,一律用青绿色的纸包皮着,也许是青绿色纸包皮的缘故,所以叫'青条',我这是瞎猜。"她津津有味地谈着。"烟丝比现在的纸烟丝长,有一股香味。这种烟丝如果潮一点,灭火;如果发干,呛人。所以侍弄起来比较麻烦,潮了不能晒,必须晾。晾的时候,要在太阳晒不着而又烤得到的地方。这种火候非姑姑亲手教是不能学到的。"她得到姑姑的亲传,提到什么都把姑姑摆在前面。正像小孩子把老师摆在前面一样。

"水烟袋也不是您在古玩铺里看到的那样,烟管特别长,叫鹤腿烟袋,我托着水烟袋,如果老太后坐在炕上,我就必须跪下,把烟管送到老太后嘴里,老太后根本不用手拿,就这个送烟的火候最难掌握。烟锅是两个,事先(前十来分钟)把烟装好,吸一锅换一锅。"她笑着对我说:"这回该劳您的驾了。"

我也笑着说:"我真没这么大福气,现在已经浑身发烧了。"她说:"我是站在老太后左手边的人,站在右边的宫女是敬茶的。我们站的距离,大约离着老太后两块方砖左右。"她摆开架势站在我的左前方,头微微地低着,两只眼睛不许乱看，要看着对面人的裤脚。她说："老太后随便坐着，轻轻地用眼一看我，我就知道要用烟了，于是拿出火镰，把火石、蒲绒安排好，转过脸去（务必背过身子去），将火石用火镰轻轻一划，火绒燃着后贴在纸眉子上，用嘴一吹，把火眉子的火倒冲下拿着，轻轻地用手一拢，转回身来，再用单手捧起烟袋，送到老太后嘴前边约一寸来远，等候老太后伸嘴来含。当老太后嘴已经含上烟筒了，这时就要把纸眉子放在左手下垂，用左手拢着，伺候太后吸完一袋烟后，把烟锅拿下来，换上另一个。这就是我伺候老太后吸烟的大致情形。"她连说带表演，足足耽误她好多时间。须知道，她是靠作针线活来维持生计的，我真有些不忍心了。

她兴犹未尽地说："姑姑再三地告诉我们，老太后最讨厌人在前面挡着她的眼，所以敬烟、敬茶一定要在侧面递上去。有事在老太后屋出来进去时，一定要侧着身子屈着脚尖走，走路不能脚后跟擦地，更不能把屁股整个对着人，要轻轻地退着走，躬着身子，但不可猫着腰走，像罪犯似的，多难看啊！"

她慢慢地喝口茶，我也由她床上下来，替她添添火，说："今天累您了，让我搅得您半天没做活，您不要出屋啦，回头我由街上给您带点菜来！"我们就这样平平淡淡地谈天，也这样平平淡淡地交往。

第二章

人物

德龄公主

一个生长在西方，受过西方教育的清朝宗室格格——德龄，当她遭遇紫禁城时，中西方文化的碰撞与融合让暮气沉沉的城池泛起了一丝涟漪。但仅此而已，德龄在某种程度上也是紫禁城的零余者，是有着异域视角的宫女何荣儿。她不可能改变紫禁城，当然紫禁城也不能够改变她。两者擦肩而过，成为晚清骊歌中的一首插曲。

德龄是清末外交官裕庚的女儿，满州正白旗人，母亲是法国人。1886年出生于武昌。德龄九岁那年，父亲裕庚出任日本国大臣，三年后回国，第二年出任驻法大臣。不离父亲左右的德龄在她的青春期遭遇了东西方文化的启蒙。1903年17岁的德龄随父回到北京时，紫禁城在辛丑条约后已经经历了沧桑巨变。各国使节和他们的夫人成了紫禁城的常客，德龄因为通晓外文和西方礼仪而同妹妹裕容龄一起被慈禧召进了皇宫之中，职责便是为慈禧太后做翻译工作。

当然对紫禁城来说，德龄的入住让当时的美国公使康格夫人、西班牙公使德卡赛夫人、日本公使内田夫人等外国驻华使节夫人入宫拜见慈禧太后，互相沟通中西方的国情乃至于民情成为一种现实。因为德龄是一个传译（翻译），另外受她的影响，慈禧对于西方的衣着和化妆品也开始逐渐接受。虽然这是无关政体改良的鸡毛蒜皮的小事。对德龄自己来说，因为慈禧对西服的喜爱，她入宫后被特别恩准可以穿西服，这在紫禁城历史上是非常罕见的。西风东渐的消息在一个小小女官身上得以体现，这大约算得上是紫禁城的一种改变吧。

其实德龄所做的真正重大的改变是为光绪皇帝讲授英文，她还经常为慈禧太后和光绪皇帝译读国外的报纸，这在世纪之交称得上为紫禁城打开了一扇东西方文化交流的窗口。甚至德龄进宫后还主打感情牌，爱上了以维新闻名的光绪皇帝，她想做光绪的"二珍妃"，光绪也喜欢上了这个文采飞扬、能歌善舞的英文老师。两人据说差点"私订终身"。但是在1904年的某个场合，裕德龄听到了慈禧太后与荣禄的谈话，在他们的谈话之中她听到慈禧太后要将自己嫁给荣禄的儿子巴龙的消息，便向光绪求救。光绪就用计将裕德龄派往天津，从而一场慈禧点婚、光绪帮助德龄逃婚的曲折故事就此展开。这是一个女官泛起的紫禁城涟漪，有情感、有政治，也有欧风美雨的一点点浸润，但终究雨打风吹去，紫禁城未能让德龄再留下来，一扇曾经打开的窗口终于关闭了。

1905年3月，裕庚因病到上海就医，电召德龄赴沪照料。德龄就此离开生活了两年的紫禁城。德龄出宫不久父亲裕庚不幸去世，后来她结识了美国驻沪领事馆的副领事撒迪厄斯·怀特，两人随后结婚。不过婚后的德龄还是以一种别样的方式与紫禁城发生着千丝万缕的联系。她随夫赴美，开始

第二章 人物

用英文撰写反映清宫旧事的作品，署名"德龄公主"，成为当时美国著名的华人女作家。

《清宫二年记》是德龄公主的第一部作品，写于1911年，是一部英文著作。1911年是时移世易的年头，辛亥革命功成，清廷退位，紫禁城的主人对中国失去了统治权。德龄在这个时候写此书，无疑为这座城池奏响了挽歌。《清宫二年记》描写了德龄眼中光绪帝与慈禧太后之间的矛盾，描写了光绪的软弱性格和壮志未酬的遗憾，也描写了皇后的温文尔雅，以及宫廷节日的庆祝仪式等等。《清宫二年记》的出版，在上海引起了时任开浚黄浦局总办之职的辜鸿铭的密切关注。他撰文《评德龄著〈清宫二年记〉》，投寄给上海的英文报纸《国际评论》，后予以发表。辜鸿铭赞"这部不讲究文学修饰、朴实无华的著作，在给予世人有关满人的真实情况方面要远胜于其他任何一部名著"。此后，德龄又先后用英文写了回忆录体作品《清末政局回忆录》《御苑兰馨记》，以及纪实文学作品《瀛台泣血记》《御香缥缈录》等，总字数达七八十万字。德龄的这些作品后被顾秋心、秦瘦鸥等人译成中文，流传到国内，并在《申报》等国内知名媒体上连载，影响非常大。

当然从人与城的关系来说，德龄是唱亡者，为紫禁城这座城池最后的没落唱挽歌，同时她也是那个时代的弃儿。中年后的德龄因爱子萨都斯早夭选择与丈夫离异。1944年，德龄在加拿大遇车祸丧生，终年58岁。

人与城的命运，最终都堪为怜惜。

第 三 章

关键词

第三章

关键词

清王朝关于"文明"的关键词

一

顺治元年（1644）四月三十日，在武英殿举行过登极大典的李自成带着一颗惆怅的心离开了这座他来了就不想走的城市——北京。形势比人强。他的身后，年方7岁的顺治帝福临站在了这座城市里，站在了皇宫面前。毫无疑问，紫禁城以它的威严和形式感传达了汉文化的先进和傲慢。虽然，它最精华的部分皇极殿在战火中被焚毁了，可这座皇宫的气质还在。顺治帝福临置身其间，先在行殿换上了皇帝礼服，然后由百官做先导，从永定门经正阳门、大明门、承天门进入皇宫武英殿，正式举行登极大典。

应该说这是大清王朝的第一次，此后差不多两百七十年时间里，这样的仪式重复了十多次。必须要说明的一点，这是个山寨版的登极大典，是由原崇祯朝的礼部官员仿照明代皇帝登极礼而制定的。在这个意义上说，大清虽然在军事上征服了大明，可在文化层面上，它却不可能征服。作为游牧民族，清国连皇帝的称谓都没有，何来登极大典之类的礼仪呢？所以在文明的交锋中，汉文化毫无疑问显示了它的锋利和有容乃大。

而学习，则成了顺治帝福临抵达汉文明的原动力。在接下来的时间里，少年皇帝福临成了一个爱学习的孩子，他通读了《春秋》《左传》《史记》《资治通鉴》等汉文化的经典著作，并渐渐有了汉人思维。比如有一次他看《明孝宗实录》，就学以致用，召用了尚书梁清标等人进宫做自己的政治顾问。当然，Party也是经常举办的，顺治帝福临的Party是个读书会，他不定期将学士翰林们邀集到一起，谈古论今，讲古今帝王治世之方，修身之道。如此，顺治的行政文明很快就抵达了一个新的高度。

在对汉文明的吸纳过程中，顺治发现科举制真是个好东西。天下人才，尽在一张纸中。由此，在顺治朝，内院的翰林科道臣中有许多新进之士都是他通过科举选拔出来的。此外，顺治十七年，顺治帝还将翻译成满文的《三国志》分发给满族高级干部们阅读，从中汲取汉文明的智慧。

但事实上，顺治对满文也没有偏废。两种文明的融合于他而言可能是最理想的状态。据《清世祖实录》卷一○一记载，顺治十三年（1656）闰五月初八，顺治在宫中亲自主持考试考核那些学习满文的翰林官员。这是一次有趣的考试，当然对某些人来说心情不是太好。比如白乃贞，这个翰林官员因为记性不好，以前已经学会的满文此番又记不起来了。他所得到的惩罚是停发工资（停俸），再学三年。当然他不是

第三章
关键词

最惨的，最惨的有两人，李昌垣和郭棻。这两个翰林官员大概是得了满文恐惧症，将所习满文忘得个一干二净，结果得了零分。顺治帝给他们的惩罚是降三级调外用，罚俸一年。顺治在考试后还发表了重要讲话，谆谆教导各位翰林官要"兼习满汉文字，以俟将来大用，期待甚殷……俱当精勤策励，无负朕惓惓作养，谆谆教诲之意"。

在这一年里，顺治还做出了一个重大调整：统一满汉文武官员的年薪。在此之前，同品级的满汉官员年薪并不一致，满族官员的要高一些。顺治此举可以说是在经济行为上向汉文明致敬。尊重，有时是要物化和量化的。

文明无极限。在向汉文明致敬之后，顺治又向西洋文明表达了善意。

因为出现了一个人——汤若望。

汤若望其实二十多年前就出现在北京。这个德国传教士在明天启三年也就是公元1623年受耶稣会派遣来到北京，试图传播西洋文明。事实上他的努力得到了某种程度的承认和接纳。当他将一些数理天算书籍以及类似天文望远镜的仪器推销给大明王朝时，起码有两个人表示出了兴趣——户部尚书张问达和大名鼎鼎的科学家徐光启。毫无疑问，这是汉文明对西洋文明做出的一种回应和探究。尽管还谈不到融合的层面，但自此，汤若望的工作变得有意义起来。他甚至得到了政府层面的承认。崇祯皇帝就公开表扬他"深知西洋之密"，令他为大明朝编修历书，甚至还邀请他督造火炮，将西洋火炮技术洋为中用。汤若望当然乐于充当文明的使者。他写出《火攻挈要》一书，详细论述了西洋火炮技术，第一次将西洋军事文明引进中国。

但是很快,汤若望就发现文明的融合不是一帆风顺的。因为改朝换代了。多尔衮和他的部队以军马和战刀收拾了看上去有些文弱的崇祯王朝。清军入京了,汤若望不知道自己还能不能再待下去——多尔衮一纸命令下来,要实行旗民分治政策。这样,像汤若望这样的非旗人就得搬出北京城去。

汤若望最终还是留在了京城,多尔衮也许是生了怜悯之心,让他和他的那些书籍、仪器不再四处颠簸、流离失所。就这样西洋文明继续在北京留存。汤若望愉快地发现,新王朝对西洋文明依旧表达了善意。顺治二年(1645),他为清廷修订的历法《时宪历》在全国颁行;同年十一月,他被任命为大清朝钦天监监正,这个朝廷命官接下来以太常侍少卿的身份在大清王朝坚强而合法地存在。

而顺治对西洋文明的致敬在汤若望身上得到了充分的体现。他称呼这个有些年长的中国通为"玛法",这是爷爷的意思。与此同时,顺治对天文学表达出了浓厚的兴趣。他关心日食和月食的形成,对彗星和流星的关系刨根问底,甚至天文望远镜成了他的新玩具。所有这些学问,是满汉文明里都不曾有的。这个十几岁的少年由此成了汤若望的粉丝,对其佩服得如滔滔江水绵绵不绝。他特许汤若望可以随时随地出入宫禁,想见他就见他,因为他自己就时刻想跟这个似乎无所不知的人待在一起。

在顺治十四年(1657)以前,顺治一度想加入天主教。只是身为一个皇帝,不可能做到如此决绝,最后只得作罢。但终汤若望一生,顺治帝对他一直恩宠有加。顺治十一年

（1654）八月，封汤若望为通议大夫；顺治十五年（1658）正月，封汤若望为光禄大夫，并恩赏其祖宗三代为一品封典。当然，顺治对汤若望的器重远不止这些。据《汤若望回忆录》记载，顺治帝临死前，还把已经年迈的汤若望叫到跟前，聆听他关于立储的意见，并最终采纳了其建议，立皇三子玄烨为皇位继承人。

从世俗的层面看，我们似乎很难解释顺治皇帝为何对汤若望如此恩宠有加，也许用一种文明对另一种文明的致敬才可以勉强说得通吧。两个年龄悬殊、阅历文化都不相同的人最后走得如此亲密，成了忘年交，似乎只能说明文明的融合在这个世间还是有迹可循的。

二

有融合必有冲突。这是文明的常态。

当顺治在汉文明中流连忘返的时候，他的母亲孝庄太后却"甚厌汉语，或有儿孙习汉俗者，则以为汉俗盛而胡运衰，辄加禁抑云矣"（见吴晗辑《朝鲜李朝实录中的中国史料》）。蒙汉文明的消长在孝庄眼里是关系王朝命运的大事，马虎不得。

事实上不止孝庄一人有此看法，包括两黄旗在内的满洲贵族多持此见——江山已经打下来了，文化上却弃械投降？没门！

于是要汉人剃发易服。

于是对顺治的全盘汉化不以为然。

由此文明的冲突开始以一种政治冲突的常态持续了下来。顺治终其一生，只能在这种冲突中痛苦挣扎，最终郁郁而终，付出了情感和生命的代价。在这里，情感不仅仅指爱情，还包括亲情，特别是母子情。

公正地说，孝庄也是有文化的人。孝庄出身于蒙古贵族家庭，"嗜古好学"，当然学的都是蒙学。没有证据表明她学错了或者学得不好。恰恰相反，孝庄是一个很有教养的女子，也是一个很有教养的母亲。在用蒙族礼仪教育孩子方面，她的成绩堪称优秀。《清实录》里记载了顺治登极之日发生的四件事：一是一个侍臣拿了一件红里的貂皮披风给他，顺治拒绝。因为他认为皇帝应穿黄里的；二是奶娘见他还小，想跟他同乘一辇进宫，以便照顾。顺治不许；三是在御座上顺治问侍臣：登极时诸伯叔兄长向他行礼时自己要不要还礼；四是退朝时让年龄最大的代善伯伯先走。此四件事单看没什么，联系起来看，只能说明一点：孝庄教子有方。他们的亲情关系是和谐、富有成效的。

可正因为这，亲情关系里一旦渗入了政治（权力）冲突的因素后，这样的失落感才尤显痛苦和惨烈。

第一次冲突来自于达赖五世进京晋见所引发的一系列矛盾。

这是顺治九年（1652）发生的事情。事实上达赖五世也不是第一次进京晋见。在皇太极生前以及多尔衮摄政期间，达赖都曾经来访。只是这一次，情况稍有不同。达赖五世提出在归化城或代噶地方晋见，希望顺治帝能亲往迎接。显然这个问题涉及对喇嘛教的尊重问题。孝庄以及索尼、鳌拜等人认为满蒙一家，顺治应亲往迎接，表达其尊重之意，可汉臣们却认为"皇上为天下国家之主"，不应该屈尊亲往。顺治置身其间，左右为难。

最后让他做出拒绝亲往决定的是钦天监向他报告天象有异常，所谓"太白星与日争光，流星入紫微宫"，不祥。顺治便以天意不可违为由，没有亲自前去边地迎接达赖五世，而是另派特使前往。由此，他跟母亲孝庄的矛盾第一次公开化了。在孝庄看来，顺治他不是一个人在战斗，他的身后站着洪承畴等汉臣，这些汉人在左右着年轻的皇帝全面汉化——毫无疑问，这是个危险的举动和信号。这个王朝到底是谁的？扛什么旗走什么路这个问题解决了没有？孝庄认为她应该有所作为了。

突破口首先在儿子的婚姻上。孝庄以为，婚姻是政治的延续，也是权力的外化。她从蒙古的博尔济吉特氏为顺治选了两位皇后，一个是她的侄女，另一个也是差不多的远房亲戚。但是顺治做出了反抗，他将那个可怜的侄女废为静妃，与此同时，他又自由恋爱，看上了正白旗内大臣鄂硕的女儿董鄂氏。这个幸运的女人成了他的皇贵妃。皇权斗争进一步激化了。

当然平衡依旧存在。或者说胶着状态短时间内并未打破。忠于孝庄的两黄旗大臣索尼、鳌拜、遏必隆成为顺治放开手脚施政的绊脚石，也是加剧满汉冲突的重要因素。文明的冲突，最终以权力冲突的形式赤裸裸地体现出来了。顺治十年（1653）六月，顺治帝做出了重大的政治决策：仿效明制，在内务府外，另设宦官衙门，简称十三衙门。

应该说，设立十三衙门是加强皇权之举，也是分权之举——分两黄旗大臣索尼、鳌拜、遏必隆等人的权。此举最终的目的是打击孝庄的权威。但是让孝庄伤心的并不仅仅是十三衙门的设立，而是顺治在新衙门中重用汉官，并形成自己的小团体——权力的冲突背后说到底还是文明的冲突，母子的歧见最终上升到文化层面，这是一个难解的死结。

死结难解，但要命的是顺治根本就不打算去解。如果联系他在顺治十六年（1659）闰三月到四月不足两个月期间的所作所为，人们可以发现，顺治又一次显示了他的狠——一个年轻皇帝的狠劲。在这个时间段里，顺治不顾母亲的脸面，公开下旨惩罚他两个亲舅舅：亲王吴克善、郡王满珠习礼。此二人的罪过是不奉诏按时来京，给出的理由是"公主病了"，顺治以他的决绝行动告诉世人，皇权的威严是任何时候、任何人都要维护的，不管是亲舅舅还是亲娘。随后孝庄的忠实跟随者大学士兼刑部尚书图海、内大臣费扬古、内大臣郭迈等两黄旗重臣也受到了顺治的沉重打击。种种迹象表明，皇权的冲突以及隐身其后的文明的冲突已到了你死我活的地步。死结必须要用死来解。

顺治十八年（1661）正月，顺治病死，一切似乎都了结了，但一切似乎又都没了结。顺治的遗诏大白于天下。人们惊讶地发现，这是一份世界上最狠的遗诏，就像顺治的行政风格，充满了暴力和批判精神。

遗诏的自我批判精神集中在下列语句上：

"……自亲政以来，纪纲法度、用人行政，不能仰法太祖、太宗谟烈，因循悠乎，苟安目前，且渐习汉俗，於淳朴

第三章
关键词

旧制日有更张，以致国治未臻，民生未遂，是朕之罪一也。

"宗皇诸王贝勒等，皆系太祖、太宗子孙，为国藩翰，理应优遇，以示展亲。朕於诸王贝勒等，晋接既正东，恩惠复鲜，以致情谊暌隔，友爱之道未周，是朕之罪一也。

"满洲诸臣，或历世竭忠，或累年效力，宣加倚托，尽厥猷为，朕不能信任，有才莫展。且明季失国，多由偏用文臣，朕不以为戒，反委任汉官，即部院印信，间亦令汉官掌管，以致满臣无心任事，精力懈弛，是朕之罪一也……"

顺治的这份遗诏里头牵涉对满汉关系的检讨或者说是批判，很有"实迷途其未远，觉今是而昨非"的意思。联系到遗诏最后一段话："特命内大臣索尼、苏克萨哈、遏必隆、鳌拜为辅臣，伊等皆勋旧重臣，朕以腹心寄托，其勉天忠尽，保翊冲主，佐理政务，而告中外，咸使闻知。"事实上整个遗诏的用意很明显，那就是要割裂满汉关系，重新回到满人做主的时代，拒绝汉文明的渗透和颠覆。

这真是一份用心良苦的遗诏。没有证据表明是顺治写的，也没有证据表明不是顺治写的，历史的秘密总在暗室里完成，它给出的只是结果，不是过程。这是顺治十八年（1661）的春天，文明的冲突戛然而止了，权力的交锋也戛然而止。一个年轻人死了，死于天花，他从发病到去世不足六天时间。他在这六天时间里写了一份令人疑窦丛生的罪己诏。

仅此而已。

三

顺治，作为大清朝入关后的第一个皇帝，这个以汉人为主体的帝国此后两百多年的规则和潜规则，由他确立。这是一个王朝的早晨，年轻的皇帝他看见了文明间的交融和纠结，但是，从起承转合的角度看，一切仅仅是开始。康熙对人类文明的成果也有着超乎寻常的兴趣。他天生就是为学习而生的人。虽然顺治也爱好学习，但是和康熙相比，就不是一个等级了。康熙五十四年（1715）三月二十九日，康熙皇帝与臣下大谈天文、地理、算法、声律之学，他手下的官员对他崇拜得如滔滔江水绵绵不绝，由衷赞叹"皇上天授，非人力可及"。

上天也真是给了康熙格外的任务。在狩猎一天射兔三百一十八只的基础上，又让康熙在精神层面上有所超越。现在，如果让我们从历史的字里行间仔细搜索，也许可以发现，康熙就是那种为奇迹而生的人。他在创造一切，以帝王之尊挑战人类的学习极限。康熙经验证明，关于知识或者说人类文明，其实可以这样拥有——

理学家。在知与行的关系上，康熙创造性地提出自己的见解："毕竟行重，若不能行，知亦虚知耳。"这样的见解毫无疑问是对朱熹认识论的发扬光大。在对"格物致知"的看法上，康熙也有自己的独立见解。康熙通过学习西方文明和自然科学知识，将其与程朱理学融会贯通，竟然使自己成为一个朴素的唯物主义者。这是康熙的一个新发现，也是这个

第三章

关键词

帝国的新发现。康熙这个新理学家意外地站在了时代前沿，看到了前人和他人看不到的风景，拥有了在这之前从未有过的认知世界的新眼光、新视界。

数学家。康熙是狂热的数学发烧友。康熙在他的执政生涯中曾经系统地学习过中西方数学知识，包括代数、三角、对数以及欧几里得的《几何原本》和巴蒂斯的《实用和理论几何学》。这是一种融会贯通的学习，也是学用结合的学习。因为学到后来朝臣们惊骇地发现，这个皇上简直是太神了，竟然会计算物体的面积和体积、河水的流速，还会测量纬度，甚至会观察天体运行，纠正钦天监的错误。这简直是数学家和天文学家的二合一啊！

康熙的神奇不仅在此，他还在数学理论上有所发现。康熙在学习了西方的代数学后提出，代数应当来源于中国。因为西人将代数学称为"阿尔热八达"（东来法的意思），康熙以为，所谓的"东来"即来自中国。事实上这样的设想是正确的，因为当时有学者研究后断定，代数的确来源于中国古代的代数学天元一术，这门元代以后失传的学科与西方代数学殊途同归，两者确有传承关系。康熙的猜想充分证明其在数学上的敏感和创新精神，这是一个数学家应有的素质。

地理学家。康熙是那个时代当之无愧的地理学家。他六次南巡，从康熙十六年（1677）开始常年出塞北狩以及数度征战，在当时的中国，没有人走得比他多，比他远。所以对地理学，康熙的感性认识是非常丰富的。与此同时，他也加强理论学习。《水经注》《洛阳伽蓝记》《徐霞客游记》等中国传统地理书籍以及《西方要纪》《坤舆全图》等西方地理知识都是他学习的对象。康熙还学以致用,经常带上钦天监官员和相关仪器,对所到之处进行天文地理的考察。康熙四十三年(1704),这位野心勃勃的皇帝兼地理学家还亲自派人对黄河源地理环境进行考察,考察完成后,康熙还写了一篇题为《星宿海》的考察报告,详细记录了黄河源的有关情况。此后不久,康熙还组织了一次考察。这次考察可以说是当时每个地理学家的梦想——进行全国地图的勘测。毫无疑问,这是一个浩大的工程,也几乎是一项不可能完成的任务。但是康熙完成了,用时九年。康熙旗下的测绘队走遍全中国,绘制了一幅"亚洲当时所有地图中最好的一份,而且比当时的所有欧洲地图都更好,更精确"(李约瑟语)。康熙将这幅全国地图命名为《皇舆全览图》。《皇舆全览图》不是一幅简单的中国地图,它在绘制过程中还有一个重大的发现,那就是在实践中证明了牛顿关于地球为椭圆形的理论。也许这功劳不能完全算在康熙头上,可要是没有他的大胆决策和远见卓识的话,这样的证明也是不可能实现的。所以作为一个地理学家,康熙对这个学科毫无疑问是有突出贡献的。

四

如果不带历史偏见的话,我们可以看到,从顺治到康熙再到乾隆,一条向汉文明致敬的纵贯线清晰可见。这是三个皇帝的文化选择,也是他们走的由文明而政治的王朝路径。顺治陶醉于满汉文明的大融合,康熙身体力行,成为汉文明和西方文明中多个领域的学者、方家,而乾隆更是集大成者,

第三章

关键词

在位六十年，不仅是汉文明的学习者，同时也是汉文明的整理者、传播者。

比如主持纂修《四库全书》。《四库全书》是乾隆集全国之力完成的一项规模浩大的文化工程。参与者前后有四千一百八十六人，时间长达二十年，这些文化界的精英们对各地图书典籍进行了一次全面系统的清理，选择重要的刻本、抄本，缮录采入《四库全书》。对汉文明来说，这实在是继明《永乐大典》后功莫大焉的事情。事实上《四库全书》就是明《永乐大典》的精简版，只是这样的一件事情由一个满族皇帝牵头来做，又做得这样认真、费心费力，无论其动机还是最终达成的效果抑或这件事情本身就值得称道。

当然可以说是盛世之举。所谓盛世修书，乾隆也需要这样一项规模浩大的文化工程来对其盛世的确凿性加以证明，其实面子工程不面子工程并不重要，重要的是乾隆做了，留下了这么一份文化遗产。

可以这样说，乾隆对汉文明的热爱是全方位的，也是不伪饰的。这是一种文明对一个王者的征服。这样的征服出现在盛世，有其象征意义，也有内在的历史逻辑在起作用。乾隆终究逃不过这样的历史逻辑。他似乎也不想逃，而是沉醉其间，沉醉在先进文明的巨大覆盖里，不能自拔。

只是这样的沉醉很快就有了不和谐音。一部《四库全书》背后，有文明的累积，也有文明的被戕害。乾隆下令编纂的《四库全书》共收书3503种，79337卷，36304册，但是因编纂此书而禁毁的古书达十万册之多。这事实上是政治对文明的戕害，也是最高权力的一次狰狞表现。在文明的旗帜背后，躺下的是一具具书的尸体。这些书同样都是文明的载体，只是它们不符合乾隆的价值规范和观念要求罢了。在这个意义上说，《四库全书》的编纂在某种程度上又是一场阴谋，一场针对文字的阴谋，一场皇权对人类文明的合围和屠杀。这样的合围和屠杀让三百名学者、三千六百名抄写者十年的劳作有了诡异的味道，也让最终得以完成的近四百二十万页文字变得残缺不全，疑窦重重。所以，一个问题产生了，一向崇尚宽养之治，对汉文明有着特殊癖好的乾隆为什么会在突然之间变脸呢？

其实我们都可能误解或者说误读了乾隆。乾隆实在是一个非常复杂的人。他以道治，也以术治；以养心治，也以诛心治；以文明治，也以政治治；以德治国，也以法治国。在宽严之间，乾隆皇帝两手抓，两手都硬，这是乾隆的统治术。他尽管山寨康熙，却不是全方位克隆。康熙宽有余，严不足。雍正严有余，宽不足。两者都有偏颇。但乾隆不同。他宽中有严，严中有宽。在名实之间有时名实相符，有时名不副实。不过这些并不重要，重要的是他拿捏的尺度相当精妙，宽至极则严，严至极则宽，乾隆对这样的拿捏总是游刃有余。他处理皇族、政敌等历史遗留问题时已经初露峥嵘，这一回，乾隆对文字以及文字背后站着的文人大开杀戒，则是其执政思维的延续。是"宽至极则严"，也是其统一价值规范和观念所采取的专项行动。

可以说，乾隆兴起的文字狱，在清朝历代中是为数最多的。这是盛世的阴影和污点。在文明的旗帜背后，躺下的不仅是一具具书的尸体，还有一具具人的尸体，文人的尸体。

第三章

关键词

文人手无缚鸡之力，但是文人思想锋利，这是比武器更加可怕的力量，乾隆盛世，自然不能让思想的异数蔓延泛滥。当文明以冲突的形态而不是和谐共处的形态存在时，暴力就成了最后的裁决者——乾隆出手了。

不过更深层次的悲剧还在于，乾隆将暴力扩大化了。对诗文吹毛求疵，捕风捉影，无中生有，上纲上线，人为地制造文明伪冲突，将暴力指向任何一个并无思想异数的文字工作者，这事实上已构成了一种灾难，针对普通人的灾难。文字存在的本身成了一种罪，成了文明的罪与罚，成了反文明的证据——盛世悖论，竟至于此，悲剧也就不可避免了。

悲剧不仅不可避免，还成为一种常态。乾隆时期，文字狱俯拾皆是，这是以政治面目出现的针对文明的恐惧。文明覆盖了乾隆。身处其间的他一方面深知文明无所不在、无所不包的力量，另一方面也正因为他明白了这种力量的存在，所以才恐惧，才会因为恐惧而杀戮和草木皆兵。也许乾隆本人也未必相信那些文绉绉的诗人会对这个帝国的颠覆起到决定性的作用，但他还是下手了。这实在是乾隆设的一个赌局——他赌他的盛世可以承受得起这样的戕害和扫荡。因为经济正确，所以政治正确，盛世的人心向背让乾隆这个绝对自信的帝王相信，他的任何行动都是庞大的帝国可以承受和消化的。

事实上乾隆赌赢了。乾隆的雷厉风行、杀气腾腾虽然造成举国上下一片人心惶惶，但是仅此而已。盛世依然是盛世，有一部《四库全书》在，文明也就被定格和明证在那里了。这是流芳百世的证据和荣光啊……

可事实同时也证明，乾隆赌输了。实施文化恐怖主义政策之后，"明清之间著述，几遭尽毁"，"始皇当日焚书之厄，决不至离奇若此"！（一代史学大家孟森语）《清代文字狱档》记载，从乾隆六年（1741）到五十三年（1788），有文字狱五十三起，几乎遍及全国各地，而越来越多的知识分子选择了沉默和不满。这是沉默的大多数，也是不满的大多数。盛世失声，文明萎缩成一部没有生命力的《四库全书》，推动盛世继续往前走的动力顿然流失甚至转化成阻力。这是乾隆必须付出的代价，或者说是大清帝国在未来的岁月里必须付出的代价。

第三章

关键词

起承转合背景下的紫禁城视野

一

　　紫禁城尽管建造于永乐年间，但它最初的视野或者说格局，还是明朝开国皇帝朱元璋框定的，朱棣只不过墨守成规而已。

　　朱元璋时代的明朝是个笼子里的帝国，他规定了笼中人的喜怒哀乐，他们的思想，他们的表情和动作。百姓们表面上安居乐业，其实却是行动权、思考权、迁徙权受限。朱元璋的乌托邦是静止凝固的一潭死水。死水里甚至没有微澜，有的只是腐败的气息和无可奈何的麻木不仁。朱元璋规定"农业者不出一里之间，朝出暮入，作息之道相互知"，意思是你们互相监督，谁都别跑到外面去惹是生非，否则就作为罪犯关押起来。朱元璋还热衷于做一件事：修城墙。都城的城墙要修，长城的城墙更要修。这样的所作所为类似于农民修院墙，挡住的却是一个帝国的视野、雄心和开拓意识。与此相对应，朱元璋禁通外番。他在洪武二十三年（1390）十月二十七日诏令户部申严交通外番之禁："沿海军民、官司纵令私相交易者，严治其罪。"帝国向外的大门就此紧闭，外贸的屏蔽最终导致了视野的屏蔽，乌托邦中的人儿在四书五经中近亲繁殖着祖先的思维，帝国的思想被统一到几本枯燥的经书里头，不可能再有什么创新了。

说到底，这是东方封闭的内陆文明、农业文明和西方开放的海洋文明、商业文明的路径之别。朱元璋不知道，从他的新朝元年出发，他以及由他的子孙承继的帝国与这个世界的距离愈行愈远。公元1381年，当朱元璋下令修建山海关，进一步封闭帝国疆界，当这个乌托邦的长城东起鸭绿江，西到嘉峪关，已长达六千多公里时，英国颁布了最早的航海条例，东西方视野之别开始以一种微妙的形式表达出来；朱元璋之后，他的子孙们诏修"四书""五经"《性理大全》，并于1417年颁行，定为生员必读书时，欧洲进入了文艺复兴时期，那个叫达·芬奇的意大利艺术家画出了《最后的晚餐》《蒙娜丽莎》等作品。而当隆庆、万历年间帝国意淫小说《金瓶梅》问世之时，莎士比亚的人性作品《哈姆雷特》《李尔王》《罗密欧与朱丽叶》也问世了。东西方的思想之别也开始以一种微妙的形式表达出来；公元1581年，张居正改革赋役制度，推行一条鞭法。此前一年，意大利威尼斯建立了世界上最早的银行，在财税改革的路径上较大明帝国遥遥领先。

而大明帝国最后的日子，中西方异事异相层出不穷。公元1644年，李自成攻占北京，崇祯帝自缢身死，明亡。此前四年，英国资产阶级革命开始。此前两年，法国B.帕斯卡发

第三章

关键词

明利用齿轮转动进行加减法的计算机。此前一年，意大利科学家E.托里拆利和V.维维亚尼发明了水银气压计。与此同时，那个大名鼎鼎的物理学家牛顿出生，万有引力定律的发现进入了倒计时——东西方文明或者说竞争力之别至此已如天堑鸿沟，不再是任何人力可以阻挡或扭转的。而从这样的时刻回溯，帝国的开创者朱元璋已经死去二百多年，他在世时对帝国气质、视野、思维的框定终于在此时得到报应，所有的因果轮回屡试不爽，逃无可逃。

但究其实，朱元璋在世时就已经感受到种种报应了。朱元璋废相后不久便发现，他摆脱了制度的桎梏，自己却被桎梏住了——他既是皇帝，也是日理万机的宰相，每天营营役役，苦不堪言。《春明梦余录》中记载朱元璋"八日之间，内外诸司奏札凡一千六百六十，计三千二百九十一事"，这么多的事情集中在八天时间完成，意味着朱元璋每天需要批阅文件约二十万字，处理事务四百多件。虽然到最后他为了减轻重负，建置四辅官来分担事务，却终因所用非人而无济于事，让自己不折不扣沦为东方封闭专制制度的奴隶。

而从永乐年代开始，紫禁城内外的中国，就循规蹈矩地运转在朱元璋设计好的轨道上，直至大明王朝寿终正寝。

二

道光十八年是公元1838年，鸦片战争爆发前两年。这年4月的某一天，江南道御史周顼给道光帝上了一道名为《通商以银易货不准鸦片抵交折》的折子，其中有一段文字是这样的：

　　……外夷洋人对于中国内地的茶叶、大黄，一旦数月不吃，就会双目失明、肚肠堵塞，直至丧命，与鸦片之害比较起来，威力当然要大得多。内地中国人并不都吸食鸦片，而外夷洋人却必须食用茶叶大黄。外夷拿无用害人之物，尚能控制中国的利权，为什么中国不能用有益于人的东西，换来外洋的银币呢？今请皇上降旨，令沿海各省总督、巡抚，认真计议，对外夷购买茶叶、大黄，定出价格，只准用银购买，不准用鸦片抵交。

　　以今天的视角望过去，这真是一段令人瞠目结舌的文字——茶叶、大黄比鸦片威力要大得多，甚至摇身一变为战略武器，这样的见识出自于堂堂的江南道御史，简直称得上天方夜谭了。

　　可令人奇怪的是，周顼的建议没有招致他人的反对或嘲笑，反而引来一片赞同声。漕运总督周天爵、福建巡抚魏元烺甚至包括以"开眼看世界第一人"著称的林则徐都纷纷上疏支持周顼的建议。林则徐后来以钦差大臣身份去广州禁烟时在其"通谕各国夷商人稿"里还这样威胁说："中国内地的茶叶、大黄二项，是你们外国必需之物，关系到你们的生死问题，你们不知道吗？……一旦天朝震怒，杜绝鸦片入境，严禁茶叶、大黄出口，你们不能不认真考虑这一后果的严重性。"

　　一个王朝的视野之狭窄终于在茶叶、大黄面前露了原形。当然现在还有最后一个人可以保留他自己的独立判断或者说眼界——道光帝。如果道光帝"不畏浮云遮望眼"，也许还能

第三章

关 键 词

守住帝国些许的羞耻。这个帝国，贻笑大方的地方太多了，实在是需要一块遮羞布来为自己遮遮羞。

但是没有。道光帝并没有自己的独立判断。道光在看过周顼的奏折后，立即"命两广总督邓廷桢、广东巡抚怡良、粤海关监督豫堃，审时度势，相机办理，以茶叶、大黄，震慑外夷"。

这，就是鸦片战争前夕大清帝国的备战实情。帝国以一个英国人意想不到的角度进行了反击。毫无疑问，这样的反击令人无语，堪称道光朝的幽默。

两年之后，道光朝的幽默在持续。道光二十年（1840）八月初四，鸦片战争一触即发，英国人出兵已既成事实。打，还是不打是一个问题。道光皇帝拿不定主意，林则徐便上了一个奏折，奏折中写道："彼之所至，只在炮利船坚，一至岸上，则该夷无他技能，且其浑身裹缠，腰腿僵硬，一仆不能复起，不独一兵可以手刃数敌，即乡勇平民竟足以致其死命，况夷人异言异服，眼鼻毛发皆与华人迥殊，吾民齐心协力，歼除非种，断不至于误杀。"在这封奏折里，林则徐认为英夷都是没有膝盖骨的，腿也无法弯曲，"一仆不能复起"，只要用竹竿将其扫倒，他们就爬不起来……

同时对英国人的船坚炮利，林则徐也抱持乐观的看法。他认为英国人要是敢入内河，"一则潮退水浅，船胶膨裂，再则伙食不足，三则军火不继，犹如鱼躺在干河上，白来送死"。

林则徐乐观，道光帝则茫然。因为有一些问题他还找不到答案。比如中国与英国是否有陆路相通？是否可以经新疆打到英国本土；还比如英国女王的一些隐私问题。道光皇帝很好奇："该女主年甫22岁，何以被推为一国之主？有无匹配？其夫何名何人，在该国现居何职？"他希望获得这些问题的答案。

毫无疑问，这是信息不对称造成的困惑，以及困惑背后潜藏着的危险。热兵器时代已不期而至，工业文明带来的新视野要全面覆盖农耕社会的鼠目寸光，但紫禁城里的道光皇帝却不知道危险已近在咫尺。他只能以一种专制制度下的先验判断来本能地应付不期而至的危机。所用的手段无非"恩威并济"，所用的政策无非传统的剿抚政策。

也许道光帝会以为，英夷和中国历史上未开化的夷狄一样，都是不堪一击的。林则徐不是说了嘛，"一仆不能复起"，"犹如鱼躺在干河上，白来送死"。既如此，对待英夷就要做到"上不可以失国体，下不可以开边衅"（道光二十年九月十八日上谕），总之要维护天朝上国在英夷面前的体面与尊严。这是道光皇帝在鸦片战争初期对待英人的态度。

但事实证明，这是错误认识或者说视野狭窄所导致的错误判断。工业文明的新视野要全面覆盖农耕社会的鼠目寸光，所谓"上不可以失国体，下不可以开边衅"便成了一件不可能完成的任务，而建立在儒家哲学基础上的权谋之道在强大的实力不对称面前一触即溃——香港就此失去，在英夷面前丧失"天朝"尊严，即"有失国体"成为残酷的事实。

不是说实力决定一切，而是视野决定一切，开放的心态决定一切。这场战争道光帝未打先输，输在他整个王朝集体的鼠目寸光上。这样的鼠目寸光有时候跟英国问题有关，更

第三章

关键词

多的时候纯粹是世界观和方法论的问题。比如道光朝著名的大学问家阮元就认为美洲位于非洲境内，他甚至认为哥白尼的日心地动说是"离经叛道"，没有任何研究的必要——整个鸡同鸭讲，不在一个对话层次上。

当然，道光帝到最后还是有收获的。道光二十二年（1842）3月，当第一次鸦片战争差不多结束的时候，道光皇帝通过广东方面送来的两名懂英语的通事（翻译），总算弄清了以下一些问题的答案：

英吉利国距中国水路需多少天？

英吉利至中国需要经过多少国家？

英国女王年仅22岁，为什么能够成为一国之主？

英吉利国究竟方圆有多大？

……

道光帝获得的答案应该说是迟到的答案，也是代价昂贵的答案。他们本应在战争之前就获得，但是很遗憾，为了获得它们，道光帝付出了"天朝"的尊严和国土。当然更严重的危机还在哲学和文明层面上。在大洋彼岸，一种更先进的文明已经生机盎然、蠢蠢欲动，试图吞噬或者说覆盖中国传统的农耕文明，特别是农耕文明身上所附着的保守、封闭、偏见、傲慢、脆弱、张狂以及患得患失……一切的一切已是箭在弦上。

站在道光二十二年（1842）的春天里，紫禁城里的道光皇帝真是茫茫然不知所之啊。先前，他的痛苦在于不知道问题在哪里；现在，他的痛苦则在于不知道解决问题的方法在哪里。

谁能告诉他？

三

1851年是咸丰元年，在中国农历为辛亥年（猪年）。对一个王朝来说，是承前启后的特殊年头，道光朝结束了，咸丰朝开始了。道光朝结束于不该结束的时候，因为一切了犹未了，只好不了了之；咸丰朝开始于不该开始的时刻，因为一切都是旧摊子，没有新朝新气象。老问题没有解决也无法解决，新问题层出不穷，所谓人间事哪有个头啊——这里的"头"既是尽头也是开头——两头都没着落。

对奕詝来说，咸丰元年（1851）毫无疑问是烦恼元年。正月，他在紫禁城太和殿受贺，即皇帝位；二月，太平军就从广西北上，一路势如破竹。差不多与此同时，河南捻党聚集人众，开始闹事；六月，江苏通判袁云吸食鸦片，贩卖烟土案发，帝国官场的丑陋再露峥嵘；七月，经不起沙俄的软磨硬泡，朝廷被迫与其签订《伊犁塔尔巴哈台通商章程》，通过该约，承认了沙俄在伊、塔两地的设领、贸易免税、领事裁判权和设置名曰贸易亭实为租界等特权；八月，半北厅三堡黄河决口，决口处宽达一百八十五丈。户部报告，此前已发内帑银一百万两备征广西太平军，财政吃紧。治理黄河决口，不是户部不肯出银子，实在是没银子可出；还是八月，英、美、法三国领事联名任命美国人贝莱士为上海港务长，并公布《上海港口章程》，从而攫取了中国港口的管理权。

1851年的奕詝，几乎就是在这样的一地鸡毛中跌跌撞撞地

第三章
关键词

从年头走到年尾的。这一年，他二十岁不到，帝国业已承平二百年。二百年的重量压在二十岁的身子骨上，毫无疑问是一种过负。不过历史的诡异之处却还在于，它是有伏笔的，是线头绵密的。历史的伏笔总是与紧随其后的大事件遥相呼应，从而呈现出一种残酷和渐进式的存在。比如在这一年还发生了这样一些事：安徽徽宁池太道惠征之女叶赫那拉氏（即后来的慈禧太后）入宫，封为兰贵人；两江总督陆建瀛奏请禁天主教，未果；九月，御史王茂荫奏，英夷包藏祸心，宜早设求才之方，请变科举，礼部议不行；英驻沪领事阿利国致函英公使文翰，建议利用太平军起义，清廷处境困窘之际，对之施加压力以取得特权；美署公使伯驾致书国务院，论对华政策，主张与英、俄、法、西班牙共同行动……这些事件在事后都被证明有深意存焉——因为它们曲折而暧昧地指向下一场鸦片战争爆发的必然性以及战争之后，一个女人的出山与出位——所有这一切事件的源头，原来都在1851年得到了证明。

　　同样在这一年，在奕詝视线看不到的地方，一些事情也在紧锣密鼓地发生。它们有关视野，有关全球化，有关这个世界的彼与此，是与非。是年，伦敦万国工业博览会（世界博览会前身）举办；纽约时报创刊；路透通讯社（Reuters）正式在伦敦开业。法国总统路易·拿破仑解散法国国民议会，修改宪法并且延长总统任期。之后，他宣称自己是拿破仑三世皇帝，法兰西第二共和国结束，第二帝国开始。这些事情或者说变化奕詝当然看不到也看不懂。他视线所及的地方已经烦恼多多了，哪还顾得了世界大势？

但世界大势事实上就是中国大势，看不懂世界大势也就看不懂中国大势，更别说影响中国大势了。奕詝实在是不明白，他已经身处全球化的漩涡当中，己不动，彼已动，所谓不由自主，说的就是这个意思。在奕詝统治大清的11年里，1850年至1864年爆发了太平天国战争，1856年至1860年又爆发了第二次鸦片战争，太平天国战争与第二次鸦片战争互为表里，构成了对这个王朝的致命一击。那么，这两场战争是怎么发生的，为什么发生在大清中衰之后的咸丰朝？奕詝都没搞懂。他只是疲于应付，本能地疲于应付，为一个王朝的宿命而幽怨，也为自己的生不逢时而自怜，在自怨自艾自怜乃至于自戕当中，奕詝走过了其短暂的一生。

他是个视野狭窄的悲剧人物，在帝国的拐弯处力不从心地做一名船长，最终一不小心中途落水，仅此而已。

那场战争的胜负，事实上在开打之前就已经确定。不仅仅是武器装备和排兵布阵方面的巨大差别，还在于双方战争观念和看待世界的视野完全不在一个对话平台上。

咸丰十年（1860）八月对咸丰帝来说是胆战心惊的八月。在京城东郊八里桥，八旗军和蒙古马队被英法联军打得满地找牙。这是帝国最精锐的部队，但仅仅是在帝国内部而言——放眼世界，热兵器时代已不期而至，帝国的土枪土炮在洋枪洋炮面前，的确不堪一击。咸丰帝绝望之下，做了弃京逃跑的打算，但有一个人却在此时站了出来，给咸丰打了一剂强心针。

这个人是詹事府詹事殷兆镛。他所谓的强心针是贡献了

第三章

关键词

一个破敌之法——棉被御敌法。殷兆镛说：夷器凶猛，当今之计，要柔能克刚。何谓柔能克刚？《皇朝经世文·兵政守诚篇》曰：防城之法，濡湿棉悬之，以柔克刚。殷兆镛接下来详解了怎样用湿棉被以柔克刚的法子。那就是将旧棉被用水浸湿，然后上下贯以粗索，两旁缚以竹竿。竹竿的末端绑上小尖刀，以便插在地上。每一床棉被用两兵各执一端，然后各带长腰刀。马队随后。遇到夷匪，棉被军先上，前蹲后立。一人守被，一人持刀砍马足。这样敌阵虽坚，也难以抵挡了。

殷兆镛的说法可谓"不怕做不到，就怕想不到"，但在场的官员还是想到了一个问题——敌炮弹越过棉被墙，落到阵中怎么办？这当然是一个漏着，但殷兆镛的威猛就在于他及时补漏了。殷兆镛说英夷的炮弹不是落地就即时炸开，这里面还有个时间差。我军可趁其将未炸之际，马上用湿棉被将它盖住，这样它就没法炸了。

这就是詹事府詹事殷兆镛的棉被御敌法。有出处，有想象，有发挥，却不符合逻辑和咸丰年代的现实。毕竟热兵器时代的炸弹不是冷兵器时代的湿棉被可以盖住的，可要命的是咸丰帝相信了这一点，他马上下文要个参战部队"参酌施行"，如果奏效就广为推广。可以说作为一国之君，咸丰帝的见识与决策力与詹事府詹事殷兆镛实在是没有什么区别，而他的一本正经和全力以赴在世界背景下毫无疑问显示出令人捧腹的黑色幽默。这样的黑色幽默是东西方文明的断层，也是错位，是一个帝国战争观念和看待世界的视野固步自封的必然反应。

当然，只要这样的文明断层和错位一直存在，类似的黑色幽默也就会层出不穷。继殷兆镛贡献了棉被御敌法之后，山西道御史朱潮也贡献了他的破夷之策。但是比殷兆镛更威猛的地方在于，殷兆镛只贡献了一条计策，朱潮却一下子献出九条妙计，可谓井喷式爆发。我们来看一看他贡献的都是些什么计策。

第一条，海上破船法。选一些动作敏捷的士兵，手拿火炬，从偏僻小道绕行到夷人泊船之处然后抛掷火种。一船点着，数十百船继燃，这样夷人一定抱头鼠窜。

第二条，黄昏破敌法。听说夷人一到晚上即双目不明，秉性还像猪一样嗜睡。我军可在二三更时擂鼓呐喊，夷人必从睡梦中吓醒，睡眼难睁，目不辨物，只能自相践踏而死。

第三条，陷阱捉夷法。听说夷人两脚长而腿直，不能自如弯曲，我军可多挖陷阱，也不用挖得过深，只需接仗时引诱他们坠进陷阱就可以了，如此他们便爬不上来，即为我军俘虏。

第四条，拐子马法。夷人本来不会骑马，近来被汉奸教会了，但我军可仿效岳飞当年用麻扎刀破拐子马的方法，仿行破敌。

……

对于朱潮贡献出的九条妙计，咸丰帝下了如是谕旨："将朱潮破敌九策传送胜保军营，供其采择。"

然而，在残酷的现实面前，殷兆镛的棉被御敌法和朱潮的九条妙计都成了纸上谈兵的新教材。一个月后，也就是咸丰十年（1860）九月，仓皇逃到热河避暑山庄的咸丰帝悲凉地听到了圆明园被烧的消息。他急切地需要复仇，但要复仇，

第三章
关 键 词

首先必须找到对付英夷大炮的方法。就是在这个时候，一本叫《破夷纪闻》的书进入了他的视野。

《破夷纪闻》是山西候选教职祁元辅写的，书中对破炮之术做了专项研究。祁元辅总结，当前行之有效的破炮之术主要有五种：

一是牛皮御炮法。首先用木板制成方架，然后用生牛皮并排铺置数层，再用生漆黏合，最后再将其牢固地钉在木架上。这样制成的牛皮架可以缓解敌炮的攻击。

二是木城御炮法。选用坚硬的木板，将被胎钉于上面。把数十板组合为一队，排列起来，状如城墙。临近敌人时，以击鼓为号，士兵从中向敌方开炮，马队、步队也从后面突然杀出。

三是渔网御炮法。在木城左右及上方，多挂渔网。这样敌人数十斤重的炮弹打来，渔网悬空一挡，就可消解炮弹的威力，使其不至于击坏木板。

四是沙袋御炮法。在我军和敌人接仗时，每人都带一个装土的布袋。当敌人开炮时，士兵迅速将身上的袋子扔在地上，建成一临时城墙，然后我军再藏匿其中，敌炮就无可奈何了。

五是幕帐御炮法。在我军上空置大布帐数十张，用以御炮。炮弹刚好在帐布之上爆炸，断不会伤及我军。如一帐烧穿，可紧急再换一帐。

毫无疑问，作为一个教育工作者总结的军事理论，不可避免地充满了天真的想象和革命的浪漫主义情怀。尤其是"一帐烧穿，可紧急再换一帐"，很搞笑、很具创意，但被失败击昏了头脑的咸丰还是相信,《破夷纪闻》里必有真知灼见。他在随后给胜保的一封谕令里这样交代:"……所陈述各条,虽未必尽合机宜,然亦不无可取。著胜保详细体察,采择务用……"

一个王朝最高决策者的战争观念和看待世界的视野不过尔尔,这场战争大清的惨败也就是题中应有之义了。乱世之中,似乎每一个人都可疑,似乎每一个人都有不可逃避的责任与担当,但最可疑、最应该担当的那个人却是咸丰,尽管他现在正一脸无辜、茫然无助地躲在热河避暑山庄为帝国的命运而焦躁,为自己来日无多的生命而惆怅,可一切都由来有自,都早已是命中注定。

咸丰八年(1858)四月,美国以和好通商为名,向咸丰递交了请派公使驻扎北京的国书。但是这封国书遭到了咸丰帝的嘲笑。因为他在国书中看到了这样一句话"朕选拔贤能智士,姓列,名威廉,遣往驻扎辇毂之下……"咸丰笑笑摇头,然后用朱笔在国书后批了一行小字:"该国国王竟然自称为'朕',实属夜郎自大,不觉可笑!"

咸丰九年(1859)八月,咸丰帝提出以茶叶、大黄离间西洋各国与英法关系的主张,并以此作为克敌制胜的法宝。咸丰帝以为,英国人吃的是牛羊肉磨成的粉,食之不化,不饮用中国的茶叶、大黄就会"大便不通而死"。所以茶叶、大黄是"制夷"的有力武器,盛产茶叶、大黄的大清国在这场战争中将掌握自己的主动权。咸丰告诫众官员,要对"茶叶、大黄制夷"的战略严格保密,以收奇效。

……

第三章

关 键 词

不用再举例了。这样的例子一个与一万个没有任何区别，战前与战后也没有任何区别。它们令人哑然失笑，却到底让人笑得辛酸，笑得潸然泪下。毫无疑问，这是一个民族的悲情时刻，也是一个王朝的视点盲区。咸丰帝的悲哀就在于，他注定走不出这个盲区了。

四

1873年也就是同治十二年，翰林院编修吴大澄向亲政不久的同治帝上了这样一道奏折："若殿陛之下，俨然有不跪之臣，不独国家无此政体，即在廷议礼诸臣，问心何以自安？不独廷臣以为骇异，即普天臣民之心，亦必愤懑而不平；即皇上招携怀远，示以大度，不难从一时之权，而列祖列宗二百余年之旧制，又安可轻易乎？"吴大澄在奏折中甚至直言："朝廷之礼，乃列祖列宗所遗之制，非皇上一人所得而私也。"

吴大澄奏折的提出事实上是基于这样一个背景——同治帝亲政后，英、法、俄、美、德等国以公使团名义联名照会总理衙门，向清廷提出觐见清帝、呈递国书的要求。但是以什么礼仪觐见，准确地说是否以跪拜礼觐见清帝，成为这项外事活动能否成功进行的关键。

外国公使团当然是不肯跪。八十年前，马戛尔尼坚持以"单腿下跪"而不是"双腿下跪"的礼仪觐见了乾隆皇帝，八十年后，公使团们想尝试进一步突破的可能——不跪，站着见清帝。

这是个大胆的设想，但对同治来说，却意味着"礼崩乐坏"时代的开始。礼仪是什么？是秩序，是尊卑贵贱，也是国力的象征。帝国做"天下共主"已经几千年了，万邦来朝从来是行跪拜礼觐见的，即便当年马戛尔尼是以"单腿下跪"觐见的，可那也跪了不是，何况只是个案而已，乾隆盛世需要怀柔嘛。但现如今英、法、俄、美、德等国是以公使团名义联名照会的，透着改变天下秩序的野心和实力，而在礼仪改变的背后，毫无疑问是"天下共主"时代的结束和"礼崩乐坏"时代的开始。这是同治朝难以承受的命运之重。

继翰林院编修吴大澄上奏反对外国公使不跪而觐后不久，江南道御史王昕、浙江道御史边宝泉也纷纷上书同治帝，坚持在礼仪问题上要一万年不动摇。边宝泉甚至设身处地为同治提出解决方案，称外国使臣约等同于中国臣子。以中国臣子礼见皇上，怎么可以不跪拜？但同治看上去还是忧心忡忡。一个事实很明显，英、法等国不是中国的属国，外国使臣怎么甘心做中国臣子呢？其实，更要命的问题还不在这里。更要命的问题在于外国使臣和他平起平坐之后，以后的帝国人心怎么收拾——外国使臣都可以平起平坐，那中国臣子呢？是不是也可以参照执行？所以"礼崩乐坏"的背后是人心的土崩瓦解。这是最致命的。

关键时刻，李鸿章介入了进来。在李鸿章看来，帝国正处于"数千年一大变局"当中。帝国的京城和通商口岸，驻有十几个国家的使节，礼仪制度要是不与时俱进，只能自取其祸。事实上祸亦不远——咸丰末年圆明园被烧后的遗迹还触目惊心呢。这个时代，实力说话，而礼仪只是依附在实力身上的一张皮而已。没有这样的认识，就不可能让帝国趋福

第三章

关键词

避祸。

李鸿章还认为："圣贤持论，交邻国与驭臣下，原是截然两义。朝廷礼法严肃，中国臣庶所不容丝毫僭越者，非必概责诸数万里外向未臣服之洋人。"这是礼仪的内外有别，这样的论调在一定程度上打消了同治对于帝国人心涣散的担忧。另外李鸿章古为今用，引孔子的"嘉善而矜不能，所以柔远人"和孟子的"以大事小者，乐天也"这两句名言为同治帝壮胆打气——的确，这样的时代，如果别人不安慰自己，那么自我安慰是最好的选择了。

同治十二年（1873）六月初五日。紫禁城紫光阁。同治帝终于心情复杂地接见了各国公使。虽然紫光阁是大清皇帝以前经常接见蒙古王子和其他藩属国代表的地方，把觐见地安排在这里，同治心里颇有阿Q式的快慰，但帝国的江河日下却已是不争的事实。各国使节们站着向中国皇帝行鞠躬礼，同治无可奈何地接受了。他看上去心情很糟糕，没有穿龙袍，只穿了一件黑色长袍，漫不经心地看着眼前这些长得稀奇古怪也说一口稀奇古怪语言的各国使节，真真无话可说了。还不到十五分钟，各国使节等待了十二年的觐见活动就结束了。皇帝最后传下话来，说，以后各位有什么事情直接找总理衙门好了。再无多言。

但这不是最糟糕的时候。在礼仪问题上，最糟糕的时刻要在20年多后才到来。那是在光绪朝《辛丑条约》的谈判中，各国使节对清帝光绪提出了三条与礼仪有关的条件：一、需派黄色御轿和仪仗走中门迎送使节，并且要在"皇帝接见他们的宫殿前"降升舆；二、皇帝必须站立会见外国使节，"并直接同他们讲话"，而在1873年同治接见各国使节时，皇帝在觐见时可以"坐立自便"；三、必须在乾清宫为外交团举行宴会，同时皇帝须亲自出席。这其中的第一条实在是直指帝国的命脉。因为黄色御轿乃皇帝专用，各国使节要坐黄色御轿进出中门，并且超越王公大臣的规格不在东华门外降舆，直接在"皇帝接见他们的宫殿前"降升舆，毫不客气地将帝国传承千年的礼仪制度踩在脚下，天朝上国的脸面至此已是荡然无存了。

所以，在这样的大历史观下来看1873年同治朝的觐见，真可谓一次意味深长的改变和预警。应该说，这是礼崩乐坏的开始，帝国的秩序变得骚动不安，人心也喧嚣了起来，只是同治帝看上去面目模糊，他苍白而无力地坐在龙椅上，直将自己坐成一个时代萎缩的符号。有仙乐飘飘不知从何处传来，让每一个人都沉醉其间，却不知这仙乐其实是凶兆，在历史拐点时刻出现的一次凶险警告。

五

1898年的慈禧无疑给后人留下了深刻的印象。在默然观察了一百零三天后，她叫停了光绪帝的一切变法措施，只保留了区区一个京师大学堂。总之，1898年慈禧留给人的印象是鼠目寸光，逆历史潮流而动。但是八年之后的1906年，帝国中央政府的结构发生了翻天覆地的变化。在中国历史上沿续了一千三百年的六部制度被改革掉了，取而代之的是十五个崭新的部门，它们共同组成了一个现代政府结构：

第三章

关键词

1. 总理
2. 副总理
3. 副总理
4. 副总理
5. 外务大臣
6. 外务部
7. 民政部
8. 度支部
9. 陆军部
10. 学部
11. 法部
12. 海军部
13. 农工商部
14. 国土部
15. 邮传部

这是1906年的帝国，戊戌六君子当年孜孜以求的目标不仅实现了，甚至还超过了预期，而促成这一切的改革者正是慈禧。当然1906年帝国的新气象远不止政府结构的焕然一新，它几乎在各个层面上都显示了勃勃生机：科举制度废除了；新军编练了，现代化军队建制开始成形；《商人通例》《公司律》《破产律》《商会简明章程》等多种经济法规施行，帝国的现代商业从此有了法律保障。可以说所有这一切生机勃勃的变革都是戊戌变法诸君子渴望变成现实的——现在，它们真的成了现实。

这只是帝国看得到的现实，帝国看不到的现实更加令人瞠目结舌：已经是古稀之年的慈禧太后开始捧读魏源的《海国图志》和徐继畬的《瀛寰志略》。她的视野似乎突破了储秀宫和颐和园的局限，开始投向海的那一边。

其实严格说来，这是对慈禧的误解。透过历史的细枝末节或者说依稀脉络，我们应该可以看到，这个女人从来没有鼠目寸光。早在四十多年前的1862年，刚刚开始"同治"的慈禧就发布一道上谕，对沿海口岸的军事训练提出自己的主张，称"官兵不能得力，暂假洋人训练，以为自强之计……除学习洋人兵法外，仍应认真学习洋人制造各项火器之法。各项得其密传，能利攻剿"。此前一年，帝国的洋务运动已经轰轰烈烈地展开。曾国藩在安庆设立了安庆内军械所，制造火药、子弹、炸炮等，这是中国最早的官办制造近代武器装备的军事工厂。应该说，洋务运动的顺利开展是得到慈禧支持的，而同治年间，慈禧给外界的印象竟是改革开放的幕后总推手。尽管这位总推手实在年轻得可以。她31岁时，批准在上海设立江南机器制造总局，在南京设立金陵机器制造局；32岁时，批准在福州建立马尾船政局，同时派美国前驻华公使蒲安臣率清朝外交使团出访欧美十几国；36岁时，批准在天津建立军火机器制造总局；38岁时，批准在上海设立轮船招商局，派第一批幼童留学美国……这是年轻慈禧的视界或者说眼光，开放、包容，似乎没有什么是不可以做，没有什么不可以突破的。从这样的逻辑基础出发，再去观照清末新政时的慈禧，我们也许可以发现，它们是遥相呼应的。

那么，为什么在1898年戊戌变法之时，慈禧的面目会一反常态呢？究竟1898年的慈禧是真实的，还是其他时间的慈

第三章

关键词

禧是真实的？历史在这里似乎变得暧昧不堪了。

历史从来没有暧昧不堪。1898年的慈禧和其他时间的慈禧其实都是真实的。这是一个女人的视野和机心共同起作用的结果。因为戊戌变法之初，慈禧也曾对光绪推心置腹："变法乃素志，同治初即纳曾国藩议，派子弟出洋留学，造船制械，凡以图富强。"（见费行简《慈禧传信录》）毫无疑问，1898年的慈禧是不可能突然变得视野狭窄的，她后来之所以突然间面目狰狞，只是因为帝国的格局出现了致命的危险，而她的命运也似乎变得岌岌可危起来。所谓一切事其来有自。

1898年是中国农历戊戌年。这一年，光绪终于有机会从绵羊变成小老虎，但他的举动在慈禧看来已是频频出位：先是罢免了阻挠变法的礼部六堂官，然后又把李鸿章赶出总理衙门，同时录用改良人士主持新政。这些慈禧还能容忍——变法就是夺权，小小的夺权无伤大雅。至于光绪所变之法，在一直变了很多年法的慈禧看来，并没有什么太出格的地方——数年后慈禧太后新政的尺度或者说力度大超以往就说明了这一点。

慈禧不能容忍的是光绪夺大权，夺她的权。1898年最大的拐点发生在9月18日。这一天，谭嗣同去法华寺夜访袁世凯，向后者透露了慈禧联合荣禄，要废除光绪的信息；并说皇上希望袁世凯可以起兵勤王，诛杀荣禄及包围慈禧住的颐和园。这是致命的透露，也是荒诞的信任，因为历史的恶果在第二天就呈现出来了。据恽毓鼎的《崇陵传信录》披露，1898年9月19日黎明时分，慈禧冲进光绪的寝宫，将书几上的所有章疏奏折一把捋走，留下的恶言是骂光绪"忘恩负义":"我抚养汝二十余年，乃听小人之言谋我乎?"

变法之争一夜间沦为权力之争、身家性命之争。慈禧在视野和机心之间选择了后者，她甚至大开杀心，让很多人为自己在1898年的所作所为付出生命的代价。光绪被囚禁，慈禧再次掌权。作为对光绪变法举动的报复，慈禧大大耍了一把女人的小性子：在一个月左右的时间里，光绪裁撤的机构被她一一恢复；撤销农工商总局；科举考试也恢复旧制重新采用八股文。取消官民上书权，取消言论自由，查封《时务报》。甚至为了体现权力之争的快感或者说胜利感，慈禧太后还把被光绪撤职的官员一概复职……总之历史在这里开了一下倒车。

这是一个女人的怄气之举，但帝国却很可惜地失去了一次迎头赶上的机会。虽然在1901年后，慈禧开始新政，可三年后日俄战争就爆发了，帝国从此失去稳健改革的战略机遇期。随后慈禧匆忙展开的宪政改革因为没有足够的时间差来消化震荡，一些帝国的异数抓住机会有所作为了。而慈禧太后本人也终于垂垂老矣，失去了对这个国家的控制。视野也罢，机心也罢，到此都已是明日黄花，对帝国的命运和她个人的命运不可能再产生实质性的帮助。王朝唱晚，1908年的慈禧太后终于带着无限惆怅和她的生死冤家光绪帝前后脚离开人间——她人生的大幕就这样拉上了。

附录

附 录

最后三年：紫禁城的黄昏

从起承转合的角度说，紫禁城的最后三年，是它"精气神"的尾音。

一座城跟一个人一样，最终活的就是"精气神"。

"精气神"没了，那就该寿终正寝。

紫禁城的黄昏，是在帝国三千年未有之大变局的背景下徐徐展开的。革命与改良、近代化向现代化迈进时的挫折、国民性格在时代剧变面前的墨守成规以及东西方文明的激烈碰撞，都让这座王城震颤不已。

当然，城内人与城外人的心态是迥然不同的。有攻城者的渴望，自然就有守城者的固执，虽然这座城池最后是以和平方式易主的。但是毋庸讳言，和平方式的背后，是无可奈何花落去的深深惆怅。

紫禁城内外的中国，就这样换了人间。

当然一切要从光绪三十四年说起。

光绪三十四年（1908）11月14日和15日，在不到二十个小时的时间里，光绪皇帝和慈禧太后相继去世。此前，也就是慈禧去世前三天，一个不满三岁的儿童被迫离开自己的家，置身于宫中。多年之后，已经长大成人的他在一篇自传里写道："我记得自己忽然处在许多陌生人中间。在我面前有一个阴森森的帏帐，里面露出一张丑得要命的瘦脸———这就是慈禧。"这个被后世称之为宣统皇帝，名曰溥仪的孩子和当时卧病在床的慈禧太后有过一次并不愉快的情感互动——他很不高兴地将慈禧给他的冰糖葫芦摔到地上，并哭闹着要回家。

12月2日。太和殿聚集了这么一些人：侍卫内大臣、文武百官、乐师、太监和牧师，还有醇亲王载沣之子溥仪。这里在举行一个仪式，登极大典。主角当然是溥仪。帝国开创两百多年来，类似的登极大典一而再、再而三地举行，为的是见证权力的接续和江山的传承。只是这一次的情形有些异样，因为主角溥仪不配合。作为一个小孩，溥仪似乎不喜欢太和殿的宝座，他被抬上去又自己爬下来，几次三番，哭闹不止。这一天是阴历十一月初九，紫禁城里太和殿的宝座冷冰冰的，的确不是小孩喜欢待的地方。由此，场面变得有些尴尬了。一边是文武百官的三跪九叩没完没了，一边是溥仪哭天喊地极不配合，再加上当时在"国丧"期间，丹陛大乐设而不奏，也就是说没有背景音乐，溥仪的哭闹声便显得惊天动地了。由此，登极大典中主角和配角的表演形成了一种意味深长的错位，呈现出极强的荒诞感。

但最严重的问题还不在这里，最严重的问题是载沣说了一句貌似无心的话语："别哭别哭，快完了。"多年之后，已经长大成人的溥仪在《我的前半生》中指出了父亲这句话的宿命意味。他写道："我感到拖沓、沉闷，加上那天天气奇冷，因此当他们把我抬到太和殿，放到又高又大的宝座上的时候，早超过了我的耐性限度。我父亲跪在宝座下面，双手扶我，不叫我乱动，我却挣扎着哭喊："我不挨这个。我要回家。"父亲急得满头是汗。文武百官的三跪九叩没完没了，我的哭喊也越来越响。我的父亲只好哄我说："别哭别哭，快完了。"他说这话意在安慰我，却给文武百官留下了惨淡的印象，他们把这看作是不祥之兆。"

唉，这就是1908年的帝国，光绪朝已然结束，宣统朝哭哭啼啼、极不情愿地开张。似乎没有人可以预言，三年之后，它会关门大吉。但历史其实伏笔处处，如果细心观察的话，从这一刻开始，很多蛛丝马迹已然显现，很多逻辑链条都指证了最后的结果。

一切由此走向万劫不复。那个曾经荣光的帝国，将失去最后那一丝精气神。

宣统元年

宣统元年（1909），主角不是宣统皇帝，而是摄政王载沣。因为这一年，溥仪不谙世事，依旧在牙牙学语。

年初，载沣命军机大臣、外务部尚书袁世凯开缺回籍。此前，袁世凯已经未雨绸缪，主动辞去各项兼差，并把北洋军的第一、三、五、六各镇交陆军部直接管辖，以为避嫌。而在光绪三十三年（1907），慈禧也曾有所动作，将袁世凯调离北洋，让他到京城来充任军机大臣兼外务部尚书。"名为优礼，实为监视，同时即夺其兵"——名义上是中枢重臣，实质上明升暗降，以削弱他在北洋军中的影响力或者说掌控力。另外，慈禧针对袁世凯还有一个动作，那就是在推举新皇帝人选时，事先不让袁世凯与闻，以"不预定策之功"使其脱离权力核心层，尽可能压缩袁世凯对未来政局的染指。

而载沣采取的动作更干脆，直接将袁世凯驱逐出中央。在肃亲王善耆、镇国公载泽的鼓动下，载沣拟将袁世凯革职拿交法部治罪，以彻底消灭袁世凯及其势力。这似乎体现了一个摄政王的雄心或者说企图心。但张之洞劝他："主少国疑，不可轻于诛戮大臣。"意思是稳定压倒一切，免得激起事变。载沣这才以袁世凯"现患足疾，步履维艰，难胜职任"为由，令"着即开缺，回籍养疴，以示体恤之圣意"。

历史由此展开了另一种可能性。因为两年之后，辛亥事起，袁世凯出山收拾残局，直将载沣一并收拾了——将他的摄政王一职给撤了。所谓翻手为云覆手为雨，历史的演绎从来都是睚眦必报，不留半点情面的。当然这些都是后话，没有几人可以参透。即便聪明如袁世凯者，在当时也是意志消沉，不复有东山再起之念。他被解职后回到河南安阳的洹上村，终日垂钓，并写诗名曰《自题渔舟写真二首》，其中一首写道："百年心事总悠悠，壮志当时苦未酬。野老胸中负兵甲，钓翁眼底小王侯。思量天下无磐石，叹息神州变缺瓯。散发天涯从此去，烟蓑雨笠一渔舟。"落寞萧条之心绪，从中可见一斑。

所以，宣统元年（1909）的主角注定是载沣。他下令编练禁卫军，并将其作为直隶摄政王的亲军；成立海军部建设海军，又委派胞弟载洵、载涛分赴欧美各国考察陆海军，以图自强；代皇帝任全国陆海军大元帅，宣布统一全国军政大权。一时间，载沣给世人雷厉风行之感。但究其实，这只是他的A面，他还有不为人知的B面。在载沣雷厉风行的背后，其实也隐含无奈、软弱以及得过且过的心态。比如他处理朝政的能力欠佳。既无判断力更无决策力。"有入觐者，常坐对无言"；有请示机宜者，载沣"嗫嚅不能主断"；更有大臣汪大燮出使日本回国向他报告日本人的阴谋，载沣却只是"默无语"，甚至啼笑皆非地告诉汪大燮"已十钟矣"，暗示他别多说——载沣如此治国能力，跟当年的摄政王多尔衮相比，可谓一个天上一个地下了。

但偏偏宣统元年（1909），烦心事层出不穷。5月15日，一个叫于右任的人在上海创办《民呼日报》，声称以"大声疾呼为民请命"为宗旨。开办三个月后，《民呼日报》被迫停刊。帝国当然不需要一张报纸来疾呼——早在年初，帝国就命各省正式成立咨议局，筹办各州县地方自治，设立自治研究所，同时诏谕"预备立宪，维新图治"之宗旨。但偏偏有些"刁民"等不及了——3月12日，四川革命党人佘英、熊克武在广安"闹事"，虽然很快事败，却到底让国人看出帝国不稳定的气象来。11月，柳亚子、陈去病、高旭等十九人在苏州虎丘创立南社。12月，十六省咨议局代表齐集上海，决定30日赴京请愿。总之处处都在蠢蠢欲动。这一年，老天也不长眼。云南宜良、阿迷连续地震；福州风火大灾，死伤数千人；湖北省洪水泛滥，灾区广达三十余县，灾民近三百万人——看来维护稳定的成本不是一般的高啊。

当然了，摄政王载沣领导下的帝国也不是无所作为。继查封《民呼日报》后，帝国又以泄露机密、有碍交涉为罪名，封禁了《北京国报》《中央大同日报》两家报馆。总之不能出现不和谐的声音，都已经"预备立宪，维新图治"了，有点耐心好不好？好在这一年也不尽是坏消息。京张铁路就在这一年修成了。作为连接北京和北方重镇张家口的一条铁路干线，京张铁路的建成通车毫无疑问增强了帝国的自信心和凝聚力——只要国人不闹事，不聒噪，团结起来还是能成事的。世上万事就怕不团结。

但是，站在宣统元年（1909）的年底纵观这一年的时局变迁，警讯还是多过了喜讯，久经考验的帝国栋梁张之洞在这一年十月去世了。同月，孙中山从伦敦赶赴美国筹款，力图推翻大清这个貌似强大的王朝。而十六省咨议局代表在宣统元年（1009）年底赴京请愿，又为帝国来年的稳定蒙上重重阴影。宣统元年（1909），溥仪四岁了，他依旧步履蹒跚，不谙世事，依旧还会为小小的得失或喜或悲，依旧不知道城外的帝国，已是风起云涌，巨变只在刹那间。

宣统二年

如果用"起承转合"来表示宣统年间的时局演变，宣统元年（1909）可以称之为"起"，宣统二年（1910）的局势无疑是"承"——承接上一年的风起云涌。

这一年年初，帝国开始铁腕治国。首先解决一个悬念——1月30日，十六省咨议局代表赴京请愿遭拒。帝国当然不允许这些耍嘴皮子的人来京闹事；三天后，帝国解决了川南嘉定民众造反事件。随后，倪映典领导的广州新军起义也宣告失败。国家看上去还是固若金汤，起码在解决零星造反事件上，帝国并没有失去管控能力。

但是宣统二年（1910）时局的风起云涌到底令人触目惊心。2月，海军大臣载洵和萨镇冰差点被刺身亡；4月，汪精卫等人刺杀载沣；11月，华侨邝佐治暗杀海军大臣载洵。虽然这些行刺者最后的结果都是未遂、被捕，但此类事件一经发生，就会轰动全国，对帝国的民心造成不小的震荡。

更加可怕的事情发生在7月——7月4日，一个叫曲诗文的猛汉竟然杀掉自己的妻女对众盟誓，带领数万农民暴动——这实在是一个危险的信号，因为它昭示了帝国民心的决绝似铁——他们要与这个王朝对着干了，哪怕豁出身家性命。与此相对应的是在这一年，各地还发生了为获得粮食为主要目的的暴动事件。长沙市民因米价上涨，发生抢米事件；湖北武穴饥民一连数日抢劫米店；苏北各州饥民公开抢粮；安徽饥民因为连年灾馑，日子实在过不下去，便在饥民领袖李大志组织下聚众起事。宣统二年（1910）的群体性事件频发毫无疑问呈现了饥荒年代的特点——这是一个王朝走向末路的危险信号，它以你死我活的决绝形式预示着帝国已经到了分崩离析的前夜。

在制度层面上，6月，直隶省咨议局议员、"国会请愿同志会"领军人物孙洪伊发起了第二次国会请愿高潮。10月，中央资政院被迫成立。借资政院开院之机，请愿代表在东三省总督锡良的带领下发动第三次声势浩大的请愿活动。11月4日，鉴于请愿运动此起彼伏，帝国无奈决定原订于宣统八年的立宪期限，缩改于宣统五年，实行开设议院。应该说这是一种且战且退，也是一种无可奈何。所谓形势比人强。和年初时铁腕治国相比，年底时帝国已经不能做到两手抓，两手都要硬了。毕竟对付议员不能像对待暴动的农民一样，可以采取暴力手段。

宣统二年（1910），老天依然不长眼——江浙安徽大雨成灾。孙中山也依旧不安分。11月，他在槟榔屿密议大计，随后就发生了华侨邝佐治暗杀海军大臣载洵事件。作为一个危机重重的王朝，这些已经发生的事情似乎都是题中应有之义，本不值得大惊小怪。但这一年出现的一件新鲜事以及决策者对此一事件的态度，却让人对帝国的前景忧心忡忡。

新鲜事得从宣统元年（1909）说起——一个叫冯如的广东人于是年在美国制成一架飞机，并在奥克兰附近的派德蒙特山丘试飞成功。据说，当时的《旧金山观察者报》还在头版报道了试飞消息。宣统二年（1910），冯如又制成一架当时世界上性能较先进的双翼飞机，成为帝国第一个航空设计师和飞行员。冯如当然是想回来报效祖国的，可当时的帝国并不需要他。帝国需要的是苟且之道或者说解困之道，而不是向前看的眼光。所以当冯如携带两架飞机准备回国，并将设在美国的飞行器公司迁回国内时，帝国的反应却是无动于衷。毫无疑问，这是大时代下一个人的小悲剧，也是帝国大悲剧的前奏部分。这一年，帝国做的一件大事是向美、英、德、法银行团贷款1600万英镑，以应付各种近在眼前的危机。大清帝国，已然只能头痛医头、脚痛医脚了。

当然在统计学意义上，帝国在这一年还是有所贡献的。7月，帝国公布人口调查数字，全国人口为4.2亿。这实在是个庞大的数字，任何政府要想在这个数字面前有所作为，哪怕仅仅是做到稳定，也实在是太难了。所以帝国能做的，只是统计一下数字罢了。

附 录

宣统三年

宣统三年（1911），帝国时局的"起承转合"到了急转直下的阶段，一切似乎水到渠成。

这一年的形势以9月25日为拐点形成江海奔流之势。该日四川荣县独立，荣县虽为偏僻小县，但它的独立却成为全川以及全国脱离帝国统治的先导。这是细节见精神，局部现全貌。起因是同月7日四川总督赵尔丰因为保路问题大开杀戒，以致酿成巨变。不过这样的解释其实也牵强。宣统三年（1911），很多事情已到极点。不是这里巨变就是那里巨变。9月25日之前，很多景象触目惊心，提示世事的决绝莫过于此。广州起义，七十二名死难者葬身黄花岗；四川保路同志入京廷哭无门，埋下巨变的种子；上海晋昌等四丝厂女工两千余人罢工。随后便是天灾连连——江苏圩堤溃决成灾，浙江杭、嘉、湖、绍四府一片汪洋。直隶东安永定河漫口。济南等处发水灾。天灾人祸一时间集结于此。在这样的天地人巨变面前，6月1日，曾是四品京官的江亢虎首次在帝国内部打出"社会主义"的旗号，显示了一个异数的存在。帝国的分崩离析，似乎只差一个标志性的事件了。

10月10日，标志性事件在武昌发生。革命了，改朝换代了，孙中山多年的苦心经营在这一刻开花结果。在一片果熟蒂落中，一个叫毛泽东的年轻人投入湖南新军二十五混成协五十标第一营左队当列兵。他是帝国的另一个异数，也是在孙中山之后进一步改变帝国命运的伟人，只是这样的时刻，他刚出发，而帝国却垂垂老矣，一推就倒。犹如多米诺骨牌，帝国的倒下几乎没有半点停滞和阻碍的地方。继10月11日武昌独立后，22日长沙独立。23日江西九江、南昌独立。29日山西独立。30日蔡锷等于昆明起义成功，昆明宣布独立。11月3日上海独立。4日贵州、浙江独立。5日江苏独立。7日广西独立。8日安徽独立。9日广东独立……各地如此这般争先恐后的独立仿佛上苍对帝国的肢解，那叫一个游刃有余、瓦解没商量。这一年，溥仪五岁，在紫禁城里走路的姿势稍微稳当了些，但依然不谙世事，不知道城外的帝国，已是沧海桑田，即将换了人间。

也不是没有抵挡，起码帝国的决策层在最后时刻还是试图力挽狂澜的。九月初九，宣统帝下《罪己诏》，6岁的小皇帝进行了自我批评。《罪己诏》中说："……用人无方，施治寡术。政地多用亲贵，则显戾宪章；路事朦于佥壬，则动违舆论；促行新治，而官绅或借为网利之图；更改旧制，而权豪或只为自便之计；民财之取已多，而未办一利民之事；司法之治屡下，而实无一守法之人……"《罪己诏》颁布的时候，汪精卫获得了自由——这是帝国做出的亲民之举很有"有容乃大"的意思。十月十七日，帝国甚至正式下令准许自由剪辫，并差不多与此同时，批准了资政院拟具的《宪法重要信条十九条》，称"将来该院草拟宪法，即以此为标准"。《十九信条》是帝国且战且退的一次大妥协，条款中称"皇室经费之制定、增减，也要国会议决；皇室大典不得与宪法相抵触；皇族不得任总理大臣、其他国务大臣及各省行政长官"。很有"有容乃大"的意思。但是很快，帝国的"有容乃大"得到了回应——10月25日，年仅16岁的革命党人李沛基炸死了新任广州将军凤山。这是将刺杀进行到底。帝国只好重新起用袁世凯，授其为钦差大臣，寄希望于他收拾残局。而在昆明宣布独立后，帝国马上宣布解散皇族内阁，任命袁世凯为总理内阁大臣。但各地独立势头依旧，帝国在11月5日做出的对策是"诏命迅订议院法、选举法"。"准革命党人按照法律，改组政党"。这似乎是一种民主，也是妥协，但更貌似收买。只是这样的"交易"很有些临时抱佛脚的意思，缺乏真诚和善意，12月3日各省代表开始酝酿北伐，广东方面甚至发兵抵沪。5日，汉口各省代表讨论和议大纲，中心思想是"推倒满清政府，主张共和政体"。29日，孙中山归国，十七省代表选举孙中山为临时大总统——一切已是取而代之的架势。帝国决策层这才明白，最后时刻已近在眼前。

这是1911年的年底。年初，纽约市洛克菲勒研究所的内科医生和病毒学家劳斯在人类历史上第一次发现癌病毒；年底，东方的大帝国离歌响起。这是剧烈变化的时代，也是趁火打劫的时代。因为这一年，外蒙古宣布独立——也许历史应该记住这一年的十月初十，在这一天，外蒙古少数王公贵族在八百余名俄军的配合下，强行驱逐帝国驻库伦的办事大臣三多，随后发表"独立宣言"，成立"大蒙古国"，从而为大帝国的分崩离析蒙上悲情色彩，押上无奈的注脚。

但帝国至此已是自顾不暇，它只能期待来年的时来运转。只是，帝国还有来年吗？在大半个国家已经宣布独立的情况下，与革命党人的妥协和谈判是否还具备实质性的意义？紫禁城里，帝国高层们把宝押在了袁世凯身上。

附 录

最后

毫无疑问，帝国最后时光紫禁城里不再有主角，彼时的主角或者说最具影响力人物是袁世凯。一如宣统元年（1909）摄政王载沣一样，袁世凯在更大程度上影响了历史的走向或者说格局。自从宣统元年（1909）他被解职回到河南安阳的洹上村终日垂钓后，帝国政治格局里似乎再没有他的位置。但是宣统三年（1911）八月二十三日，一道谕令将袁世凯重新拉回帝国舞台中央，让他长袖善舞了。该谕令补授袁世凯为湖广总督，并督办剿抚事宜。所有该省军队以及各路援军均归该督节制调遣。那么，袁世凯是怎么反应的？他上奏称"旧患足疾，迄今尚未大愈。去冬又牵及左臂，时作剧痛……"这是托病不出的意思。随后袁世凯通过奕劻提出"明年召开国会；组织责任内阁；宽容武昌事变有关之党人；解除党禁；给予指挥军队全权；供给充足军费"六项条件，开始了他一个人与一个垂死王朝的最后博弈。事实上袁世凯的六项条件有深意存焉。"召开国会，组织责任内阁"意在夺取内阁总理一职，以便进一步有所作为；而"宽容武昌事变有关之党人，解除党禁"则是向革命党人示好。一方面"养敌自重"，一方面为他自己的进退拓展空间。同时防止清政府玩兔死狗烹的把戏；至于最后两条"给予指挥军队全权，供给充足军费"更是在军事上全力武装自己，加强对抗或者说博弈的本钱。袁世凯提出的这六项条件，其实犯了一个为人臣者的大忌。但是时局如火，欲遏止气焰正盛的革命党人，非袁世凯重出江湖不可。因为北洋军这时只听他的。载沣无奈，只得应他所请。由此，一个王朝最后的崩溃之旅开始启动。

正如那句警世名言所说的那样——所托非人。后来的事实证明，帝国对袁世凯的寄托就是所托非人。最后时刻，袁世凯没有充当救火队长，而是想当主人，这个国家的主人。他的底牌是有西方人的支持——西方人也想在这个国家寻找一个新的利益代言人，于是，双方一拍即合。接下来，英国驻汉口领事出面向湖北军政府提出南北停战议和的建议，并提出停战、清帝退位、袁世凯为总统三项条件。而南京临时政府也不是铁板一块，临时政府里的立宪派和旧官僚在面对驶进长江里的英、美、德、日各国军舰时，纷纷认为帝国未来大总统"非袁莫属"。

但袁世凯的表演却是表情真切，一唱三叹，很有为帝国前途呕心沥血的意思。初，他要求"亲贵能集资千二百万两，足半年战费，约计大局可粗定"（见《辛壬春秋》）。亲贵们做出了回应。载泽答应捐款五千两，但银子要等到来年三月才能到位，原因是他太穷了，一时间拿不出来。其他亲贵也纷纷表示要钱没有，要命有一条。这样的时刻，东三省总督赵尔巽、直隶总督陈夔龙、湖广总督段祺瑞等却不知趣地大曝黑幕，称经过调查，发现各亲贵存在外国银行里的银子达三千余万两，此时不拿出来救国，军界人士怕是一千个不答应一万个不答应。袁世凯听了，也很愤怒。他告诉隆裕太后说，亲贵们再爱财如命，军界怕是有哗变的可能，到时候国将不国，银子也不是银子了。

事实上在银子面前，隆裕太后的影响力也是微乎其微。尽管她做了亲贵总动员，但亲贵却各怀心思。口号是可以喊得响彻云霄，银子却不拿出来，无奈之下，隆裕太后只得发内帑黄金八万两以充军费——这一幕，像极了明朝末年崇祯皇帝的募捐秀：虽然国难当头，银子就是不拿出来。其奈我何？

当然对袁世凯来说，能不能得到银子不重要，重要的是宣统皇帝必须让位。募捐不成毫无疑问让他为自己的不抵抗政策找到了一个极好的借口，但要说服帝国腾出位子来，皇帝体面地引退，却还必须另找理由。这样的时刻，一篇影响历史的奏文出笼了。袁世凯在这份奏文中不仅展示了他的文采，更将其袁氏逻辑学发挥得淋漓尽致。我们不妨来细读一下。

在奏文开篇，袁世凯渲染形势的严峻："现北方一隅，虽能稍治安，而海军尽叛，一旦所议不合，舰队一进攻，已无天险可恃。常此迁延，必有全面内溃之一日。"紧接着袁世凯指出人心乱了，队伍不好带了——"兵能平定者土地，不能平定者人心。人心涣散，如决江河，莫之能御"，再随后袁世凯认为由于西方各国的介入，目前的形势决不能一拖再拖，否则日久生变——"况东西友邦，因此战祸，贸易之损失已非浅鲜……若其久事争持，则难免不无干涉，而民军亦必因此对于朝廷感情益恶……"

袁世凯行文至此，引君入瓮的主题已呼之欲出。但为了加大打击力度，他又宕开一笔——"读法兰西革命之史，如能早顺舆情，何至路易之子孙，靡有孑遗也……我皇太后、皇上何忍九庙之震惊，何忍乘舆之出狩，必能俯鉴大势，以顺民心。"呵呵，这都法兰西了。法兰西的今天是不是大清国的明天呢？袁世凯的暗示几乎是明示了。当然到最后，袁世凯还是不会忘记给清帝引退一个体面理由的："环球各国，不外君主、民主两端，民主如尧舜禅让，乃察民心之所归，迥非历代亡国可比。"

这是宣统三年（1911）年底，与袁世凯奏文同时出现的一个事实是——有四十六个军人联名上奏了。他们是湖广总督段祺瑞、古北口提督姜桂题、提督张勋等。联名上奏的内容是：立定共和政体，"以现内阁及国务大臣等暂时代表政府"。这样的联名上奏几乎称得上是兵谏了，正如历史学家萧一山在《清代通史》中评论的那样——"段氏通电实不啻满清二百六十八年天下之催命符"，而此次兵谏的幕后操盘手正是袁世凯。

妥协就此达成，大清帝国的命运在这里拐了一个弯儿。它没有交到革命党人手里，而是交给了袁世凯。尽管袁世凯看上去表情悲切，痛不欲生。但是一项交易已经不容置疑地达成，尽管这个帝国当时名义上的主人溥仪还一点也不知情。现在我们不妨来看一下，多年以后，溥仪是如何描述当时情形的：

"在最后的日子里所发生的事情，给我印象最深的是：有一天，在养心殿的东暖阁里，隆裕太后坐在靠南窗的炕上，用手绢擦眼，面前地上的红毡子垫上跪着一个粗胖的老头子，满脸泪痕。

"我坐在太后的右边，非常纳闷，不明白两个大人为什么哭。这时，殿里除了我们三个，别无他人，安静得很。胖老头很响地一边抽缩着鼻子，一边说话，说的什么我全不懂。后来我才知道，这个胖老头就是袁世凯。这是我看见袁世凯唯一的一次，也是袁世凯最后一次见太后。如果别人没有对我说错的话，那么正是在这次，袁世凯向隆裕太后直接提出了退位的问题。从这次召见之后，袁世凯就借口东华门遇险的事故，再不进宫了。"

这实际上是一次关于最高权力的和平交割。溥仪所记录下来的那个历史瞬间正是袁世凯和隆裕太后谈论清帝退位的情形。这一年，统治中国二百六十七年的大清王朝终于终结了，6岁的宣统皇帝溥仪其皇帝职权也被剥夺了。那个著名的状元张謇起草了《清帝退位诏书》。这真是一次意味深长的起草，张謇大约没想到，自己作为状元，一生中干过的能载入史册的事情竟是这样一件事。但帝国至此，处处非常已是寻常，还有什么东西是不可以做和不能接受的呢？所以张謇欣然命笔了，他甚至将《清帝退位诏书》写得欢快无比："予与皇帝得以退处宽闲，优游岁月，长受国民之优礼，亲见郅治之告成，岂不懿欤？钦此。"很有安天知命的意思。

1912年2月12日，养心殿。爱新觉罗王朝举行了最后一次朝见仪式。溥仪在当了三年零两个半月的皇帝之后宣布退位。退位诏书读至一半时，隆裕和一些王公大臣已忍不住泪流满面，只有溥仪依旧天真烂漫，不谙世事。此前，良弼、溥伟、铁良等成立宗社党，试图挽狂澜于既倒，反对宣统退位。1月19日，隆裕亲自主持养心殿会议，溥伟、载泽、善耆主战，隆裕却担心万一"败了，连优待条件都没有，岂不是要亡国么？"1月26日，良弼被同盟会员彭家珍炸死。之后，宗社党的抵抗姿态软弱了许多。由此，一个王朝的谢幕再无任何悬念可言。但1912年的大戏其实不止于此，应该说它注定了是个新陈代谢的年头。这一年，在全球范围里，巨大的悲喜剧在轮番上演——4月，在纽芬兰附近的北大西洋海面上，"泰坦尼克"号巨轮在处女航中不幸撞上了冰山，这个号称"不沉之舟"的超豪华巨轮在两个半小时内从海面上消失了，一千五百多名乘客遇难；7月，明治天皇去世，标志着日本明治时代到此结束。和大清帝国的匆匆谢幕相比，它似乎是个光荣的结束；8月，中国国民党建党。一个新时代呼之欲出。

同样是这一年，第五届奥林匹克运动会在斯德哥尔摩开幕，显示了某种世界秩序的有条不紊，而艾伯特·贝里在圣路易斯第一次从飞行的飞机中跳伞成功，却又开创了人类某种实践活动的新纪元。在变与不变之间，世界呈现了它的多样性和丰富性。只是有一个人的命运被彻底改变：溥仪。这一年，适龄学童溥仪的人生才刚刚开始，但他身后的大清王朝却已寿终正寝。

紫禁城，不再是皇城了。